Theologica

Theologica

Publicações de Teologia, sob a responsabilidade
do Departamento de Teologia
FAJE – Faculdade Jesuíta de Filosofia e Teologia
Av. Dr. Cristiano Guimarães, 2127 – Planalto
31720-300 Belo Horizonte, MG
Telefone 55 31 3115 7000 / Fax 55 31 3115 7086
www.faculdadejesuita.edu.br

RENATO ALVES DE
OLIVEIRA

TEOLOGIA
DA MORTE

Edições Loyola

Dados Internacionais de Catalogação na Publicação (CIP)
(Câmara Brasileira do Livro, SP, Brasil)

Oliveira, Renato Alves de
   Teologia da morte / Renato Alves de Oliveira. -- São Paulo, SP : Edições Loyola, 2023. -- (Coleção Theologica)

   Bibliografia.
   ISBN 978-65-5504-308-2

   1. Cristianismo 2. Morte 3. Morte - Aspectos religiosos 4. Teologia I. Título. II. Série.

23-175697   CDD-236

Índices para catálogo sistemático:
1. Morte : Aspectos religiosos   236

Tábata Alves da Silva - Bibliotecária - CRB-8/9253

Conselho Editorial
Álvaro Mendonça Pimentel (UFMG, Belo Horizonte)
Danilo Mondoni (PUG, Roma)
Élio Gasda (Univ. Comillas, Madrid)
Gabriel Frade (FAU-USP, São Paulo)
Geraldo Luiz De Mori (Centre Sèvres, Paris)
Lúcia Pedrosa-Pádua (PUC-Rio, Rio de Janeiro)
Raniéri Araújo Gonçalves (Loyola University Chicago)

Preparação: Andrea Stahel M. Silva
Capa: Ronaldo Hideo Inoue
   (execução a partir do projeto gráfico
   original de Mauro C. Naxara)
Diagramação: Telma Custódio

Edições Loyola Jesuítas
Rua 1822 nº 341 – Ipiranga
04216-000 São Paulo, SP
T 55 11 3385 8500/8501, 2063 4275
editorial@loyola.com.br
vendas@loyola.com.br
www.loyola.com.br

Todos os direitos reservados. Nenhuma parte desta obra pode ser reproduzida ou transmitida por qualquer forma e/ou quaisquer meios (eletrônico ou mecânico, incluindo fotocópia e gravação) ou arquivada em qualquer sistema ou banco de dados sem permissão escrita da Editora.

ISBN 978-65-5504-308-2

© EDIÇÕES LOYOLA, São Paulo, Brasil, 2023

Dedico este livro ao meu irmão Ricardo, falecido em 2004, e às vítimas da pandemia do coronavírus que assolou o Brasil e o mundo.

Sumário

Introdução 9

Capítulo 1   A morte no Ocidente: aspectos históricos,
              culturais e sociais 13
   Introdução 13
   Aspectos histórico-culturais 14
   Negação sociocultural da morte 27
   A morte diante do progresso econômico, da indústria do
      corpo e da cultura do ativismo 36
   A morte nos meios de comunicação 39
   Conclusão 41
   Referências 42

Capítulo 2   Aspectos antropológicos da morte 45
   Introdução 45
   A ruptura com a ideia de imortalidade 46
   A morte é um fato ou um problema? 51
   O ser humano como um ser-para-a-morte 66
   Absurdo da morte 73
   A morte como realização antropológica 77
   Morte e relação interpessoal 79
   Conclusão 86
   Referências 87

Capítulo 3 Aspectos teológicos da morte 91
    Introdução 91
    A morte na visão bíblica 92
    Definição clássica da morte e sua insuficiência antropológica 110
    A morte como consequência do pecado original 114
    A morte como fim do estado de peregrinação 132
    A morte é primeiramente um tema antropológico e
        depois escatológico 144
    A morte como unidade dialética de paixão e ação 146
    A morte como consumação da liberdade 148
    Dimensões da morte 150
    O instante da morte: a hipótese da decisão final 155
    Dimensão cristológica da morte 195
    Dimensão eclesiológica da morte 200
    A morte e os sacramentos 206
    A morte como juízo e graça 209
    O martírio como modelo de morte cristã 212
    A morte no contexto da renovação escatológica 219
    A morte como possibilidade de condenação 227
    A ressurreição como resposta divina à morte humana 232
    Conclusão 244
    Referências 244

Capítulo 4 Aspectos pastorais da morte 253
    Introdução 253
    Humanizando o morrer 254
    Uma catequese sobre a morte 260
    A morte no horizonte da esperança cristã 262
    Para uma pastoral da esperança 264
    Conclusão 268
    Referências 269

Índice remissivo 271

Introdução

Dentro de certa percepção, a morte foi vista como uma desconstrução ontológica do sujeito, como um "divórcio" entre o corpo e a alma. Nessa visão, era a alma que se separava do corpo, já que esta era entendida como a parte imortal e espiritual do sujeito, ao passo que o corpo era sua dimensão frágil e contingente. Por certos aspectos, especialmente no âmbito ocidental, a cessação da vida — fato antropológico e existencial — foi negligenciada ou mesmo ignorada em seu aspecto constitutivo da existência. No campo da teologia cristã, por exemplo, a preocupação com o que acontece após a morte fez que ela fosse de certo modo "atropelada" enquanto evento humano. Nesse sentido, ela frequentemente foi vista como um preâmbulo das reflexões sobre a vida pós-mortal, deixando-se em segundo plano outros significados merecedores de uma reflexão teológica.

Por outro lado, se houve — e há — certa negligência relativa ao término da vida humana, paradoxalmente é preciso constatar que, no século XX, esse tema foi objeto de reflexão de muitas ciências como, por exemplo, a antropologia, a filosofia, a teologia, a psicologia, a sociologia, a história que, em suas abordagens, produziram muito material bibliográfico. Entre os vários estudos, são de particular importância aqueles que se debruçaram sobre o aspecto da negação social e cultural da morte: se anteriormente ela era quase sempre um assunto familiar, presente em vários aspectos da vida do dia a dia, passa a ser censurada e é vista como um tabu no século XX. Evita-se falar da morte.

Há um ocultamento social e cultural sobre esse tema. Possivelmente, o medo de tratar dele de forma aberta esteja ligado ao temor de reconhecer e meditar sobre a própria mortalidade. Há quase sempre um desconcerto ao se tratar da própria condição de finitude. O medo pelo próprio fim revela um apego à condição temporal da existência, o que condiz com o desejo comum de se viver plenamente a condição histórica e temporal da vida. É preciso gozar a vida e esquecer que a morte existe, pois o seu "ser" indica o "não-ser" da existência: temida em sua inexorabilidade, ela deve ser escamoteada, silenciada. Por outro lado, é inegável que ela exerce um fascínio entre os seres humanos, principalmente quando se trata da morte do outro. Nesse sentido, com o advento dos meios de comunicação, ela tem sempre um lugar assegurado, afinal, a morte é um produto que dá audiência, vende e desperta interesse nas pessoas. Basta verificar na internet um dado simples: os vídeos que tratam da morte ou de assuntos correlatos, como o sofrimento, a dor etc. estão entre os mais acessados.

Como já dito, trata-se sempre da morte do outro. Não há o mesmo interesse quando, por exemplo, existe a oferta de algum conteúdo voltado à reflexão sobre a própria condição mortal. Refletir sobre a própria finitude não suscita interesse.

No campo da filosofia, a morte ganhou destaque com M. Heidegger. Houve uma interiorização da morte. Trata-se de uma possibilidade iminente da existência, não sendo um fato que deverá ocorrer somente no fim da existência, quando a pessoa estiver doente ou velha, mas esta consiste numa possibilidade sempre presente na existência, ou seja, a vida é mortal desde o seu começo. O ser humano não é mortal somente na velhice, mas o é desde seu nascimento. A morte é uma sombra que acompanha essa existência desde o início, de modo que o ser humano está condenado a morrer. Há uma onipresença da morte na vida. No próprio coração da vida pulsa a morte. Não se trata de um evento que virá de fora e acometerá o ser humano, mas consiste em uma possibilidade latente no seu interior. A morte entrou no mundo junto com a vida: o ser humano nascente vai morrendo lentamente.

O ser humano dorme e acorda com a morte ao seu lado todos os dias. Mas, apesar dessa experiência quotidiana e profunda, ela continua sendo uma incógnita. Afinal, só é possível saber o que é de fato a morte quando se tem a experiência dela. Só quem morre é que efetivamente sabe o que é a morte em seu sentido pleno. Embora o falecimento dos outros permita um acesso à experiência do morrer, o fato é que a morte em si é uma experiência absolutamente privada e pessoal. Desse modo, pode-se dizer também que ela é uma experiência incomunicável, pois, depois que ocorre ela própria impede sua comunicação. É também uma experiência intransferível: eu não posso pedir ao outro que padeça a minha a morte porque cada um vive e experimenta a própria. O ser humano não experimenta um fim genérico e impessoal, mas experimenta o próprio fim.

Independentemente de quando aconteça o fim da vida, este consiste em uma realização da existência. Mediante a morte, a vida se consagra, passando por um processo evolutivo em sua constituição identitária e alcançando sua consumação nesse desenlace último. De fato, trata-se do último ato da existência humana em que a história do ser humano, no âmbito de sua liberdade e de suas escolhas, alcança sua definição derradeira, assumindo um caráter irreformável e irrevogável.

Já foi dito que o ser humano é a única criatura mortal que tem consciência de sua mortalidade. Nenhum outro animal sabe ou tem consciência disso. Em um certo sentido, ser mortal significa, antes de tudo, ter consciência da morte. Se o ser humano não tivesse consciência de sua finitude, esta perderia seu caráter existencial e o afetaria como um evento externo como acontece com qualquer animal.

Portanto, é nesse evento, único em sua natureza, que acontece a dialética de paixão (do grego *pathos*) e ação. Enquanto paixão, a morte é uma realidade passiva, um evento que pertence à natureza biológica do ser humano e um fato que faz parte de sua condição de ser finito. A morte é um evento que o ser humano padece (*pathos*). Enquanto evento passivo, ela afeta igualmente os seres humanos e os animais. Nesse contexto, o indivíduo é um paciente que padece a morte. Aqui o ser humano morre como um ninguém. Trata-se de uma dimensão genérica e impessoal da morte. Os seres humanos e os animais padecem o mesmo tipo de morte enquanto esta é um fato que pertence à natureza das criaturas. Porém, a morte, enquanto ação, diz respeito à sua valência antropológica. Não se trata de um acontecimento que o ser humano sofre exteriormente, mas de um evento que ele assume interiormente. É concebida na sua dimensão antropológica e existencial, ou seja, o ser humano assume seu fim como um fato próprio e privado. Ele não morre como um ninguém, mas como um alguém que se apropria da cessação de seu existir como um evento pessoal; e isso porque ele, ser humano, morre como quem tem uma dimensão ontológica e axiológica superior às demais criaturas. No único evento da morte, as duas dimensões, paixão e ação, têm seu lugar, mas sua dimensão externa, percepção e paixão, do padecer, é dada aos outros, ao passo que sua dimensão ativa, evento próprio e incomunicável, é acessível apenas a quem o vivencia.

Na perspectiva teológica cristã, a morte tem uma dimensão cristológica. O fato de o Verbo eterno ter se encarnado, isto é, de ter assumido uma carne mortal, introduziu na dimensão divina um "fato novo": tendo assumido a condição humana marcada pela mortalidade, Deus, imortal por natureza, conhecerá a morte no homem Jesus Cristo. Na encarnação, o Verbo assumiu a carne corrompida pelo pecado de Adão, com a finalidade de redimi-la. Experimentando a morte dos pecadores e descendo até os abismos da condição mortal, Cristo assumiu a morte por dentro, transformando-a de um ponto de vista antropológico e teológico. Ao assumi-la como realidade pessoal, ele a libertou de seu vínculo com o pecado. Pela mediação cristológica, a morte se torna um trânsito da condição pecadora para uma vida definitiva de modo que, por meio de Jesus, de sua morte e ressurreição, a morte se torna páscoa e acesso a uma vida irreformável, à vida definitiva.

Para a fé cristã, a vida é única, mas possui duas etapas: uma terrena e outra definitiva. Com a morte, encerra-se a etapa histórica e espaço-temporal da vida e se inicia a etapa definitiva. Com a morte, há uma conclusão da história pessoal do ser humano. Porém, essa história pessoal continua a ser contada na vida definitiva. O ser humano da vida histórica será o mesmo da vida definitiva, porém transformado pela ação ressuscitadora de Deus. Há uma identidade e uma continuidade entre a vida histórica e a definitiva. A ressurreição é a resposta divina à morte humana. Assim como Deus ressuscitou Jesus dentre os mortos, também ressuscitará cada fiel no último dia, por ocasião da parusia. Na ressureição de Cristo está o fundamento e a esperança da ressurreição do fiel, de modo que, à luz da fé cristã, a morte não tem a última palavra sobre a vida; não representando o golpe definitivo na vida: sua palavra é penúltima, pois a última está reservada à ressurreição. Nessa perspectiva, o fiel não morre para permanecer morto, mas para ressuscitar. O amor de Deus por ele perdura até a eternidade. Deus não permite que aquele que ele amou na vida terrena morra definitivamente, mas o ressuscita na força do seu amor. Ora, esse amor divino tem uma valência eterna e a ressurreição nada mais é do que o triunfo do amor de Deus sobre a morte. Deus desce até os abismos da morte e arranca o fiel de seus braços ressuscitando-o.

CAPÍTULO 1
A morte no Ocidente: aspectos históricos, culturais e sociais

Introdução

A morte é uma certeza que pertence à vida humana; a vida é essencialmente mortal. Porém essa certeza antropológica universal é vivida de forma diferente em cada período histórico, em cada sociedade e cultura; as experiências, os símbolos, as imagens, os ritos, as linguagens diante da morte são diferentes. A experiência do morrer traz em seu cerne influências sociais e culturais. A certeza da morte é universal, mas o modo como se morre depende de cada sociedade e cultura.

A abordagem da morte no Ocidente será vista em seu aspecto histórico, social e cultural e passará pela percepção da morte nas sociedades arcaicas, na antiguidade greco-latina, na história antiga, nos períodos medieval, moderno e contemporâneo. Será ainda analisado o fenômeno sociocultural ocidental da negação, remoção e ocultamento da morte ocorrido a partir do século XX. Depois, a ideia da negação da morte será vista ante o progresso econômico, a cultura do culto ao corpo, o ativismo laborativo, recreativo e o consumismo. Enfim, será investigada a imagem da morte exposta nos meios de comunicação atuais, principalmente no que tange à televisão; a morte passa por uma experiência antagônica: de censurada no âmbito social e cultural a exposta nos meios de comunicação (rádio, cinema e televisão).

Aspectos histórico-culturais

No curso da história no Ocidente, a morte e o morrer foram experimentados de formas diferentes nos períodos históricos, sociais e culturais. A visão que se tem do ser humano está intimamente ligada à visão que se tem da morte. Assim, o condicionamento antropológico está vinculado ao condicionamento da morte. E a visão do ser humano não está isenta de condicionamentos sociais e culturais; logo, a morte traz em seu bojo as influências desses condicionamentos. Por isso, em cada período da história do Ocidente, a morte e o morrer foram experimentados de modos diferentes.

"A morte, nos vocabulários mais arcaicos, não existe ainda como conceito: fala-se dela como de um sono, de uma viagem, de um nascimento, de uma doença, de um acidente, de um malefício, de uma entrada para a morada dos antepassados e, o mais das vezes, de tudo isto ao mesmo tempo" (MORIN, 1970, 25). O morto não é visto de modo vulgar, pois é transportado e tratado de acordo com ritos especiais, enterrado ou queimado. As metáforas arcaicas da morte concebem-na como uma doença, como um acidente, como uma ação feita por um feiticeiro ou por um deus, como uma falha ou um mal (MORIN, 1970, 26). Nas sociedades arcaicas, há uma presença obsessiva da morte e dos mortos. A consciência da morte está diretamente ligada à consciência da própria individualidade; quanto mais o ser humano é consciente de si mesmo, mais ele tem ciência da morte. O horror da morte se traduz na perda dessa consciência. Quando o morto não pode ser individualizado, sua morte é tratada com indiferença, e sua decomposição é vista como um simples mau cheiro.

> A dor provocada por uma morte só existe se a individualidade do morto tiver sido presente e reconhecida: quanto mais o morto for chegado, íntimo, familiar, amado ou respeitado, isto é, "único" mais a dor é violenta; não há nenhuma ou há poucas perturbações por ocasião da morte do ser anônimo, que não era "insubstituível" (MORIN, 1970, 31).

O corpo do inimigo ou do traidor — que não são reconhecidos como homens e são privados de sepultura — é abandonado para apodrecer ao relento como a carcaça de um animal. A perda da consciência de si pode levar ao suicídio, que é visto como um ato de vazio social, de desespero, de solidão, de ausência, de neurastenia e de teste absoluto da liberdade. O suicídio é visto como ruptura suprema, uma forma de reconciliação desesperada com o mundo e gesto que significa o cúmulo da individualidade.

O suicídio é resultado de uma sociedade que não conseguiu transmitir o gosto pela vida ao indivíduo. O contrário do suicídio é o sacrifício que é traduzido em plenitude cívica e religiosa (MORIN, 1970, 46-47).

Nas sociedades arcaicas, subestima-se a presença da morte na criança. A partir do momento em que a criança toma consciência de si mesma como indivíduo, ela se sente preocupada com a morte. A morte da criança, diante da qual se perde toda promessa de vida, suscita uma reação fúnebre muito fraca; já a morte do chefe de um grupo humano provoca terror. A morte de um estranho ou de um escravo é vista com indiferença. O escravo, que não é proprietário de si mesmo e não tem alma nem liberdade, não tem o direito de pensar na morte. Um escravo não tem o direito de pensar na morte porque é considerado um ser humano que não tem existência nem individualidade. O escravo que ousa pensar na morte comete um ato escandaloso. Já os reis dos antigos impérios têm o direito a uma morte digna: são enrolados em faixas, têm direito a um túmulo, à conservação por embalsamamento, à certeza do juízo dos deuses e à certeza da imortalidade. O rei, um sujeito absolutamente reconhecido, revestido de caráter divino e extremamente solitário, tem diante de si a imortalidade e a angústia diante da morte. "O rei, no seu vasto palácio, teme a morte. O rei quer divertir-se, quer festas, canções, quer esquecer-se de si próprio, pois esquecer a morte é sempre esquecer-se de si próprio" (MORIN, 1970, 50).

Nas sociedades antigas, a consciência da morte não é algo inato, mas produto de uma consciência que compreende o real. É somente à luz da experiência que o ser humano sabe que tem de morrer. A morte humana é uma aquisição do indivíduo. Pelo fato de o conhecimento da morte ser externo, apreendido e não inato, o ser humano resta sempre surpreendido com a morte. "Com efeito, embora conhecendo a morte, embora 'traumatizados' pela morte, embora privados dos nossos mortos amados, embora certos de nossa morte, vivemos igualmente cegos à morte, como se os nossos parentes, os nossos amigos e nós próprios não tivéssemos nunca de morrer" (MORIN, 1970, 60).

O ser humano é, simultaneamente, o único ser que tem horror à morte e a procura, e, ao mesmo tempo, é o único ser que mata os seus semelhantes. O homicídio não é somente a satisfação do desejo de matar, mas também a satisfação de matar um ser humano, isto é, de se afirmar pela destruição de alguém. No homicídio, a afirmação absoluta de uma individualidade implica a destruição de outras individualidades. A afirmação suprema de si passa pela destruição do outro. O homicídio implica um risco de morte: o ato de matar implica o risco de ser morto (MORIN, 1970, 64-66).

Lessing propõe uma leitura da iconografia da morte a partir dos túmulos e monumentos funerários da antiguidade latina e grega. O autor apresenta as duas faces da morte: serena-romântica e assustadora-perturbadora. A primeira é representada por meio do sono: "os artistas antigos não representavam a morte como um esqueleto", mas, conforme a concepção do poeta grego Homero, "a imaginavam gêmea do Sono, e representavam ambos com aquela semelhança que esperamos dos gêmeos" (LESSING, 1983, 27). A proximidade da ideia da morte com a do sono significa imperturbabilidade, tranquilidade e brandura; uma das representações da morte entre os antigos era a figura de um jovem de pé, com as pernas cruzadas em posição de repouso, apoiado em uma tocha invertida sobre a terra e com a chama apagada. Os poetas antigos representavam a morte de um modo terrível também. A morte era retratada de forma "pálida, cinzenta, lívida, com asas negras, uma espada empunhada, com os dentes famintos arreganhados, a garganta escancarada, com as unhas ensanguentas indicando as vítimas predestinadas" (LESSING, 1983, 62). "Pausania nos conservou a figura com a qual vinha representada a morte. Era uma mulher com dentes monstruosos e unhas assustadoras, semelhante a um animal selvagem que se prepara para dilacerar" (LESSING, 1983, 66). A figura da morte é grande e monstruosa, de modo que com sua sombra cobre todo um campo de batalha e destrói cidades inteiras.

A dupla face da morte também é apresentada em nível semântico na língua grega de Homero, o qual trata da morte como Κηρ e Θανατος. Na visão de Homero, como aponta Lessing (1983, 64),

> com Κηρ entende-se a necessidade de morrer, que frequentemente pode ser triste: uma morte prematura, violenta, infame, inoportuna; com Θανατος, por sua vez, entende-se a morte natural, não precedida de alguma Κηρ, ou a condição de estar morto, sem nenhuma referência à Κηρ precedente.

Os romanos também faziam uma distinção entre *letum* e *mors*: "talvez com *letum* entendessem a causa primeira ou o motivo da morte, que por isso colocavam no Inferno como sede apropriada; *mors*, por sua vez, seria a causa imediata de cada manifestação particular da mortalidade sobre esta terra" (LESSING, 1983, 64-65).

Na antiguidade romana não havia uma concepção homogênea sobre a morte. Fundamentando-se em J. Janssens, pode-se dizer que, a partir das inscrições dos epitáfios romanos anteriores ao século VII, existe uma pluralidade terminológica e conceitual em relação à morte. Existem três modos diferentes de considerar o morrer romano: a) como "um(a) tal morre"; b) aceitação da morte como resultado de uma ação ou intervenção dos outros; a vida que é tirada; c) indicação do estado em que se entra no instante da morte (JANSSENS, 1981, 65). Os antigos, diante da certeza da morte e com o intento de não serem surpreendidos, ainda vivos preparavam a sepultura como forma de prevenção e prudência. A sepultura é o primeiro dado fundamental e universal sobre a morte humana. A preparação supõe uma segurança futura diante da incerteza do advento da morte, que era vista a partir de várias imagens: separação, partida, término, retorno, restituição, separação do corpo.

Como partida, a morte significa emigrar desta vida e adentrar uma outra realidade. Com a morte, o ser humano se separa da vida, isto é, se retira da vida e parte do mundo. Nesse contexto, são frequentes as imagens da morte como viagem, trânsito, passagem e conclusão da vida. Morrer significava terminar a existência e deixar os parentes e amigos. Morrendo, a pessoa se retira da vida, sai de cena.

A visão da morte como restituição indica a devolução de algo ao seu real proprietário. Assim, morrer significava restituir o espírito à sua verdadeira origem, que é Deus. Os antigos acreditavam que com a morte se dava a restituição da alma a Deus e do corpo à terra: "a alma criada por Deus e como dom de Deus é restituída a Deus, enquanto o corpo, proveniente da terra, é temporariamente entregue à terra" (JANSSENS, 1981, 98). Na morte, a alma se liberta do corpo.

> A visão dualista do homem própria da filosofia órfico-platônica [...] estava já presente na concepção do morrer como um retorno ou como uma restituição. Esses sistemas filosóficos pressupõem a preexistência da alma e consideram o corpo uma coisa perdida. Muitas passagens cristãs se referem à doutrina órfico-platônica que define a morte como uma libertação da alma do corpo (JANSSENS, 1981, 98).

A morte é, também, um evento que o ser humano padece. Para os antigos, a morte indicava, de um lado, padecimento humano e, de outro, intervenção divina ou de uma força superior: "o homem é forçado a morrer, pois a morte é um débito devido à natureza, e a padecer a morte, como iniciativa tomada de uma potestade que vem do alto" (JANSSENS, 1981, 96).

A morte como perecimento e sucumbência revela a fragilidade à qual a vida está exposta diante dos anos que passam. Ante a proximidade da morte, em virtude do envelhecimento, a vida manifesta sua caducidade, seu declínio e sua diluição. Nesse contexto, a morte era descrita da seguinte forma: decomposição, destruição, eliminação e queda. A morte de uma pessoa jovem provocava reações de violência e indignação em virtude da precocidade e incompletude da existência. Também era comum a representação da morte como ser transportado abruptamente de uma realidade para outra, ser raptado inesperadamente por um anjo ou ser levado pelo Senhor: "o reino dos céus o raptou para si", "o Senhor raptou a alma" (JANSSENS, 1981, 86).

> É próprio da poesia [...] falar da morte em termos de rapto, como algo que não se esperava, e que provoca nos sobreviventes sentimentos de uma ruptura violenta. Parece de fato que o homem, quando é tirado do convívio dos viventes, permanece sem defesa diante de uma força capturadora. Isto aparece sobretudo no caso de uma morte imprevista e prematura que é causa de consternação e de refutação. O fiel, diante de tal realidade humana, vivida antes dele e em torno a ele, se volta para a concepção espiritual que atribui o rapto ao Senhor e aos anjos. A mentalidade cristã se distingue daquela pagã, uma vez que não somente Deus deseja ter o fiel junto de si, mas também o próprio fiel o deseja (JANSSENS, 1981, 88-89).

A imagem da morte como rapto também manifesta seu rosto violento, cruel e iníquo. Nesse sentido, o dia da morte é definido como "hora miserável" e "dia impetuoso"; fala-se da morte em termos de um duro rapto e se a define como ímpia e amarga.

A sorte do defunto depois da morte também era objeto de preocupação dos antigos. Acreditava-se em um acolhimento da parte de Deus, de Cristo e dos santos na outra vida.

> A concepção do morrer como um ser assumido no além aparece já no famoso texto do 217, em que se lê: "Prosenes foi acolhido junto de Deus no dia 3 de março". A mesma construção com a data da morte retorna em outros textos do tipo: "Um tal foi acolhido junto de Deus", "Um tal foi acolhido por Deus", "Um tal foi acolhido junto de Deus e dos santos" (JANSSENS, 1981, 90).

O fato de fazer parte dos habitantes do céu supõe uma alma límpida ou a pureza do batismo. A crença na acolhida da alma no outro mundo era compartilhada por cristãos e pagãos. Estes compreendem a morte como um destino inevitável e impessoal, enquanto os cristãos descobrem na morte um sinal da presença de Deus. "O fiel se distingue precisamente pela postura que demonstra no momento da morte: ele sabe morrer em paz e partir com tranquilidade. O fiel vive realmente a própria morte em paz porque morre no Senhor e sabe esperar em Deus no outro lado" (JANSSENS, 1981, 97).

Os antigos, além de refletirem sobre o destino da alma na eternidade, colocavam em relevo o estado no qual a pessoa entrava quando morria. Os antigos se exprimem como podem e não distinguem claramente o momento do estado em que se entra; ou seja, não havia uma indicação precisa do instante em que a pessoa entrava no estado de morte. Mas, de qualquer forma, era corrente, entre os antigos, a visão segundo a qual com a morte a pessoa era introduzida em um estado de sono, de descanso e de passividade. Uma inscrição na sepultura assinalando que um tal dorme significa dizer que aquela pessoa morreu.

> A imagem da morte como um sono se encontra igualmente nos epitáfios pagãos, hebraicos e cristãos. A expressão "Um tal dorme em paz" se refere na maior parte às inscrições cristãs em relação ao repouso dos defuntos no túmulo; todavia, em um bom número delas se sublinha o próprio fato do adormecer, ou seja, o ponto da morte (JANSSENS, 1981, 93).

A ideia de que com a morte a pessoa adentra um estado de repouso e de adormecimento era comum entre cristãos e pagãos.

A dimensão trágica e dilacerante da morte é preponderante no período medieval. Nesse período, uma das principais características da morte é sua dimensão doméstica. O encontro com a morte era marcado por uma preparação ritual. Acreditava-se que a pessoa era avisada sobre o tempo em que aconteceria sua morte por meio de sinais naturais ou por uma íntima convicção. "Não se morre sem ter tido tempo para saber que se está para morrer. Caso contrário se tratava de uma morte terrível, como a peste ou a morte imprevista, então ocorria apresentá-la como exceção e não falar sobre ela" (ARIÈS, 1978, 18). Havia alguém, o *nuncius mortis*, que tinha uma proximidade afetiva com o moribundo e era encarregado de anunciar-lhe a proximidade de sua morte. A morte súbita, por motivo de doença, guerra ou acidente, era temida e vista como sinal de insatisfação divina, porque privava a pessoa de uma preparação (ARIÈS, 1970, 60). "Os homens do fim da Idade Média enviavam com prazer pedidos aos protetores especialistas contra a morte súbita. A iconografia coloca um cálice nas mãos de Santa Bárbara a quem se atribui a graça de não morrer sem o viático. A reputação de São Roque é célebre entre os santos antipeste" (MOLLAT, 1966, 227).

Diante da iminência da morte, o leito do moribundo era circundado por uma atmosfera afetiva em que se registrava a presença de familiares, amigos e vizinhos. Entre as pessoas presentes no quarto do moribundo, há registro de crianças, de modo que até o século XVIII não existe imagem do quarto de um agonizante sem alguma criança. O quarto do moribundo se tornava um espaço público e social. Consciente do ritual que deveria ser cumprido, o moribundo, como protagonista, proprietário e centro de sua morte, presidia os últimos momentos que antecediam sua partida. Era momento de recomendação, manifestação de desejos, de reconciliação, de oração e de cumprimento dos rituais religiosos (absolvição dos pecados, viático, aspersão com água benta): "A oração é composta de duas partes: o *mea culpa*, 'Deus me arrependo pela tua graça dos meus pecados', uma forma abreviada do futuro *confiteor* [...] A segunda parte da oração é a *commendacio animae*, paráfrase de uma oração antiquíssima inspirada talvez dos hebreus da sinagoga" (ARIÈS, 1978, 23). O enfermo demonstrava lucidez, controle da situação e aceitação da morte. Uma vez cumprido o ritual coletivo, o moribundo se entregava nos braços da morte. Alguns gestos típicos de alguém que se reconhecia na proximidade da morte: "despia-se das armas, deitava tranquilamente por terra: deveria ser no seu leito [...] Abria os braços em forma de cruz [...] Mas eis o costume: deitado de modo que a cabeça ficasse voltada para o oriente, para Jerusalém" (ARIÈS, 1978, 21). Esses momentos finais eram precedidos de simplicidade, tranquilidade, aceitação, emotividade, sem dramaticidade.

Essa experiência doméstica da morte começará a ser alterada a partir dos séculos XI e XII. Esse período não é marcado por um novo estilo de morrer, mas por "sutis modificações que, pouco a pouco, darão um sentido dramático e pessoal à tradicional familiaridade do homem e da morte" (ARIÈS, 1978, 34). A dimensão social da morte, que se registrou no período anterior, começa a passar por um processo de privatização, de individualização da morte, e "se passa do destino coletivo da morte à morte do indivíduo" (SIMON, 1979, 221). A morte era vista vinculada com a biografia e a história pessoal de cada um; cada pessoa fazia uma "revisão de toda a sua vida no momento do morrer, em um só instante. Acreditava-se de fato que a sua postura naquele instante daria à sua biografia um sentido definitivo, uma conclusão" (ARIÈS, 1978, 40). Essa recapitulação pessoal, em que o moribundo tinha em suas mãos uma síntese de sua história vital, fazia de seus últimos instantes de vida um verdadeiro juízo individual.

> Mas acontece alguma coisa que perturba a simplicidade da cerimônia e que os presentes não veem, um espetáculo somente reservado ao moribundo, que o contempla com um pouco de inquietude e muita indiferença. Os seres sobrenaturais invadem o quarto e se aglomeram na cabeceira do mori-

bundo. De uma parte, a Trindade, a Virgem e toda a corte celeste e, da outra, Satanás e o exército dos demônios monstruosos (ARIÈS, 1978, 38).

Esse juízo particular, que ocorria no quarto do enfermo, era uma representação do juízo final.

Entre os séculos XIV e XVI, com as *artes moriendi*, registra-se o surgimento do cadáver na arte e na literatura. A morte é representada na forma de múmia, de cadáver semidecomposto, de temas macabros (pinturas, danças e ossos) e com descrição das circunstâncias da agonia. Em muitas ocasiões, os vitrais das igrejas representavam a morte com uma foice disputando com Satanás as almas das pessoas mortas.

> Sob a influência dos ritos, a arte dota a morte de personalidade antropomorfa; em geral, aparece na forma de esqueleto armado com foice e em cenário de horror; a tocha, com a chama representando a vida, agora está virada [...] Dançava-se acompanhando o morto, lamentava-se sua partida, mas também havia alegria com o estágio ao qual chegara, porque gozava dos benefícios do além (BAYARD, 1996, 145).

A representação de danças macabras nas paredes das igrejas e dos cemitérios demonstrava o realismo horrendo da morte.

> A dança macabra é um jogo sem fim, em que se alteram um morto e um vivo. Os mortos guiam o jogo e eles são os únicos que dançam. Cada casal se compõe de uma múmia nua, em estado de decomposição, assexuada e muito movimentada, e de um homem ou de uma mulher, com roupas conforme sua condição, com uma postura estupefata. A morte aproxima a sua mão do vivo que está para puxar, mas que ainda não desistiu. A arte está no contraste entre o ritmo mantido pelos mortos e a paralisia dos vivos (ARIÈS, 1985, 132).

No final do período medieval, em Paris, a dança macabra não era uma dança que expressava horror aos mortos, mas era uma dança contra os vivos, posta em cena pela morte em pessoa. As diversas danças documentam o poder da morte. A grande igualadora faz sua entrada com elegantes reverências, frequentemente apetrechada de vários e belos instrumentos musicais. A morte é representada com uma coroa, porém em geral aparece como um mísero esqueleto montando um cavalo de pura raça. É um manifesto que quer atrair e seduzir a todos, a monja e a jovem, o imperador e o papa, a criança e o velho, o lavrador e o doutor, o mendigo e o príncipe (SÖLLE, 2009, 22).

O realismo da imagem da morte visava admoestar as pessoas para a teologia dos novíssimos, os acontecimentos últimos da vida pós-mortal (morte, juízo, paraíso e inferno). O intento era refletir sobre o julgamento que a morte propicia. A morte era vista na crueza e no horror de seu aspecto físico por meio da enfermidade, da velhice e da decomposição biológica; a impureza da morte é sua putrefação. Essa visão da morte mostra a fragilidade da vida, a exposição do ser humano à sua caducidade e ao seu estado de falência física. Aqui se encontra o real sentido do macabro. Na verdade, o realismo do horror da morte era sinal de um intenso amor pela vida. "O homem do fim do período medieval tinha uma agudíssima consciência de ser um morto a curto prazo, e a morte, sempre presente dentro dele, infringia as suas ambições, envenenava os seus prazeres. Este homem nutria uma paixão pela vida" (ARIÈS, 1978, 44). As representações do triunfo da morte, demonstrado por meio de múmias e esqueletos, advertiam para a igualdade de todos diante dela. Na realidade, "a morte se tornou o lugar em que o homem tomou melhor consciência de si mesmo" (ARIÈS, 1978, 45). É possível entrever que a consciência da morte é um dado congênito à afirmação da individualidade. O momento da morte concentrava toda a biografia pessoal do ser humano, pois "se considerava a hora da morte uma condensação de toda a vida, com o olhar que cada homem lançava sobre sua vida, no limiar da morte, tomando consciência da particularidade de sua biografia e, por consequência, de sua personalidade" (ARIÈS, 1974, 532-533). Para aprender a morrer é necessário aprender a viver. É um apelo a uma vivência intensa da vida.

A autoconsciência da morte se verifica na individualização da sepultura. As inscrições funerárias presentes nos túmulos, abundantes no princípio do cristianismo, visavam conservar a identidade e a memória do defunto. Os sarcófagos de pedra levavam o nome e o retrato do defunto. Com o passar do tempo, esse costume se perdeu, e as sepulturas se tornaram praticamente anônimas. Muitos defuntos eram abandonados nas igrejas, próximos aos túmulos dos santos ou de suas relíquias, com o intuito de conquistarem algum benefício espiritual (ARIÈS, 1966, 25).

As inscrições funerárias, que quase desapareceram, ressurgiram a partir do século XII, nos túmulos de pessoas ilustres (santos e personalidades). Com o ressurgimento da inscrição, reaparece a efígie, uma representação do defunto, em repouso e junto de seu santo protetor, à espera do paraíso. Apesar da preocupação com a identificação da sepultura, a visita piedosa ou melancólica ao túmulo de uma pessoa querida era um ato quase desconhecido. A arte funerária evolui em direção a uma maior personalização.

No século XIII vemos multiplicarem-se, ao lado de grandes túmulos monumentais, pequenas placas de 20-40 centímetros, que vinham aplicadas contra o muro da igreja ou contra uma pilastra. As placas foram a forma mais difundida de monumentos fúnebres até o século XVIII. Algumas são simples inscrições em latim ou vulgar: aqui jaz o tal, morto no dia tal, a sua função. As outras, um pouco maiores, além da inscrição, continham também uma cena em que o defunto era representado sozinho ou com o seu santo padroeiro, diante de Cristo ou sozinho em uma cena religiosa. Todavia essas placas funerárias não eram o único meio, nem talvez o mais difundido, de perpetuar uma recordação. Os defuntos previam em seus testamentos os serviços religiosos perpétuos para a salvação de suas almas. Do século XIII até o fim do século XVII, os testamentos de pessoas ainda em vida ou de seus herdeiros faziam constar em uma placa de pedra os termos da doação e as obrigações do pároco e da paróquia (ARIÈS, 1978, 47-48).

A individualização do túmulo demonstra uma estreita conexão entre a morte e o crescimento da consciência individual. O ser humano da primeira metade do período medieval, refletindo sobre a morte, se dá conta de sua condição mortal. Da segunda metade do período medieval em diante, o ser humano ocidental rico, potente ou letrado reconhece a si mesmo na própria morte: descobriu a própria morte.

Entre os séculos XVI e XVII, a morte é revestida de forte sentido erótico. "Nas danças macabras mais antigas, era demais se a morte tocasse os vivos para avisá-los e designá-los. Na nova iconografia do século XVI, lhe faz violência. Do século XVI até o XVIII, inúmeras cenas ou motivos, na arte e na literatura, associam a morte ao amor, Tanatos a Eros" (ARIÈS, 1978, 51). A relação estreita da díade morte-amor aparece em várias cenas da arte e da literatura. "Como o ato sexual, a morte é considerada uma transgressão que arranca o homem da vida cotidiana, da sociedade e do seu trabalho monótono, para submetê-lo a um paroxismo e jogá-lo em um mundo irracional, violento e cruel" (ARIÈS, 1978, 51). A morte é vista como uma forma de violência e de ruptura, semelhante às fantasias eróticas. O morto será admirado por sua beleza: é a morte romântica.

O ritual clássico de preparação para a morte ainda permanece. A mudança está na postura dramática das pessoas que se comovem, se emocionam e se agitam diante da morte do outro. Os funerais refletem as perturbações profundas que a morte provoca no ciclo dos viventes. As pompas da morte são mais terríveis que a própria morte. Nos funerais, as pessoas manifestavam repúdio diante da ideia de separação do outro provocada pela morte. É o início de uma intolerância e contestação à ideia da própria morte. A partir do século XVIII, com a modernidade, se inicia uma mudança na postura diante da morte. Procura-se dar um novo sentido a ela. O enfoque já não recai sobre a própria morte, mas se dá espaço para a morte do outro. A morte do outro ganha um teor dramático, impressionante, romântico e retórico. Diante da morte do outro se emociona, se reza, se gesticula, se lamenta, se manifesta intensa dor diante da perda, se guarda o luto e se conservam objetos que recordam a passagem do falecido entre os seus. Esses objetos de recordação constituem uma forma de ligação dos vivos com os mortos. É uma forma de imortalizar a imagem daquele que partiu, no coração daqueles que permanecem. O culto à morte do outro possibilitará o surgimento, nos séculos XIX e XX, de um novo culto dos túmulos e cemitérios.

Outra mudança verificada refere-se à relação do moribundo com sua família. A partir do século XVII, a relação do enfermo com sua morte começa a ser dividida com a família. Quando alguém se percebia na iminência da morte, procurava exteriorizar suas ideias, seus pensamentos, seus sentimentos e seus desejos religiosos por meio de um testamento.

> Do século XIII ao XVIII, o testamento foi para cada pessoa o meio, muito pessoal, de exprimir os próprios pensamentos profundos, a própria fé religiosa, o apego às coisas, às pessoas amadas, a Deus, às decisões tomadas para assegurar a salvação da alma, o repouso do corpo. O testamento era então para cada pessoa não somente um ato de direito privado para a transmissão de uma herança, mas também um modo de afirmar os seus pensamentos e as suas convicções profundas (ARIÈS, 1978, 55).

Com o passar do tempo, assistiu-se a uma mudança referente ao conteúdo e ao sentido do testamento. De um ato espontâneo, espiritual e pessoal passou a significar um ato jurídico-material.

> Ora, na segunda metade do século XVIII, intervém uma mudança considerável na estrutura dos testamentos. Pode-se admitir que essa mudança ocorreu em todo o ocidente cristão. As cláusulas piedosas, as escolhas de sepulturas, os serviços religiosos e as doações de esmolas desaparecem, e o testamento se reduz àquilo que é ainda hoje, um ato legal de distribuição de patrimônio (ARIÈS, 1978, 55-56).

Após a morte de alguém, a relação da família com o luto tinha um duplo objetivo: vivenciar a dor da perda por um tempo determinado e preservar aquele que estava sinceramente assolado contra os excessos de sua dor. Ou seja, o luto era vivido em um espaço de tempo determinado e sem ostentação de dor. No século XIX, ocorre uma mudança na vivência do luto, que passará a de dar de modo exagerado, ostensivo e irreprimível. Essa postura significa uma dificuldade em aceitar a morte do outro. A morte temida não será então a própria morte, mas a morte do outro, a morte do tu.

Essa postura diante da morte do outro possibilitou o surgimento do moderno culto dos túmulos e dos cemitérios. A prática medieval de abandono dos corpos nas igrejas, sem uma preocupação com a identificação, é refutada e se torna objeto de críticas.

> Por um lado, a saúde pública era comprometida com as emanações pestilentas, com os odores infectados das fossas. Por outro lado, o solo das igrejas, a terra saturada de cadáveres dos cemitérios, a exibição dos ossários profanavam a dignidade dos mortos. Reprovava-se a postura da Igreja de ter feito tudo para a alma e nada para o corpo, apenas pegava o dinheiro das missas e se desinteressava dos túmulos (ARIÈS, 1978, 59-60).

As sepulturas modernas são uma forma de fazer memória da pessoa amada que morreu. A presença daquele que morreu continua viva na memória e no coração daqueles que permanecem. Essa presença era uma resposta ao afeto dos sobreviventes e uma repugnância em aceitar o desaparecimento da pessoa querida. O defunto deveria ser enterrado em uma propriedade da família, ou em um cemitério público desde que estivesse devidamente identificado para que pudesse ser visitado.

> Ora, os parentes desejavam ir ao local preciso em que o corpo foi colocado e desejavam que esse lugar pertencesse completamente ao defunto e à sua família. Foi então que a concessão de sepultura se tornou uma forma especial de propriedade, subtraída do comércio, mas com a garantia de posse perpétua. Trata-se de grandíssima inovação (ARIÈS, 1978, 60-61).

A identificação das sepulturas revela respeito e dignidade pelo defunto e uma preocupação com a preservação de sua memória. O culto da memória se estendeu rapidamente do indivíduo à sociedade, imbuída da mesma tendência da sensibilidade.

> Os autores dos projetos de cemitérios, no século XVIII, desejam que os cemitérios sejam junto de parques organizados para visita familiar e de museus de homens ilustres, como a catedral de São Paulo em Londres. Os túmulos dos heróis e dos grandes seriam venerados pelo Estado [...] Uma

nova representação da sociedade nasce nesse período do século XVIII, se desenvolverá no século XIX e encontrará a sua expressão no positivismo de Augusto Comte, a forma dotada de nacionalismo (ARIÈS, 1978, 61-62).

No final do século XIX e início do XX, assistiu-se a uma nova compreensão dos cemitérios e da arte funerária. Até o século XIX, os cemitérios eram construídos no centro da cidade e ao lado da igreja, demonstrando que a morte estava presente no centro da vida e da sociedade. No entanto, a partir do final do século XIX essa prática passou por uma mudança, como mostra o modelo norte-americano de cemitério, construído nos arredores das cidades, assemelhando-se a jardins e parques. O cemitério, construído num contexto bucólico, era sinal de serenidade, tranquilidade e repouso.

> Entre essas influências, uma corrente comercial relativamente privilegiada se instaurou com os Estados Unidos, que vão experimentar aquilo que a tradição designa como *rural cemetery* e que aos nossos olhos consiste em uma forma de cemitério "paisagístico". Os Estados Unidos conhecem já nos anos vinte a hostilidade para com os cemitérios intraurbanos (VOVELLE, 1986, 564).

Já os modelos de alguns países europeus, entre os quais a Inglaterra, privilegiavam mais a dimensão artística do que a bucólica. O ambiente sereno e pacífico dos cemitérios do século XX era uma forma de suavizar a perturbação que a morte provoca.

O século XX apresenta uma guinada substancial a respeito do tema da morte, que é detectada por diversas áreas do conhecimento, como a psicologia, a sociologia, a história, a filosofia, a cultura e a teologia. Ocorre um fenômeno paradoxal: a morte é condenada ao silêncio e, simultaneamente, a partir da segunda metade do século XX, começa a adquirir audiência nos ambientes intelectuais e nos meios de comunicação. O século XX pode ser chamado de o século da morte, devido à visibilidade que o tema conquistou em diversos segmentos da sociedade e da cultura. Em razão da publicidade que esse tema alcançou, alguns autores vão falar do "retorno da morte" (MANIGNE; ANDRÉ, 1976; ANCONA, 1993, 27-29).

Atualmente constata-se um "temor de falar da morte, com a sua consequente remoção e reaparecimento do tema com uma particular efervescência" (MAGGIANI, 1979, 314). Essa mudança de perspectiva sociocultural é designada com vários termos: morte "proibida" (KOWALSKI, 2001, 461-481), "oculta" (BIZZOTTO, 1998, 47-68), "marginada" (VERSLUIS, 1971,

1025-1030), "removida" (FUCHS, 1973, 9), "clandestina" (BASURKO, 1976, 107), "expropriada" (ZUCCARO, 2002, 105-130), "obscena" (MAGGIANI, 1979, 273-274).

Negação sociocultural da morte

O ato de morrer, na sociedade ocidental do século XX, constitui um fato escandaloso, uma inconveniência que deve ser escondida. A morte se tornou um tabu e deve ser banida da consciência pública e pessoal. Todo tipo de discurso ou de preocupação em relação aos processos naturais da corrupção do corpo e que lembram fortemente a realidade da morte deve ser considerado doentio e desgostoso e deve ser mantido distante das crianças e dos jovens (ANCONA, 1993, 12-13).

No contexto sociocultural do Ocidente, a morte se torna uma realidade vergonhosa, mascarada e escamoteada. A evacuação da morte da vida cotidiana constitui um fator estrutural da atual civilização. A morte é banida das rodas de conversa com familiares e amigos; geralmente, tem-se disposição para conversar sobre diversos assuntos, mas, quando se trata de temas existenciais profundos, entre os quais o da morte, constata-se uma censura sociocultural. As pessoas se veem embaraçadas e bloqueadas diante da possibilidade de falar sobre o tema; constata-se uma interdição social diante da possibilidade de falar e refletir sobre a morte. Segundo Gorer (1965, 173-174), a pornografia da morte substituiu a do sexo. A morte é uma realidade obscena e mascarada da qual se evita falar principalmente diante de sua proximidade. Esquiva-se de um confronto com a morte como se ela fosse algo inconveniente e repugnante.

Na realidade, esse comportamento de negação da morte revela um medo de afrontá-la, de pensá-la e de assimilá-la na existência. Um remédio contra a morte é não pensar nela. Para "não ser amedrontado e angustiado pela morte é preciso expulsá-la do pensamento" (GIARDINI, 1996, 57). Pensar na morte conduz a uma meditação sobre a capacidade de afrontá-la e de atualizá-la em minha condição mortal. Por isso, é melhor viver como se eu fosse imortal. A morte diz respeito aos outros e não a mim. No fundo, pensa-se, de modo ilusório, que a remoção da morte tornaria a vida serena e privada de preocupação existencial. É preciso viver e se esquecer da morte como forma de tentar driblá-la.

No passado, o moribundo era visto como protagonista de sua morte, transformando-a numa espécie de cerimônia pública, presidida e organizada por ele, em que participavam parentes, amigos, vizinhos e crianças;

atualmente, ao invés disso, tornou-se um fato privado e uma experiência que ocorre num total isolamento. Desse modo, a morte como um tabu não consiste simplesmente no seu silenciamento, mas sobretudo numa nova forma de morrer e de lidar com a morte. O enfermo já não é protagonista de sua morte, que se torna um evento impessoal: morre-se, mas não se sabe de quê. As pessoas que acompanham o moribundo nos momentos de dor, de sofrimento e de agonia ocultam os reais motivos que o conduzem à morte. A mentira se torna a verdade sobre a morte. Procura-se ocultar do enfermo "a gravidade de seu mal (iludindo com perguntas ou dando falsas respostas), expropriando-o assim do direito de ver a face da própria morte e de se preparar" (RIZZI, 2006, 23). Em princípio, a justificativa para o ocultamento do motivo da morte seria o de poupar o moribundo de sua angústia e do seu sofrimento. Ou seja, não adianta o enfermo saber do que vai morrer porque isso não suavizará seu sofrimento.

Detecta-se também uma mudança no local em que ocorre a morte: há uma passagem do ambiente doméstico e familiar para a solidão e o anonimato dos hospitais. Se antigamente se morria em casa, na própria cama, cercado por familiares e amigos, num clima de lucidez e religiosidade, atualmente morre-se sozinho num leito hospitalar rodeado de uma parafernália de aparelhos (LEPARGNEUR, 1986, 95). Doravante, o hospital é que tem posse, conhecimento e administra a vida e a morte humanas. O hospital é o lugar onde se nasce e se morre. A experiência dos dois pontos extremos da existência se dá num único local: o hospital.

> A sociedade contemporânea, caracterizada pelo bem-estar e pela eficiência, parece ter codificado tacitamente que os dois eventos fundamentais da vida de cada ser humano, o nascimento e a morte, sejam geridos num lugar típico dessa cultura: o hospital. Antropólogos e sociólogos indicam o hospital como o símbolo por excelência da "morte técnico-industrial" em que o homem não tem o direito de gerir a própria morte (ANCONA, 1993, 13).

A morte já não pertence nem ao moribundo nem à sua família, mas é regulada e administrada pela burocracia hospitalar. Geralmente, em torno do doente cria-se uma espécie de cordão de segurança em que as palavras doença e morte são evitadas. A família se recusa a tocar no assunto, temendo que o estado clínico do doente piore e também com o receio de magoá-lo. Os médicos preferem não dizer aos doentes o que eles têm, transmitindo a notícia aos parentes próximos.

O moribundo não experimenta a morte como um fato pessoal e próprio, mas como um evento impessoal e anônimo. Não é a sua morte, mas a morte em geral. A gestão da morte e do morrer humanos é assumida por um pessoal especializado (os senhores da morte — os *tanatocratas*), que institui o protocolo médico mais oportuno em relação ao caso. Terapias, técnicas e aparelhos apropriados ao moribundo, que se transforma em um dado profissional administrado para uma melhor organização hospitalar. É na neutralidade hospitalar que se procuram todos os recursos médicos possíveis para combater o sofrimento, a dor e retardar a morte. O moribundo perde sua identidade e se torna um paciente entre tantos outros, sendo condenado a morrer em um estado de solidão existencial, experimentando, muitas vezes, a morte com desumanidade e com tragicidade. "Em tal condição o que vem à tona não é tanto o sentido de um sofrimento físico radical e extremo, mas o vazio afetivo e espiritual que se experimenta de modo concreto" (ANCONA, 2007, 19). Muitas vezes, o hospital se preocupa mais com a enfermidade do que com o enfermo. A morte significa o fracasso dos recursos técnicos. Acreditar que a medicina é capaz de curar todo tipo de enfermidade significa admitir que a vida pode ser prolongada, em seu aspecto físico, indefinidamente. "Assistimos a uma tentativa de prolongar o evento biológico da vida, retardando o evento biológico da morte" (ZUCCARO, 2002, 42). Diante do surgimento de novas doenças e de pandemias, os cientistas se mobilizam rapidamente para procurar uma cura ou uma vacina com o objetivo de preservar a vida humana e postergar ao máximo a ocorrência da morte. A ambição dos recursos técnicos de curar todas as enfermidades vê a morte como

> [...] o falimento mais grave a ser temido ou uma pausa na luta médica pela vida, em que o termo "pausa" comporta conotações eufemísticas. Quando já não é possível o silêncio, o mascaramento do morrer e da morte, seja do moribundo, seja da família, se torna sintomático nas expressões ("ele precisa de repouso", "vamos deixá-lo sozinho"...) e na ritualidade hospitalar antes e depois da morte: o corpo que fala a morte, único vínculo com os viventes, é ocultado, se torna obsceno e será reencontrado por breves instantes e depois selado para sempre (MAGGIANI, 1979, 274).

O corpo do morto se torna uma matéria privada de vida, de afeto e de comunicação. O cadáver se torna algo impuro que não pode ser tocado.

Na realidade, essa obsessão da medicina de curar todo tipo de enfermidade e aliviar a dor manifesta um desejo de dominar e de domesticar a morte. Os recursos técnicos da medicina visam preservar a integridade física da vida e erradicar a morte. A morte é o inimigo contra o qual a medicina luta diariamente. "A tecnologia médica e cirúrgica, sem vencer a morte, marca pontos em várias batalhas contra ela, ao adiar sua chegada e afastar a dor" (LEPARGNEUR, 1986, 34). Atualmente, muitas respostas técnicas e científicas são oferecidas para sanar a enfermidade, a dor e a morte, mas se constata pouca capacidade humana de afrontá-las. Os recursos técnicos visam atenuar a dor e o sofrimento para que o enfermo possa experimentar uma morte sem dor, silenciosa. "O progresso, mesmo combatendo vigorosamente a doença e a morte — e remediando por isso indubitavelmente toda uma série de sofrimentos que até há poucas décadas oprimiam a vida dos homens ocidentais 'sem remédio' —, ao mesmo tempo causou a emigração e a remoção da morte" (GRILLO, 2007, 66). "Quase não se pode mais falar de agonia, a partir do momento em que os medicamentos tornam cada vez mais possível um morrer sereno" (HOFMEIER, 1974, 609).

O desejo de atenuar ou sanar qualquer manifestação de dor e de sofrimento desenvolve nas pessoas um comportamento hipocondríaco, uma necessidade de estar em permanente contato com o médico e uma preocupação exagerada diante de qualquer sinal de enfermidade. Mas, na realidade, a enfermidade e a morte são vistas como fatos exteriores à vida, "momentos de não vida, porque não têm nada a dizer ao homem. A cultura de hoje não ajuda muito a pessoa a dar um significado para esses fatos fundamentais da vida de cada homem" (BRESCIANI, 1992, 292). A morte não é vista como uma dimensão constitutiva, interna e estruturante da existência, mas um acontecimento que vem de fora e atinge a vida de modo imprevisto.

> O morrer é desprovido de seu sentido e assim não estamos mais conscientes de que a morte é parte integrante da vida. O falecimento de um ser humano se transforma, deste modo, em um caso clínico, e a morte em falência da arte da medicina. O morrer perdeu sua dimensão humana ou esta dimensão foi reprimida (BLANK, 2000, 18-19).

Muitas vezes, a evolução tecnológica no combate às enfermidades não é acompanhada de uma humanização da morte. A morte se tornou uma vilã e um inimigo a ser vencido pela medicina, em nome de um prolongamento físico da vida, de um desejo de conservação e de desenvolvimento da vida (conservação de espermas, de células germinativas, clonagem) e do aumento da expectativa de vida. Os recursos técnicos da medicina provocaram uma subdivisão interna do evento único da morte, a morte foi fracionada em uma série de pequenas etapas, de modo que não se sabe qual é a verdadeira morte: morte cerebral ou interrupção da respiração. O objetivo dessa subdivisão é cancelar a ação dramática e impactante da morte a fim de torná-la aceitável e menos agressiva. O proprietário da morte e das circunstâncias que a circundam é a medicina. À família do enfermo cabe visitá-lo nos horários determinados pelo hospital e receber as informações dos médicos sobre seu estado de saúde, visto que o enfermo se tornou propriedade da medicina. Assim, tudo aquilo que os seres humanos anteriormente procuravam obter e explicar recorrendo com súplicas às potências sobrenaturais, agora se pede à medicina. "Hoje a medicina se apossou do enfermo, tirando-o física e psicologicamente de seus familiares de modo mais ou menos radical: tirou-o realmente de si mesmo" (POHIER, 1974, 673).

Dessa forma, "perdem-se os contatos quantitativos e as experiências qualitativas da morte: a experiência da morte se torna menos intensa" (HOFMEIER, 1974, 609). O enfermo é privado de contato familiar e social, experimentando "por antecipação uma 'doce morte' social" (SANDRIN, 1985, 6-7). Antes da ocorrência da morte física, tem-se a experiência da morte como fato social e psicológico, visto que o enfermo é expropriado de sua residência, de seus afazeres diários e de seu círculo de relações afetivas. A pessoa está condenada a morrer privadamente. A privatização e o isolamento das condições em que ocorre a morte são consequências do individualismo e da privatização da vida. Desse modo, a morte se tornou uma realidade dessocializada. "A morte, e com ela tudo aquilo que pode recordá-la (o envelhecimento, a doença, a dor), é cada vez mais privatizada e escondida" (ALLIEVI, 2007, 40). Compete ao enfermo, privado de uma aproximação consciente da morte, aceitar as condições nas quais sua morte ocorrerá. Assim, a morte passa de um evento natural e pessoal a um fato técnico, medicalizado e impessoal. A morte se torna um "fato empírico manipulável e não mais um mistério intocável" (POHIER, 1978, 85). A morte é reduzida a uma constatação biológica: "trágico êxito de uma enfermidade" ou "fim do processo de envelhecimento" (SCORTEGAGNA, 1996, 54). No fundo, o ser humano é relegado ao seu aspecto físico-biológico. Ele passou de sujeito a objeto da morte. No plano cultural, registra-se uma crescente diluição da dimensão pessoal da morte que conduz a uma exclusão do patrimônio cultural, por ser insignificante para a vida.

Esse contexto sociocultural de ocultamento e negação da morte provocou mudanças nos ritos funerais. O novo conceito de morte e a nova forma de morrer exigem uma nova postura diante da morte. Nessa nova forma cultural de compreendê-la, as empresas fúnebres exercem uma função importante: "serviços que anteriormente eram confiados a familiares, parentes e amigos agora são feitos por especialistas da empresa. Eles objetificam, por assim dizer, a relação com o morto, poupando os parentes de um certo conflito emocional" (HOFMEIER, 1974, 610). Em muitos casos, as empresas fúnebres prestam serviços sociais (notificação pública do caso de morte com anúncios e avisos), jurídicos (assessoria jurídica para cuidar de herança do testamento) e religiosos (contrata o ministro religioso para realizar os rituais espirituais). A morte passa do domínio do hospital para a indústria fúnebre. Assim, ao redor da morte construiu-se uma indústria que priva os familiares de qualquer contato com as questões referentes ao morto. Uma vez constatada a morte física, tem-se um afastamento da família em relação ao morto, delegando a uma empresa fúnebre os cuidados últimos com o falecido.

A negação da morte promove uma nova forma de enfrentar a morte e o morrer. Nos Estados Unidos, os ritos funerários preveem espaços específicos: os *funeral parlours* (espaços reservados para a recepção da família e dos amigos), as *funeral homes* (espaços em que o morto é embalsamado e apresentado), os *thanatos centers* (complexos mortuários). Todas essas estruturas estão permeadas de uma linguagem e de um modo de organização que visam atenuar e cancelar as várias referências à morte (ANCONA, 1993, 16). No Brasil, também há lugares sofisticados e glamorizados que lidam com a morte. Em Belo Horizonte, no estado de Minas Gerais, há um espaço fúnebre chamado *Funeral House*, que consiste num lugar glamorizado, localizado na área central da cidade, em que se realizam os velórios de famílias abastadas. O espaço parece mais um lugar destinado a uma festa do que a um serviço fúnebre. Esses espaços fúnebres glamorizados buscam suavizar o horror que a morte representa, bem como amortecer o impacto psicológico e social que ela provoca.

Os ritos funerais se distinguem pela discrição dos gestos, pelo domínio dos sentimentos e pelo ocultamento da dor. A morte não pode causar instabilidade social e deve passar despercebida e silenciada. Geralmente, os velórios são marcados por experiência de discrição e controle diante da morte e da situação de perda. A morte é um fato social incongruente e desconfortante que deve ser exorcizado da consciência pessoal e coletiva. Dessa forma, as manifestações exteriores do luto (emoções fortes, vestes próprias de luto), as circunstâncias e os fatos que envolvem a morte (enfermidade que levou a pessoa à morte etc.) devem ser extirpados. As manifestações visíveis de dor e de consternação supõem um comportamento patológico e inspiram um repúdio social e cultural. A sociedade da técnica exige um domínio dos sentimentos, uma remoção da dor e um ocultamento do luto e da morte. A refutação da dor, do sofrimento e da velhice tem como consequência a negação da morte. O rechaço cultural da morte pode ser interpretado como mecanismo psicológico de defesa pelo fato de evitar o confronto com a dor e a separação. A sociedade atual está preocupada com a produtividade, e "os sinais de luto, com seus valores sentimentais, poderiam obstaculizar o desenvolvimento da vida e do trabalho" (HOFMEIER, 1974, 612).

O luto é uma experiência de elaboração, acolhida e aceitação da morte de um familiar, de um amigo. Não se faz experiência do luto diante da morte de um desconhecido. Não há uma previsão temporal e sentimental para a experiência do luto. Cada pessoa experimenta o luto de forma individual e privada. A duração do luto está relacionada à intensidade do laço afetivo com aquele que morreu; algumas pessoas vivem um luto mais ameno e outras, mais intenso. O luto já não é um tempo necessário de elaboração da morte do outro, de reflexão sobre a minha condição mortal, de manifestação dos sentimentos, mas algo que deve ser abreviado e cancelado. O contexto sociocultural atual não permite chorar os mortos e impõe um novo estilo de morrer; na solidão e no isolamento social hospitalar, a morte deve primar pela discrição, "[...] não deve provocar embaraço, não deve perturbar os vivos [...]; ao mesmo tempo os vivos não devem manifestar os seus sentimentos diante da morte: nenhum remorso, nenhuma comoção muito menos o luto que sempre é sentido como uma necessidade psicológica e social" (ANCONA, 1993, 14).

Em virtude da necessidade de trabalhar, produzir e progredir, registra-se uma anulação da experiência do luto.

> A sociedade expulsou a morte, exceto aquela dos homens de Estado. Nada mais na cidade adverte que alguma coisa aconteceu: o velho carro fúnebre negro e prata se tornou um automóvel banal cinza que se perde no fluxo da circulação. A sociedade não faz nenhuma pausa: a morte de um indivíduo já não afeta sua continuidade. Na cidade tudo ocorre como se ninguém mais morresse (ARIÈS, 1985, 660).

Fazer uma pausa para viver e elaborar a dor da perda de alguém pode ser visto como uma experiência de fraqueza emocional e uma perda de tempo. A negação de um confronto pessoal com a morte e a privação de uma vivência sociocultural do luto afetam a dimensão simbólica do ser humano no que se refere à sua relação com as rupturas, as perdas e os limites.

Na sociedade atual, não é possível saber quem está enlutado. A pessoa enlutada não traz nenhuma caracterização ou sinal distintivo. O luto se tornou uma experiência psicologicamente individual e socialmente invisível. Nas sociedades antigas, o período do luto tinha a mesma duração temporal da decomposição do cadáver. As famílias eram cobertas por um sinal distintivo ou se escondiam. Havia uma caracterização e uma socialização do luto. Tratava-se de uma experiência de quarentena à qual estava submetida toda a família (MORIN, 1970, 28).

A radicalização de uma remoção violenta da morte encontra seu cume na prática, cada vez mais frequente, da cremação, que procura extirpar todos os vestígios possíveis da morte. Nas sociedades arcaicas, desde a pré-história, o horror da decomposição do cadáver fez com que o ser humano exercitasse algumas práticas que visam apressar a decomposição (cremação e endocanibalismo) ou evitá-la (embalsamamento) (MORIN, 1970, 28). Em muitas sociedades antigas, os corpos eram enterrados ou queimados. Atualmente, a cremação, que consiste na incineração do corpo com o uso de recursos químicos, é defendida por questões urbanísticas (os cemitérios ocupam muito espaço físico e devem ser eliminados dos centros urbanos), sanitárias (por uma questão de saúde pública, a cremação seria mais higiênica) e ecológicas (com o sepultamento, a decomposição do corpo poderia afetar os lençóis freáticos e, ainda, tornar o solo inapto para ser reutilizado).

A prática da cremação destrói alguns aspectos simbólicos relevantes da morte, como a identificação e a visita ao túmulo, a importância do corpo e o culto aos mortos. A cremação é a extinção total da pessoa do plano simbólico por parte dos viventes, sendo considerada uma prática agressiva para com a dimensão material da pessoa. O sepultamento consiste numa decomposição natural do corpo, reintegrando-o ao meio ambiente. A prática da cremação oculta uma redução da pessoa à sua dimensão material e consiste em uma censura de sua dimensão transcendental, mas pode também indicar uma visão pejorativa do corpo como algo precário e destituído de valor que pode ser lançado ao fogo. Assim, o corpo é visto como impuro, mas em um novo sentido: "é imperfeito e perecível, e portanto limitado" (SUNG, 2003, 30).

Outra prática sociocultural atual, que goza de popularidade, é o hábito de embalsamar e maquiar o defunto. Essa preocupação com o aspecto estético do defunto é uma forma de disfarçar e censurar a própria morte. O horror e a feiura que a morte representa precisam ser eliminados. A prática de maquiar o defunto e torná-lo higienicamente apresentável representa uma forma de fazer da morte uma realidade mais aceitável e palatável. Visa amortecer as imagens de desequilíbrio, de ruptura, de instabilidade e de repugnância que a morte representa. Os atos de embalsamar e de cremar os mortos, difundidos em diversos países, representam uma forma de "esquecimento da morte" (ANCONA, 1993, 16). A negação da morte traz em seu cerne uma afirmação da vida em seu aspecto físico-biológico. Segundo o filósofo Gadamer (2006, 72), "a repressão da morte significa vontade de viver". A censura da morte consiste num desejo de afirmação da vida em seu aspecto físico. A morte soaria como um fato inconveniente no interior da vida. Essa problemática oculta em seu interior uma "censura das realidades últimas" (ANGELINI, 1984, 756).

A ausência de certeza sobre a vida pós-mortal e sobre o que realmente espera o ser humano no além, ou seja, a respeito das realidades escatológicas, transforma a morte em uma realidade intolerável. Os temas escatológicos tratam de realidades possíveis e conjecturáveis e não daquilo que realmente irá acontecer depois da morte. A escatologia trata de esperança, de possibilidade e de hipótese e não de evidência científica e comprovável. O ser humano está entre a incerteza da vida pós-mortal e a certeza da morte. Diante da falta de certeza sobre uma possível vida pós-mortal, a morte se torna uma certeza intolerável que deve ser repudiada. A negação da morte conduz a uma refutação da possibilidade de especular sobre as realidades escatológicas. A causa disso é uma laicização e o abandono da ideia de transcendência. Uma visão secularizada da realidade leva a uma percepção secularizada e racionalizada da morte. "A dessacralização da vida prolonga-se em uma dessacralização da morte" (LEPARGNEUR, 1986, 61).

Na realidade, a negação da morte oculta um desejo de imortalidade físico-biológica. A morte é um impeditivo diante da possibilidade e do desejo de experimentar uma vida sem limite e sem confim. O ser humano deseja viver eternamente o aspecto físico de sua existência, porém dentro dele está a morte, o limite de sua vida física. A morte significa que a vida tem prazo, limite e data de validade. A morte é uma certeza que delimita e circunscreve a vida; essa certeza pode causar angústia, revolta e insatisfação para um sujeito que deseja viver uma vida sem limite físico. O desejo de uma vida imortal, no sentido físico, consiste em um repúdio do aspecto contingente e finito da existência. A contingência e a finitude podem resultar em aspectos insuportáveis para a existência de um sujeito que deseja viver permanentemente. A afirmação da vida, como grandeza imortal no sentido terreno e finito, revela uma negação do caráter temporal da existência e da própria duração da realidade. "Qualquer tentativa idealística de negar a morte como fato radical e significativo do homem aparece como defesa contra uma angústia inexplorável, ou como sinal de impossibilidade de assumir um significado 'positivo' do falimento da duração temporal" (LODI, 1972, 206).

O desejo da ciência e da medicina é descobrir um antídoto para a morte. Libertar a vida da morte é um desejo futuro da ciência. Conjecturar uma existência concreta que não passasse pela morte e que não conhecesse um limite existencial radical terminaria em uma ditadura do imanente e do espaçotemporal. Uma vida fisicamente imortal seria suportável? Libertar a vida de seu caráter finito seria uma forma de torná-la aceitável e tolerável? A morte não é um limite necessário imposto à vida? A imortalidade transcendente da visão espiritual e religiosa da morte é substituída por uma ótica imortal e imanente da perspectiva secular. O pressuposto antropológico dessa visão cultural é a redução do ser humano à sua dimensão física e corporal.

A negação da morte, produzida no contexto da sociedade e da cultura ocidentais, pelo menos no plano da práxis social, representa uma realidade bem consolidada que, porém, não oferece soluções válidas para afrontar o problema da morte humana.

A morte diante do progresso econômico, da indústria do corpo e da cultura do ativismo

As ideias de progresso, acúmulo, realização, sucesso e felicidade não compactuam com a realidade da morte. Em um cenário econômico em que impera um desejo obstinado pelo desenvolvimento, pela ascensão profissional, pela concepção ilimitada de poder, pela competitividade e pelo lucro, a morte é vista como um obstáculo e um evento indesejado. O evento da morte como algo que indica uma ideia de ruptura, separação, desconexão é inaceitável para uma realidade social e econômica que prima pela velocidade e pelo volume dos bens produzidos, pela conquista de mercado e pela concorrência.

> O processo de negação e remoção da morte tem um significado sociológico na civilização ocidental contemporânea. Esse processo está alinhado com as exigências técnico-industriais. Os atos de pensar e de sentir a morte não correspondem às leis do progresso e da produção em geral. A civilização industrial — ao contrário das sociedades rurais em que a morte é uma realidade como qualquer outra — não admite uma possível conscientização do fenômeno morte (ANCONA, 1993, 14).

Constata-se uma "vontade não declarada, mas operante, de cancelar, de atenuar, de remover tudo aquilo que pode interferir nos ritmos da produtividade" (RIZZI, 2006, 25). Nesse sentido, quando morre um funcionário de uma empresa, a sociedade não pode parar para chorar o defunto (viver a experiência da elaboração do luto), que será imediatamente substituído por outro, para que a morte não interrompa a cadeia produtiva. Nesse cenário, a morte, para ter espaço e aceitação, deve se tornar uma peça que contribui para o funcionamento do progresso econômico. Ou seja, a morte deve se tornar um produto de consumo ou, do contrário, será vista como algo que se encontra na direção oposta ao progresso e ao lucro.

Como forma de negação da morte, houve um crescimento vertiginoso da indústria do corpo, da saúde e da beleza. Atualmente se assiste a um exagerado vitalismo com o culto ao corpo, à saúde, ao bem-estar físico, à eterna juventude; um crescimento no consumo de produtos cosméticos e uma procura acentuada pela cirurgia plástica com fins estéticos. Busca-se um corpo com uma imagem eternamente jovem, sem sinais que recordem sua dimensão finita e limitada. Trata-se de um corpo sem rugas e sem imperfeições físicas; enfim, um corpo que não possui sinais de morte. Essa visão vitalista é uma forma cultural de exorcizar o envelhecimento, a dor, o sofrimento e a morte. A procura frenética pela qualidade de vida não é acompanhada por uma busca pela qualidade da morte e do morrer.

> Em uma cultura como a nossa, dominada e com uma forte obsessão pelo conceito de "qualidade de vida", as questões relativas à morte e ao morrer se tornam irrelevantes e inconvenientes e por isso devem ser evitadas ou removidas [...] Saúde e bem-estar constituem um dever a ser perseguido, e assumem um valor absoluto, a ponto de considerar insignificante e indecente uma vida privada de beleza e sanidade global [...] Nessa cultura de referência para muitos é óbvio que não há nenhum espaço para uma consideração em termos de valor daquelas experiências humanas problemáticas como o sofrimento, a velhice, o morrer e a morte (ANCONA, 2007, 17).

A negação da morte se oculta na negação do envelhecimento. O envelhecimento como processo biológico que recorda a condição finita e a sujeição à sucessividade temporal do corpo deve ser negado. O processo de envelhecimento recorda e atualiza que a morte está orientada para o fim físico. Como forma de negação implícita da morte, é preciso apagar do corpo os sinais que recordam sua exposição ao passar do tempo e o processo de envelhecimento. O envelhecimento recorda algo repudiável, indigno do corpo e que deve ser censurado e ocultado. É preciso ter um corpo jovem, sarado, malhado, sem sinais de obesidade, deficiência física nem exposto ao envelhecimento. Busca-se um corpo idealizado imune à dor, ao sofrimento, ao envelhecimento e, enfim, à morte. O corpo deve transcender seus limites físicos e suas barreiras temporais. Procura-se um corpo irreal e imortal.

Outra forma de expulsar a morte do horizonte reflexivo e existencial do ser humano é se deixar absorver pela cultura do ativismo, do consumismo e do divertimento. A postura ativista da cultura atual é uma forma de reprimir a ideia da morte. Percebe-se uma necessidade de estar sempre ocupado, fazendo alguma coisa, de ter o dia todo repleto de atividade, uma compulsão pelo trabalho e uma necessidade de se manter atualizado a cada instante, pelos meios de comunicação, sobre o que ocorre no mundo. Verifica-se uma necessidade mórbida de estar o tempo todo conectado e ativado com a realidade e os afazeres, porque ter um período de tempo livre pode levar o ser humano a pensar em questões existenciais profundas, entre as quais a ideia da morte. O ativismo laborativo é uma forma de manter o ser humano distraído e desfocado de questões existenciais. É preciso viver como se a morte não existisse ou não se referisse à minha pessoa.

> Na verdade, para muitos daqueles aos quais é concedido o repouso do cansaço do trabalho, ter um tempo livre à disposição significa um tempo vazio, que eles rapidamente preenchem com distrações e divertimentos, para evitar que pensamentos muito sérios, entre os quais o pensamento da morte, venham angustiá-los (GIARDINI, 1998, 419).

Um comportamento ativista e laborativo é valorizado e visto como sinal de vitalismo, jovialidade e produtividade. Mas no subterrâneo desse comportamento oculta-se uma repressão a pensar em questões que têm densidade existencial. O sujeito ativista, para descansar e refazer suas forças, necessita experimentar emoções fortes e se divertir de modo intenso. Tem-se a passagem de um ativismo laborativo para um ativismo emocional e recreativo. Esse ser humano é absorvido pela cultura do entretenimento: curtir a vida (*carpe diem*), viagens, férias, fazer esporte, assistir à televisão, conectar-se com a internet etc. É preciso se divertir, estar distraído, realizar os projetos pessoais, gozar dos prazeres que a vida oferece (comer, beber, dançar, passear etc.) e curtir a brevidade da existência, com o intento de não pensar em questões existenciais profundas. É necessário gozar a vida com a máxima intensidade sem pensar em seu limite existencial e em sua brevidade. Observando como um desmedido comportamento laborativo e recreativo camufla o pensamento da morte, expressa Giardini (1998, 424):

> Esse tipo de atividade absorve de tal modo a atenção daqueles que se dedicam a ela a ponto de não deixar para eles nem tempo nem vontade de pensar que são mortais. [...] [trabalho e recreação] não advertem quase nunca para o transcorrer do tempo e eles perdem a consciência de que suas vidas terminarão. Deixar-se absorver por intensas atividades laborativas e recreativas dá a entender que a própria vida é uma duração interminável.

É possível que a pessoa com perfil ativista, que para descansar precisa experimentar um divertimento intenso, acabe desenvolvendo um comportamento consumista. Esse comportamento pode significar um desejo obstinado de consumir algo como forma de abrandar suas angústias, seus sofrimentos e suas decepções. Nesse comportamento consumista compulsivo não se consome por exigência orgânica ou pessoal, mas por necessidade psicológica de negação de algo profundo. A pessoa é induzida a estar sempre "drogada", mediante o desenvolvimento de um comportamento ativista no trabalho, nos momentos recreativos e no modo de consumir como forma velada de anular uma reflexão sobre as questões existenciais, entre as quais a morte. Esse é um comportamento superficial e massivo, que distancia a pessoa de si mesma e a impede de enfrentar perguntas fundamentais da existência: quem sou? Qual será meu fim? Qual o sentido do sofrimento e da dor? Por que existe o mal? Qual é o sentido da morte?

A morte nos meios de comunicação

A negação sociocultural da morte contrasta com a audiência que obtém nos meios de comunicação, principalmente na televisão e no cinema, tornando-se objeto de espetáculo, em virtude da violência e da brutalidade com que é apresentada. Se o contato concreto com a morte representa um daqueles fatos desgostosos que deve ser mantido distante da experiência cotidiana, isso não se verifica com a "morte ao vivo" transmitida pela televisão, pelo cinema e por outros meios de comunicação.

> A espetacularização da morte [...] sustenta significativamente cifras de audiência e de lucros; porque é um produto que se vende bem! Através dos *media*, que assediam de um modo constante o viver cotidiano do homem contemporâneo, a morte e o morrer, reduzidos existencialmente às, assim chamadas, cenas de forte impacto emotivo (violências, acidentes individuais e coletivos, guerras, catástrofes, genocídios etc.) alcançam milhões de pessoas e se apresentam como puros e simples fatos vistos comoda-

mente, sem alguma participação direta e sem um envolvimento pessoal (ANCONA, 2007, 20).

A morte se tornou um produto comercializável pelos meios de comunicação. As mortes que geram lucro e altos picos de audiência são as mortes trágicas ou de pessoas famosas, de personalidades nacional ou internacionalmente conhecidas, que geram comoção popular, as mortes por acidentes trágicos, guerras e pandemias. Quanto mais trágica a morte ou mais famosa aa pessoa que morre, mais comoção e audiência produz. Porém se trata de uma morte com a qual a comoção é momentânea e suave. É uma morte que não impacta existencialmente como a morte de um familiar ou de uma pessoa querida. Não é uma morte que gera um luto permanente e intenso. Trata-se da morte do outro, anônimo ou famoso.

Com a ampliação dos meios de comunicação, a morte conquistou um caráter público. Entretanto, esse não é um fenômeno exclusivo da contemporaneidade. O caráter público da morte tem raízes distantes, e cada cultura ofereceu o seu espetáculo (desde as arenas em que os cristãos padeciam o martírio, as execuções públicas nas fogueiras, crucifixões e outros tipos de mortes que ocorriam nas praças públicas). Porém, atualmente, com o clima frenético das técnicas de comunicação, o fenômeno da morte assume dimensões mais notórias e alcança milhões de espectadores. A morte-espetáculo promovida pelos meios de comunicação consiste num produto de consumo coletivo que não ajuda o ser humano a entender ou sentir em profundidade a relevância da morte para a vida. Trata-se de um fenômeno midiático que não toca existencialmente o ser humano e o deixa indiferente. Tal morte-espetáculo "está alinhada com o processo cultural da remoção da morte, típico da nossa sociedade ocidental. Sob esse aspecto, ela é um produto que vende bem e como tal é comercializada e tornada pública nos oportunos canais comerciais" (ANCONA, 1993, 32).

A exposição da morte nos meios de comunicação se refere a uma imagem genérica, impessoal e anônima. "O espectador está comodamente sentado na poltrona da sala, diante da tela e, daquela fortaleza que o torna imune à morte, goza do espetáculo. A morte se aproxima, de certo modo entra em sua casa, mas permanece inócua e estranha. Não é a sua" (ZUCCARO, 2002, 44-45). Essa imagem abstrata da morte é inofensiva e distante, sem consequências práticas, e não causa impacto na consciência pessoal. Consiste numa experiência que não possibilita uma reflexão sobre a condição mortal e a finitude da existência pessoal. É a morte de um alguém com quem não se tem propriamente um vínculo afetivo. É uma imagem da morte que não toca a pessoa, ou que pode até lhe causar uma comoção rápida, mas que em seguida é velozmente apagada e esquecida. "Toda a gama de reportagens da morte na imprensa, no rádio e na televisão nos comove por uns momentos, porém não nos afeta no fundo de nosso ser. Não podemos ficar todas as noites fazendo luto" (KÜNG, 2000, 263). O espectador, diante das imagens trágicas da morte apresentadas pela televisão, muito provavelmente se esquece do assunto assim que elas desaparecem.

Os meios de comunicação apresentam a morte do outro de forma exibicionista, como uma verdadeira e própria epopeia do macabro. No fundo, "é natural que uma civilização que teme a morte e a aceita com prazer às vezes se sacie de modo sadomasoquista e às vezes a reduza a uma informação que suscita no espectador uma curiosa mistura de indignação, satisfação e indiferença" (THOMAS, 1983, 193). Essa imagem midiática da morte a concebe como um fato acidental, imprevisto, sem concretude existencial, dissociado da vida e externo a ela. A morte é vista como um fenômeno pontual que atinge a existência de modo exterior.

Na realidade, a imagem da morte transmitida pelos meios de comunicação é a de um fato vulgar e banal. Porém a banalização da morte leva a uma visão vulgarizada de quem a padece. Se a morte é despojada de dignidade e de sentido é porque, no fundo, a vida humana é destituída de valor. Uma morte sem valor revela uma vida sem valor. Assim, a morte do ser humano, em termos de valor e dignidade, é reduzida à morte de um ser vivo qualquer do universo. Dessa forma, o ser humano é destituído de seu primado ontológico e axiológico na criação. A brutalização da morte é o resultado de uma visão brutalizada da existência: "a brutalização que experimentamos hoje ante a vida do homem está profundamente relacionada com a rejeição da pergunta pela morte" (RATZINGER, 2007, 91). O respeito pela morte demonstra uma consideração moral pela existência humana.

Conclusão

A visão da morte presente no Ocidente, transmitida historicamente e experimentada no âmbito sociocultural, consiste, em termos gerais, numa percepção externa, impessoal e acidental. A morte é vista como uma experiência genérica e anônima. Não se experimenta a própria morte, mas a morte em geral. A morte não é vista na profundidade humana e existencial, como evento extremante antropológico. É preciso agregar à visão histórica e sociocultural ocidental da morte e do morrer um coeficiente de humanidade e singularidade que virá, por exemplo, com a filosofia e a teologia do século XX. A morte deve ser vista numa dimensão interna e pessoal do existir humano. A morte é uma dimensão constitutiva, latente e estrutural da vida humana; não é evento que ocorre no final da vida por motivo de velhice ou doença, mas acompanha todo o percurso da vida humana desde o seu nascimento. O ser humano nasce condenado a morrer. A morte é uma iminência que acompanha a vida; é evento que habita o coração da existência humana. É sombra que acompanha a vida e evento onipresente na existência.

No coração da vida está a morte; trata-se de uma realidade que pulsa no interior do existir. O confronto com a morte é um fato inevitável que deve ser assumido pela consciência pessoal. O encontro com a morte é uma experiência única diante da qual não existe ensaio nem improviso. É "um encontro único (se morre somente uma vez) e muito importante, que cada homem nunca poderá improvisar, mas para o qual deve se preparar com grande dignidade e responsabilidade, não obstante a incerteza da hora" (ANCONA, 2006, 705). Preparar para morrer significa preparar para viver e vice-versa. O modo como o ser humano afronta a morte depende do sentido e da qualidade que dá à sua vida.

A morte é um evento que realiza e consagra a existência. É o último ato do existir humano e a última possibilidade espaçotemporal com a qual o ser humano se defronta. Com a morte, a vida humana alcança seu caráter irrevogável e irreversível. Não é um evento ao qual se tem acesso observando a morte dos outros, mas trata-se de uma realidade presente no próprio existir desde a sua concepção. A consciência da morte está unida à autopercepção da existência.

Referências

ALLIEVI, Stefano. La morte oggi. *Servitium*, v. 41, n. 171 (2007), 33-44.

ANCONA, Giovanni. *La morte: teologia e catechesi*. Cinisello Balsamo: Paoline, 1993.

_____. Preparare l'incontro con il signore nella morte. *Rivista Liturgica*, v. 93 (2006) 700-714.

_____. La morte e il morire nella cultura odierna. *Servizio della Parola*, v. 39 (2007) 16-22.

ANGELINI, Guiseppe. Morire "in privato". Morte, morale e religione nella cultura contemporanea. *Rivista del Clero Italiano*, v. 65 (1984) 744-756.

ARIÈS, Philippe. Contribution à l'étude du culte des morts à l'époque contemporaine. *Revue de l'Académie des Sciences Morales et Politiques*, v. 119 (1966) 25-34.

_____. La mort inversée. Le changement des attitudes devant la mort dans les sociétés occidentales. *La Maison-Dieu*, v. 26, n. 101 (1970) 57-89.

_____. Richesse et pauvreté devant la mort. In: MOLLAT, Michel (ed.). *Études sur l'historie de la pauvreté*. Paris: Publications de la Sorbonne, 1974, v. II, 519-533.

_____. *Storia della morte in Occidente dal Medioevo ai giorni nostri*. Milano: Rizzoli, 1978.

_____. *L'uomo e la morte dal Medioevo a oggi*. Roma-Bari: Laterza, 1985.

BASURKO, Javier. La cultura dominante ante el problema de la muerte. *Iglesia Viva*, n. 61 (1976) 103-122.

BAYARD, Jean-Pierre. *Sentido oculto dos ritos mortuários*. São Paulo: Paulus, 1996.

BIZZOTTO, Mario. Occultamento della morte. *Camillianum*, v. 9, n. 18 (1998) 47-68.

BLANK, Renold J. *Escatologia da pessoa*. São Paulo: Paulus, 2000.

BRESCIANI, Carlo. Accoglienza della vita e, quindi, della morte. *Camillianum*, v. 3 (1992) 291-305.

FUCHS, Werner. *Le immagini della morte nella società moderna: sopravvivenze arcaiche e influenze attuali*. Torino: Einaudi, 1973.

GADAMER, Hans-Georg. *O caráter oculto da saúde*. Petrópolis: Vozes, 2006.

GIARDINI, Fabio. Le multiformi reazioni umane alla paura della morte. *Sacra Doctrina*, v. 41 (1996) 45-93.

_____. Lavorare e divertirsi per scacciare la paura della morte? *Sapienza*, v. 51 (1998) 399-436.

GORER, Geoffrey. *Death, Grief, and Mourning in contemporary Britain*. London: Cresset, 1965.

GRILLO, Andrea. Esperienza della morte e simboli rituali cristiani. *Servitium*, Bergamo, v. 41, n. 171 (2007) 65-77.

HOFMEIER, Johann. L'odierna esperienza del morire. *Concilium*, v. 4, n. 10 (1974) 605-618.

JANSSENS, Jos. *Vita e morte del cristiano negli epitaffi di Roma anteriori al sec. VII*. Roma: Pontificia Università Gregoriana, 1981.

KOWALSKI, Edmund. La morte proibita. Il morire nella prospettiva filosofica, antropologica ed etica. *Studia Moralia*, v. 39 (2001) 461-481.

KÜNG, Hans. *¿Vida eterna?* Madrid: Trotta, 2000.

LEPARGNEUR, Hubert. *Lugar atual da morte: antropologia, medicina e religião*. São Paulo: Paulinas, 1986.

LESSING, Gotthold Ephraim. *Come gli antichi raffiguravano la morte*. Palermo: Novecento, 1983.

LODI, Enzo. La visione della morte e dei suffragi nell'Ordo Exequiarum. *Rivista di Pastorale Liturgica*, v. 10 (1972) 201-211.

MAGGIANI, Silvano. Elementi del dibattito odierno sul tema della morte. *Rivista Liturgica*, v. 66 (1979) 270-317.

MANIGNE, Jean-Pierre; ANDRÉ, Brigitte. *Il ritonro della morte*. Brescia: Queriniana, 1976.

MOLLAT, Michel. Le sentiment de la mort dans la vie et la pratique religieuses à la fin du Moyen Âge. *Vie Spirituelle Suppl.*, v. 19, n. 77 (1966) 218-229.

MORIN, Edgar. *O homem e a morte*. Lisboa: Europa-América, 1970.

POHIER, Jacques-Marie. Morte, natura e contingenza. Riflessioni sulla possibilità di ritardare la morte con la medicina. *Concilium*, v. 4, n. 10 (1974) 669-686.

_____. Le chrétien peut-il exercer une maîtrise sur la mort? *Lumière et Vie*, v. 27, n. 138 (1978) 80-93.

RATZINGER, Joseph. *Escatología*. Barcelona: Herder, 2007.

RIZZI, Armido. *L'uomo di fronte alla morte*. Villa Verucchio: Pazzini, 2006.

SANDRIN, Luciano. Uno sguardo dentro l'oscura esperienza del morire e del soffrire. *Credere Oggi*, v. 5, n. 29 (1985) 5-14.

SCORTEGAGNA, Renzo. I tempi della morte: un approccio sociologico. In: BRENA, Gian Luigi (ed.). *Il tempo della morte*. Padova: Gregoriana, 1996, 49-72.

SIMON, René. Éthique et anthropologie de la mort. Approcches bibliographiques. *Recherches de Science Religieuse*, v. 67 (1979) 209-242.

SÖLLE, Dorothee. *Mística de la muerte*. Bilbao: Desclée Brouwer, 2009.

SUNG, Jung Mo. A rejeição da velhice e a negação da morte. *Horizonte Teológico*, n. 3 (2003) 13-32.

THOMAS, Louis-Vincent. *Antropologia de la muerte*. Mexico: Fondo de Cultura Económica, 1983.

VERSLUIS, N. La morte è un tabù? *Concilium*, v. 7 (1971) 1023-1043.

VOVELLE, Michel. *La morte e l'Occidente dal 1300 ai giorni nostri*. Bari: Laterza, 1986.

ZUCCARO, Cataldo. *Il morire umano: un invito alla teologia morale*. Brescia: Queriniana, 2002.

CAPÍTULO 2

Aspectos antropológicos da morte

Introdução

  Diante da morte, a vida ganha seu sentido. Uma vida sem sentido passa à margem da pergunta pela morte. O coroamento da vida é conquistado por meio da morte. A morte é o confim da vida. Não há vida humana que não se defronte com o problema da morte. A pergunta pela morte revela a importância daquele que a padece. Tratar a morte como um assunto irrelevante consiste em ignorar e desdenhar a vida humana. A morte é uma questão capital e não marginal da vida; é um tema importante por causa da relevância da vida humana. Ninguém está imune à morte; ninguém passa incólume pela vida. A morte circunscreve e delimita a vida. No coração da vida pulsa e lateja a morte.

  A reflexão antropológica sobre a morte será feita a partir do viés da filosofia contemporânea. Com os filósofos contemporâneos, a morte se tornou verdadeiramente um objeto de investigação antropológica. Primeiramente, será analisada a ruptura com a ideia de imortalidade. Divorciada da ideia de imortalidade, a morte se tornou tema autônomo e independente na reflexão antropológica. Será investigada a colaboração do marxismo humanista ao tema da morte. O marxismo clássico desdenhou o evento da morte, vendo-o como fato bruto e não como problema antropológico; já o marxismo humanista representou o esforço de problematização e humanização da morte. Mas a morte se tornou realmente um objeto de investigação antropológica com a filosofia existencial e passou a ser vista como modalidade do existir, iminência antropológica e possibilidade última e extrema da vida humana. Por fim, a reflexão antropológica sobre a morte será concluída com a análise da morte do outro. Trata-se do vínculo entre a morte e a relação interpessoal. A morte do outro, pessoa amada e querida, me afeta, me toca e contribui para a atualização da minha condição mortal.

A ruptura com a ideia de imortalidade

No patrimônio cultural que o Ocidente recebeu do pensamento grego está a crença na imortalidade da alma, que exerceu uma influência direta, por cerca de dezoito séculos, na compreensão das vertentes filosófica e teológica sobre a morte. Tal crença resultou em uma negligência na compreensão da morte, vista de modo superficial e sem muita audiência, porque a atenção estava centrada na ideia de imortalidade. Dessa forma, a morte não era pensada em e por si mesma, mas como via de acesso à imortalidade. O discurso sobre a morte não gozava de autonomia, mas estava submetido ao da imortalidade. A questão da morte era vista de modo rápido e, em seguida, passava-se imediatamente ao tema da imortalidade. Assim, a filosofia da morte era uma filosofia da imortalidade.

A ruptura do binômio morte-imortalidade ocorreu no século XIX, mas as consequências dessa fratura repercutem até os dias de hoje: o ser humano atual é prevalentemente cético com respeito à possibilidade de sobreviver à morte. No Ocidente, a crise da ideia de imortalidade possibilitou o surgimento de uma reflexão sobre o fenômeno da morte que se desvinculou do discurso da imortalidade e conquistou independência. Assim, com o desaparecimento do segundo membro do binômio morte-imortalidade, o primeiro termo passou ao primeiro lugar da atenção especulativa. No cenário atual da cultura ocidental, a morte é pensada em sua relação com a existência e não como antessala ou etapa propedêutica da crença na imortalidade.

Investigando os caminhos pelos quais passou a ruptura com a ideia da imortalidade, convém analisar duas interpretações diversas sobre a díade morte-imortalidade: a ruptura de L. Feuerbach (1804-1872) e recuperação de M. Scheler (1874-1928).

A interpretação da tese da imortalidade na visão do filósofo alemão Feuerbach se baseia em um dualismo antropológico alma-corpo: "Se minha alma pertence ao céu, sim, por que devo, como posso eu pertencer à terra com o corpo? A alma dá vida ao corpo. Mas quando a alma está no céu, então está o corpo abandonado, morto" (FEUERBACH, 2007, 173). Esse dualismo antropológico feuerbachiano conduz a um dualismo ético céu-terra:

> Quando a vida celestial é uma verdade, é a vida terrena uma mentira, quando a fantasia é tudo a realidade não é nada. Quem crê numa vida celestial eterna, para ele esta vida perde o seu valor. Ou antes, já perdeu seu valor: a crença na vida celestial é exatamente a crença na nulidade e imprestabilidade desta vida (FEUERBACH, 2007, 172).

Nesse contexto, a díade corpo-terra é depreciada e desvalorizada em função da alma-céu. A tese da imortalidade da alma funcionou como pretexto para uma visão evasiva da morte. A rejeição do sonho imortalista oferece ao ser humano a possibilidade do domínio da realidade terrena na qual ele é chamado a construir sua felicidade. O eclipse de uma preocupação com o além faz com que o ser humano se concentre no aquém. Nesse sentido, o desejo do ser humano pelo além o desresponsabiliza de construir sua realidade presente no aquém. A desconstrução do mundo da fantasia imortalista propicia uma concentração na realidade presente.

No horizonte de Feuerbach, a superação do sonho imortalista é possível, admitindo um duplo pressuposto: o único sujeito de uma autêntica imortalidade é a humanidade, a verdadeira divindade, e o lugar de sua realização não ocorre no além, mas no aquém. Esse sujeito imortal é a essência humana e não o indivíduo concreto. O indivíduo singular continua sendo constitutivamente mortal, e todo o esforço inútil em provar sua suposta sobrevivência seria mais bem empregado em reconciliá-lo com a limitação inerente à sua finitude biológica e em exorcizar o temor da morte.

> O homem [...] tem o desejo de não morrer. Este desejo é originariamente idêntico ao instinto de conservação. Tudo que vive quer se afirmar, quer viver, logo, não quer morrer. Este desejo inicialmente negativo torna-se [...] um desejo positivo, um desejo de uma vida e na verdade de uma vida melhor após a morte. Mas neste desejo está ao mesmo tempo o desejo da certeza da esperança. A razão não pode realizar esta esperança. Por isso se disse: todas as provas para a imortalidade são insuficientes (FEUERBACH, 2007, 149).

Na realidade, o temor da morte é algo gratuito porque a morte é um ser fantasmagórico que só é quando não é, e não é quando é. A morte é uma realidade exterior à existência. A morte e a existência são realidades incompatíveis e não coexistentes. Feuerbach sustenta essa posição apoiado no filósofo grego Epicuro (1974, 189), que afirma que quando a morte está eu não estou, e quando a morte sobrevém não estou mais. Feuerbach revela o propósito oculto da tese da imortalidade e, por consequência, da religião: a afirmação de Deus em função da existência humana e da subsistência do eu.

> A imortalidade é a conclusão da religião — o testamento no qual ela expressa o seu último desejo. Aqui ela expressa abertamente o que ela normalmente oculta. Não obstante se trate alhures da existência de um outro ser, trata-se aqui publicamente só da própria existência; quando, pois, o homem faz na religião que o seu ser dependa do ser de Deus, faz ele aqui com que a existência de Deus dependa da sua própria (FEUERBACH, 2007, 182-183).

Feuerbach tem um objetivo mais prático do que teórico: não faz propriamente uma crítica teórica dos argumentos em favor da imortalidade, mas sobre seu interesse pragmático de não desarraigar o ser humano de seu entorno; é neste mundo e nesta história, e não na eternidade de um possível mais além, que o ser humano se logra ou se malogra. Nesse sentido, é a humanidade, e não o indivíduo concreto, que possui valor supremo ao qual se deve subordinar qualquer outro. A desvalorização do indivíduo segue logicamente uma banalização e um descrédito da morte. A essência humana abstrata é absolutizada e em nome dela se deve submeter a existência individual.

Para Feuerbach, em suma, a perda da fé na imortalidade é o suposto prévio do único humanismo possível e realista, a premissa irrenunciável da obtenção do sentido da vida. Diversamente da posição de Feuerbach se apresenta a posição de Scheler, que concebe a crença na imortalidade como um processo de deterioração da autoconsciência.

Na visão do filósofo alemão Scheler, a descrença na sobrevivência pós-mortal desvela uma descrença na própria morte.

> O que é determinante para o desaparecimento daquela crença na sobrevivência não é, em primeiro lugar, a nova relação particular do homem com a questão de saber se continuará a existir após a morte, nem qual o destino que aí lhe está reservado, mas, pelo contrário, a relação do homem moderno com a sua própria morte (SCHELER, 1993, 18).

O ser humano moderno, imerso em um contexto cultural de massa, de despersonalização e anonimato, é refratário à crença na imortalidade, perde a consciência de sua morte como consequência da dissipação da consciência de si. A consciência pessoal da morte é o pressuposto da autoconsciência humana. A irrelevância com que o ser humano moderno trata a sobrevivência pós-mortal nega a essência e o ser da morte (SCHELER, 1993, 18). Em um ambiente em que a morte não é percebida de modo intuitivo e imediato, mas de forma genérica e impessoal, a concepção de uma sobrevivência pós-mortal se desvanece. A certeza da morte não é um dado empírico, apreendido mediante a constatação da experiência extrínseca (da morte dos outros, da enfermidade ou do envelhecimento), mas consiste em um dos "elementos constitutivos que não pertence somente à nossa consciência, mas, na verdade, a qualquer consciência vital" (SCHELER, 1993, 21). "A morte é um *a priori* de toda experiência de observação ou indutiva, relativa ao conteúdo mutável de cada processo vital" (SCHELER, 1993, 23). Dessa forma, a morte não é evento que ocorre no fim da existência, mas realidade presente e interiorizada em todo o curso do processo. O que acontece no fim é a realização daquela certeza presente no interior da existência desde o início.

Contudo, a morte, como verdade que habita no coração da existência, é asfixiada pela sociedade utilitarista, cuja preocupação se centra naquilo que é prático, calculável e seguro. Dessa forma, reprime-se uma consciência pessoal da morte; tem-se um conhecimento da morte de modo impessoal, abstrato e genérico. A consciência pessoal da morte, o "eu devo morrer", é substituída por um conhecimento geral da morte do outro, pelo "morre-se". A morte é um fato alheio à existência, sobre o qual se sabe porque se ouve dizer que alguém morreu. "O senhor X morrerá porque o duque de Wellington e outros também morreram [...] A morte deve ser, não uma verdade *essencial*, válida para todos os homens na medida em que pertence à essência da vida, mas uma 'indução'" (SCHELER, 1993, 43). Os homens da sociedade utilitarista não sabem que têm de morrer sua morte porque também eles morrerão como um alguém para os outros. Não se tem uma consciência da morte como evento singular e intransferível. A ausência de uma consciência pessoal e a assimilação de um modo impessoal de morrer fazem com que a pergunta pela imortalidade seja vazia de significado e de conteúdo. "A primeira condição para uma possível crença na sobrevivência é a superação das forças que reprimem a ideia de morte" (SCHELER, 1993, 53) impostas pelo estilo de vida da sociedade pragmática. A crença na sobrevivência será possível quando a reconciliação espiritual com a morte for capaz de "superar o ilusionismo constitutivo do homem moderno em relação à morte" (SCHELER, 1993, 53). Assim, a morte que estava reprimida reaparecerá.

É válida a denúncia de Scheler de que uma sociedade estandardizada narcotiza aqueles que a compõem para que desdenhem sua mortalidade. A crítica de Scheler ainda continua válida porque a desconsideração com a consciência mortal, presente na sociedade *standard*, se consolidou na sociedade tecnocrata dos dias atuais. A negação da morte, protagonizada por essas sociedades, é uma afirmação invertida, crispada, neurótica de uma presença que, por ser intolerável, não quer tematizar refletidamente. A negação da morte pode ser vista também como uma afirmação da imortalização da existência em seu aspecto físico e espaçotemporal. Tem sentido uma existência que não é confrontada com o limite da morte? Por acaso não é a morte que dá sentido à existência? Uma neurose contrária à negação da morte é a sua consciência obsessiva que paralisaria toda atividade e tornaria a realidade da morte perturbadora.

A originalidade de Scheler está em reconhecer o papel decisivo da morte na abordagem da temática da imortalidade. Scheler procura revitalizar o tema da morte como forma de acessar o problema da imortalidade. Tradicionalmente, o tema da morte é anulado em função do argumento da imortalidade.

Depois de analisar as interpretações de Feuerbach e Scheler sobre o tema da imortalidade, é possível atestar um duplo diagnóstico: a ideia de imortalidade cessou de ter vigência porque o ser humano despertou para o apelo de construção de seu mundo, neste espaço e tempo (Feuerbach); a imortalidade caiu no esquecimento porque se esqueceu de que tenho de morrer a minha própria morte (Scheler). Feuerbach parece acreditar na conjectura de Scheler: a negação da imortalidade para Feuerbach está relacionada com uma dissipação da realidade da morte. Da mesma forma, a conjectura de Feuerbach, salvaguardando as diferenças de impostação da questão, parece, de certo modo, ser verificada por Scheler: o estilo de vida da sociedade pragmática retém a atenção do ser humano sobre as preocupações espaçotemporais, práticas e imediatas (busca de felicidade, segurança etc.). Essa forma de viver, denunciada por Scheler, que sinaliza um apego às realidades terrestres, no horizonte de Feuerbach camufla a questão da morte e a pergunta pela imortalidade. O prognóstico filosófico de Scheler prevaleceu sobre o de Feuerbach, porque um dado antropológico do qual não se pode duvidar é a finitude do ser humano.

A compreensão da finitude humana, um dado explorado pelos pensadores existencialistas e marxistas humanistas, é determinante para o entendimento da morte como problema antropológico. Os existencialistas fazem uma reflexão sobre a morte em si mesma, de modo penetrante, divorciada do tema da imortalidade. É possível fazer uma abordagem detida sobre a morte sem saltar imediatamente para o que supostamente se oculta atrás dela. A morte é primeiramente um problema antropológico e depois escatológico. Nesse sentido, o mitologismo evasivo da tese da imortalidade da alma lucidamente denunciado por Feuerbach escamoteou as dimensões antropológicas do tema da morte para entregá-lo intacto à chamada escatologia individual. A morte e a imortalidade são questões diferentes: a morte tem uma problemática própria, distinta da questão da imortalidade, com a qual somente ulteriormente deve ser relacionada.

A morte é um fato ou um problema?

A investigação sobre a morte, neste tópico, focará a visão do marxismo, passando pela sua versão clássica (K. Marx e F. Engels), para então se concentrar em sua versão humanista (E. Bloch e R. Garaudy). A desatenção do marxismo clássico à temática em questão contrasta com sua recuperação pelo marxismo humanista, que faz da morte um objeto de inquirição filosófica.

O marxismo clássico, seguindo as diretrizes de K. Marx (1818-1883) e F. Engels (1820-1895), que por sua vez são influenciados por F. Feuerbach, desdenhou a problemática da morte. Para Marx (1969, 228), "a morte aparece como uma dura vitória do gênero sobre o indivíduo e uma contradição da unidade entre eles; mas o indivíduo determinado é somente um ente genérico-determinado, e como tal mortal"[1]. Essa posição de Marx sobre o tema da morte apresenta uma inspiração humanista. A mortalidade é um fenômeno que surge quando a espécie se singulariza no indivíduo. A morte é um fato que diz respeito ao indivíduo, o qual, por sua vez, está em função do gênero (espécie). A morte afeta o indivíduo e deixa intacto o gênero. Desse modo, a humanidade se consolida na história por meio da morte do indivíduo. Marx reafirma o percurso seguido por Feuerbach; para aquele o gênero humano é imortal. "À mortalidade *individual* (de cada homem) corresponde uma imortalidade *social* (do gênero humano) que impõe a conclusão de caráter teoricamente irrelevante da morte" (RUIZ DE LA PEÑA, 1978, 21). A singularidade e a

---

1. Essa posição de Marx está apoiada em Hegel (1770-1831), para quem o ser singular pertence a uma essência universal de modo que, quando essa universalidade se torna singularidade como tal, se trata do puro ser que consiste na morte (HEGEL, 2003, 265). Na visão hegeliana, a morte que afeta o ser é fruto da singularização do espírito. A morte da singularidade é mediadora da sobrevivência do espírito.

morte humanas são tratadas de modo secundário. Um dos motivos desse tratamento está na definição que Marx (MARX; ENGELS, 1945, 54) dá do ser humano, "um conjunto de relações sociais", em que "os problemas individuais, entre os quais o da morte, são assumidos e superados numa abordagem coletiva" (GIRARDI, 1974, 748).

A inspiração humanista de Marx não é assumida por Engels, que dá um enfoque biologicista à morte. Na visão de Engels (1967, 303), a morte é um "momento essencial da vida, a *negação* da vida como essencialmente contida na vida em si, de modo que a vida vem sempre pensada em relação ao seu necessário resultado: a morte, que está em germe sempre na vida". A morte é um fato biológico incluído do processo da vida. A vida de todo ser vivo está orientada para um fim natural e necessário, que é a morte; "viver significa morrer" (ENGELS, 1967, 303). Engels nivela a morte humana com a morte de qualquer outro ser vivo; por consequência, reduz o indivíduo a um organismo qualquer. Nesse sentido, o indivíduo não tem um primado ontológico e axiológico sobre os demais seres vivos, mas é um mortal, indeterminado e indiscriminado, inserido no ciclo do movimento vital. Em Engels, a morte é um dado empírico que compreende desde um organismo, cuja morte é uma dissolução dos "compostos químicos que formavam a sua substância" (ENGELS, 1967, 303), até o nível cósmico, como condição *sine qua non* do processo vital. A morte é um dado que pertence ao ciclo natural da vida. Assim, não é um problema, um dilema antropológico, mas um dado fisiológico e uma constante ontológica. No horizonte de Engels, o polo dialético da morte não é a imortalidade, mas a vida. O destinatário do sacrifício individual não é a humanidade (a espécie, o gênero humano), como em Feuerbach e Marx, mas a vida.

A ideia de Engels sobre a morte abriga um perigo latente: inserir "o homem no processo mecânico do devir da natureza é arrebatar o primado da antropologia e conferi-lo à cosmologia" (RUIZ DE LA PEÑA, 1978, 20). No horizonte de Engels, o processo histórico consistiria em um domínio da natureza sobre o ser humano. Como dado de um sistema material e obedecendo à lei biológica, o ser humano, por sua morte, é absorvido pela natureza. O ser humano é destituído de sua primazia antropológica e se torna um dado que alimenta o sistema dinâmico da natureza. Dessa forma, a realidade é constituída por uma única textura ontológica. O ser humano é deposto de sua qualidade de pessoa, de sujeito e se torna um objeto, uma coisa. Nesse contexto, qual seria a diferença entre o morrer humano e o morrer animal? É possível falar de uma dimensão pessoal do morrer?

É possível encontrar alguns pontos comuns nas reflexões sobre a morte em Hegel, Feuerbach, Marx e Engels, considerando a impostação peculiar de cada autor:

> A negação da imortalidade individual, a afirmação da imortalidade metaindividual e o estabelecimento de um nexo entre aquela e esta. A morte do ser singular é vista, com efeito, em todos eles como condição de possibilidade da supervivência (ou posse) de um ser superior ao singular: o espírito (Hegel), a humanidade (Feuerbach), a vida (Engels), a espécie (Marx) (RUIZ DE LA PEÑA, 1978, 16).

A minimização com que o marxismo clássico tratou o tema da morte, como fato e não problema (MURY, 1966, 231), não será a mesma oferecida pelo marxismo humanista, para o qual a morte é problema e não fato. Essa vertente marxista procura recuperar a inspiração humanista de Marx e assinalar o começo de um giro copernicano na postura marxista diante da morte. Para o marxismo humanista, a morte não se reduz a uma mera questão biológica, mas implica um desafio antropológico que deve ser abordado a partir de novas vias de acesso. Entre os marxistas humanistas, serão analisadas as posições de E. Bloch (1885-1977) e R. Garaudy (1913-2012), pelo grau de elaboração de suas ideias a respeito do assunto.

A morte no pensamento de Bloch está relacionada com um duplo problema: psicológico e ontológico. Em relação ao primeiro, Bloch inicia constatando o caráter terrível e antiutópico da morte: "As mandíbulas da morte trituram tudo, e o abismo da putrefação devora toda teleologia" (BLOCH, 1994, 1280). A morte circunda os projetos e os sonhos humanos, e qualquer possibilidade de rebelião contra ela resulta em algo vazio, porque não existe um culpado de sua existência. Procurando descobrir as raízes da terribilidade da morte, Bloch constata a diferença entre a angústia do morrer e a angústia da morte. A angústia do morrer é comum ao ser humano e ao animal; a angústia da morte é própria do ser humano em virtude da consciência de si mesmo. Para o ser humano, a terribilidade de sua morte, que goza de uma presença constante na existência, se radica na dissolução do eu. A consciência antecipada da própria morte é o reconhecimento dessa realidade aniquilante presente em todo o curso da existência. A consciência traumática da própria morte é a consciência da própria individualidade. Assim, a angústia da morte significa o temor da bancarrota do eu. O polo oposto da angústia e do pessimismo desesperado diante da morte é a esperança, que significa uma orientação para a luz e a vida e recusa de deixar a última palavra ao fiasco existencial. A contemplação da morte deveria ser um ponto de mudança positiva e dialética diante do qual o temor da morte se dissipa.

Para Bloch, a terribilidade da morte é superada pelo "mártir vermelho" por meio da práxis concreta da ação revolucionária.

> Somente uma espécie de homem procura a via na direção da morte quase sem nenhum consolo tradicional: o herói vermelho [...] claro, frio, consciente, ele vai em direção ao nada com o espírito livre que lhe foi ensinado a acreditar. A sua morte sacrifical é por isso diferente daquela dos primeiros mártires; estes, de fato, sem exceção, morriam com uma oração nos lábios e acreditavam ter conquistado o céu [...] Por sua vez, o herói comunista, sob o czar, sob Hitler e outros, se sacrifica sem esperança na ressurreição. A sua sexta-feira santa não atenuada, ou superada, por nenhuma páscoa na qual lhe venha pessoalmente despertado para a vida. O céu [...] não existe para nenhum materialista vermelho (BLOCH, 1994, 1353).

Como uma das causas da terribilidade da morte é a consciência do eu, o mártir da revolução faz com que essa consciência seja assimilada pela consciência de classe (BLOCH, 1994, 1354). Assim, com o objetivo de tamponar o terror da morte, o eu pessoal se funde com uma espécie de eu social. Este não consiste em algo abstrato, mas numa "concreta comunidade da consciência de classe, a mesma causa comunista [...] E a certeza da consciência de classe, que supera em si (recolhendo-o) o perdurar do indivíduo, é um *novum* contra a morte" (BLOCH, 1994, 1354). No íntimo da personalidade humana, há um "germe indestrutível", um "eu escondido" que não é demolido pela morte (BLOCH, 1980, 292). Existe no indivíduo um núcleo imortal que não é aniquilado na morte, mas perdura na memória da revolução mediante "suas melhores intenções e conteúdos" (BLOCH, 1994, 1355). A ação revolucionária tende para a produção de um núcleo humano autêntico que se condensa e se conserva, ultrapassando a morte.

Outra razão da terribilidade da morte se refere à índole prospectiva da consciência que antecipa a presença da morte na vida. A morte consiste numa sombra que recobre todo o curso da existência. Para o mártir vermelho, essa consciência antecipatória da morte que leva ao nada deve ser plenificada com novos conteúdos humanos. "Para o mártir vermelho o nada não existe como *nada*; a atividade revolucionária tende a *produzir* [...] *o humano autêntico*, o que se conserva e se condensa acima da morte" (RUIZ DE LA PEÑA, 1978, 58). Para o mártir vermelho, o temor da morte é superável na práxis concreta da ação revolucionária. Nesse contexto, é essencial a vivência da solidariedade; a assimilação da consciência pessoal na consciência de classe, do eu em um "ser" preservado e consolidado "que tem em si uma unidade individual-coletiva: a solidariedade" (BLOCH, 1994, 1355). A existência dessa solidariedade entre os membros da sociedade de classe significa a realidade imortal na pessoa assim como imortal são suas intenções e conteúdos.

Segundo Ruiz de la Peña (1977a, 216), "o problema psicológico somente se resolve com a solução do problema ontológico". Este emerge com uma dupla tarefa: descobrir imagens de esperança contra a morte e indagar a respeito da existência de uma eventual "erva da imortalidade" que permita proclamar "*absorta est, mors, in victoria*" (RUIZ DE LA PEÑA, 1977b, 201) [cf. 1Cor 15,54]. É necessário salvar o termo do processo histórico da caducidade e encontrar a erva da imortalidade.

Para o problema ontológico, a esperança utópica se orienta em direção a um futuro iluminador para o problema da morte. Bloch defende a asserção *non omnis confundar*, que significa: "não acabarei completamente na desordem [...] A melhor parte do homem, sua essência encontrada, é ao mesmo tempo o último e melhor fruto histórico" (BLOCH, 1994, 1358). Essa é a tese da extraterritorialidade do núcleo humano que consiste numa resposta ao problema da morte. Essa tese se refere a um núcleo obscuro e inobjetivável que se localiza no futuro. A raiz da morte está neste núcleo inobjetivado, "o já mas ainda não", fundamento da existência, do devir e da caducidade (BLOCH, 1994, 1360-1361). O "instante central do nosso existir ainda não entrou de fato no processo da sua objetivação e enfim realização, por isso não pode estar sujeito à caducidade" (BLOCH, 1994, 1361). O núcleo da existência não se encontra no processo e em suas caducidades, nem é, por conseguinte, encontrado por elas. Um ser que ainda não é, ou seja, não se possui, pode ter a morte como próxima e possibilidade constante, mas não como destino. Caso contrário, o processo se concluiria, o núcleo se objetivaria, o devir cessaria e a morte seria a aniquilação do ser. A tese da extraterritorialidade do núcleo humano pode ser expressa da seguinte forma: "a obscuridade do momento vivido [...], que oculta em sua latência o mais próximo e o mais profundo, o núcleo do existir como germe do 'ainda-não-possuído' é uma parábola da morte, um '*index* do *non omnis confundar*'" (RUIZ DE LA PEÑA, 1978, 63).

No horizonte de Bloch, uma leitura positiva da tese do *non omnis confundar* consiste em ver a morte "não somente como viagem de ordem extrema mas como libertação própria da abundância de vida" (BLOCH, 1994, 1363). Essa visão positiva não se refere a algo transcendente, mas imanente. Aqui, a morte não é vista como negação da utopia, "mas, ao contrário, como negação daquilo que no mundo não pertence à utopia [...] no conteúdo da morte já não há morte, mas efusão do conteúdo da vida conquistada, do conteúdo nuclear" (BLOCH, 1994, 1363). Assim, chega-se à noção-chave da tanatologia blochiana: extraterritorialidade. Como o núcleo da existência não se produziu durante o processo, a morte é protegida pela couraça do ainda-não-vivente. Como o núcleo não pertence ao processo, não pode ser afetado por sua caducidade. O ser gerado no interior desse núcleo é uma realidade isenta de caducidade, de corruptibilidade e imerso numa durabilidade original. Em vez de olhar para o alto, postura própria de mitologia transcendentalista, deve-se olhar para a frente, próprio de postura imanente, e perceber que "a morte pertence ao processo, mas não aos sujeitos dos quais o processo parte e a cuja identificação se dirige" (BLOCH, 1994, 1364-1365).

Bloch conclui sua reflexão com duas proposições: primeiramente, "o núcleo do existir, por ser ainda *não-tornado*, é sempre *extraterritorial* e inacessível, em relação ao devir e ao transcorrer [...] Em segundo lugar, o núcleo do existir é extraterritorial a respeito da morte" (BLOCH, 1994, 1365). Esse núcleo, que significa o *homo absconditus* em processo gestatório, não é afetado pela morte pois ainda não chegou à sua existência[2]. Quando o *homo absconditus* chegar à sua conclusão no processo histórico[3], terá passado por cima da morte, de modo que ela resulta elidida e matada. Assim, o Ser começará a existir, segundo um novo modo de duração, um novo *topos* isento de qualquer ameaça de caducidade: a pátria da identidade. Essa pátria é o termo ontológico do processo.

A reflexão de Bloch sobre a morte é bastante obscura. Essa obscuridade é observada por vários autores (RUIZ DE LA PEÑA, 1978, 65-66; ALFARO, 1972, 29, nota 19; CAMINERO, 1973, 161; MOLTMANN, 1971, 356)[4].

---

2. O espaço vazio criado pela negação blochiana de Deus é preenchido pela figura do *homo absconditus*, que está relacionado com o *Deus absconditus*. O *Deus absconditus* é uma cifra do homo *absconditus*.

3. Bloch refuta a tese (que se verificará em Garaudy) de que a história é um processo indefinido e aberto, visto que a realidade se torna refém de um inacabamento crônico e de uma condição ontológica precária. É necessário postular um *éschaton*, um termo para o processo histórico, que pode ser positivo (*utopissimum* do *Summum Bonum*) ou negativo (*Pessimum* do *Nihil*). Bloch aposta em um termo positivo para o processo.

4. Existem alguns pontos semelhantes entre Bloch e Heidegger, na reflexão sobre a morte, por exemplo: constatação da angústia e presença da morte no interior da existência. Em Heidegger, a angústia tem uma impostação metafísica; já em Bloch, mais psicológica. No entanto, a dessemelhança é radical: Heidegger professa uma ontologia da finitude; Bloch, uma ontologia do ainda-não, do ser cuja plenitude está a caminho.

Para o marxista humanista, não é preocupante que exista a morte durante o processo histórico, mas catastrófico seria a constatação de sua persistência na pátria da identidade. A morte consiste em um problema preocupante para Bloch, pois pode destruir seu projeto de transformação utópica da realidade. Se não houver vitória sobre a morte, essa transformação não passará de ilusão. O objetivo de Bloch é impedir que o vigor letal da morte aniquile o projeto utópico da pátria da identidade e interrompa a gênese do *homo absconditus*. É justamente contra essa possibilidade que se levanta a teoria da extraterritorialidade. Como um ser extraterritorial, o *homo absconditus* não é alcançado pela morte. A morte não coincide com o ser. Essa teoria "implica explicitamente uma exigência de imortalidade" que se refere ao "ser finalmente conquistado. Não é tão claro em que consiste, como se define tal imortalidade e, sobretudo, quem é beneficiário. O homem singular? Uma espécie de sujeito transindividual, um superego metapessoal?" (RUIZ DE LA PEÑA, 1978, 69). A esperança blochiana se dirige primeiramente ao universal e posteriormente ao singular? Se a esperança blochiana não se dirige ao ser humano concreto, qual seria sua utilidade? Uma esperança que deriva do processo histórico tem alguma validade ontológica para o ser humano?

Não obstante a ênfase de Bloch sobre a terribilidade da morte, na verdade ela é reduzida a um fenômeno epidérmico: se o ser humano ainda não "é" propriamente, a morte não pode afetá-lo realmente. A realidade é a matriz do "núcleo" ou o "germe" do ser, e a história é o período de gestação, o gigantesco processo de incubação do humano. A morte será atropelada por esse processo. O *homo absconditus*, gerado no útero do processo histórico, é mais forte do que a morte. Assim, é significativa a insistência com que Bloch postula para o sujeito autêntico a exigência de um *non omnis confundar* e a esperança de que *absorta est mors in victoria*. A morte é um fenômeno que pode ocorrer no trajeto do processo, porém como acidente, não destino ou termo. Caso ocorra a morte durante o processo, não atinge o núcleo humano imperecível, mas seu revestimento, sua casca. O binômio casca-núcleo serve para proteger o núcleo duradouro de toda agressão mortífera, fazendo da morte algo inacessível a seu interior. Por mais que Bloch trate da angústia da morte, da terribilidade da morte, da presença da morte na vida do ponto de vista antropológico, o tema da morte é banalizado. Se o ser humano não "é" no curso do processo histórico, o evento da morte resulta trivializado. A depreciação da morte conduz à depreciação do sujeito. A

> morte é *algo*, e algo terrível, se o homem é uma magnitude absolutamente válida. A terribilidade da morte consiste em que anula um valor absoluto. A morte não é nada se o homem não é nada (não-é-todavia) ou é algo

intercambiável, uma simples peça substituível no mecanismo cósmico ou nas estatísticas sociodemográficas (RUIZ DE LA PEÑA, 1977b, 218).

Se o ser humano é uma realidade detentora de um primado ontológico e axiológico, de valor absoluto, único e irrepetível, logo a morte deve ser vista como algo terrível. Em virtude do valor absoluto do ser humano, sua morte não pode ser vista de modo indiferente. O morrer humano se distingue do animal por sua qualidade pessoal, dignidade e unicidade.

A reflexão de Bloch tem forte caráter antropocêntrico, de modo que o ser humano é constituído como princípio, mediação e fim do processo. No entanto, esse ser humano é destituído de dignidade, de um valor irrepetível e de singularidade. O fato de Bloch assistir de modo impávido à renúncia do próprio eu, por parte do mártir vermelho, para transferi-lo ao apocalíptico *homo absconditus* torna sua "antropologia dilemática, flutuante entre a divinização do indivíduo humano e a passiva resignação diante de seu eclipse" (RUIZ DE LA PEÑA, 1978, 72).

Apesar das críticas dirigidas à reflexão de Bloch sobre o tema da morte, Ruiz de la Peña (1978, 73) reconhece como positivo o fato de o marxismo humanista aceitar refletir sobre "o desafio que a morte entranha para todo humanismo consequente, não obstante o deplorável simplismo dos esquemas que se esforça por abrir novas vias de solução a um problema que não se deixa reduzir a mera biologia".

Semelhante a Bloch, Garaudy também está persuadido de que existe no ser humano algo inacessível à morte. Em Garaudy, as noções de transcendência e ressurreição possibilitam a superação da morte como limite e negação da vida e do sentido.

Para o marxista francês, a morte faz com que o ser humano se abra à transcendência[5]: "minha morte é uma evocação constante de que meu projeto não é um projeto individual" (GARAUDY, 1976b, 45). Caso fosse algo individual, junto com a morte terminaria também o projeto. A morte é a impossibilidade de ter um projeto, uma esperança e um futuro em escala individual. Uma vida que não comportasse o limite da morte não seria

---

5. Para Garaudy (1969, 85), a ideia de transcendência não se refere a algo sobrenatural, externo e superior, mas imanente e humano: "Para um cristão a transcendência é o ato de Deus que vem na direção dele e o chama. Para um marxista é uma dimensão do ato do homem que se supera na direção de seu ser distante: a superação da natureza na cultura". Em Garaudy, a transcendência não é um atributo do além, mas do aquém: a autêntica transcendência não cai do céu, mas surge na história. Esta transcendência está relacionada com um futuro exclusivamente humano.

transcendente, ou seja, se reduziria a pura imanência. "Se eu não tivesse de morrer nunca, careceria da dimensão especificamente humana: a transcendência; não teria nada que pudesse preferir à minha vida individual" (GARAUDY, 1976b, 45). Uma existência temporalmente imortal despojaria o sujeito de sua dinamicidade. A abolição do limite temporal da morte consiste numa crônica consagração dos outros limites humanos (finitude, imanência, temporalidade etc.). Uma existência condenada à imortalidade temporal não tem nenhum estímulo, nenhuma meta última, e tudo se escurece no vazio do sem razão, na tediosa provisoriedade do indefinidamente revogável. O limite da morte é herdado da ideia de transcendência. Uma vida ilimitada seria uma vida não transcendente. Qual é o sentido de uma existência que não passa pelo limite da morte? A ideia de transcendência confere sentido à existência? Segundo Garaudy (1976b, 45), a morte "dá à vida seu mais alto sentido". "De quem ou de que a morte é limite para que possa ser, por sua vez, abertura de horizonte sobre a autêntica ilimitação? O que é que com ela se enclausura e se conclui, e que é o que nela permanece e se abre?" (RUIZ DE LA PEÑA, 1978, 102). Para responder a essas duas últimas perguntas, Garaudy elabora os conceitos de "homem-indivíduo" e "homem-pessoa". O primeiro se refere ao "conjunto de nossas propriedades", posses e particularidades; tudo que "constitui nosso 'ter' e não propriamente nosso 'ser'" (GARAUDY, 1976b, 46). O homem-pessoa, diversamente do apego do ter e do desejo de posse, é entrega, amor e transcendência. "A pessoa se constitui mediante nossas respostas às interpelações do amor, ou seja, dos outros. Quando eu for capaz de preferir esses outros à minha própria vida individual [...] então afirmarei minha transcendência" (GARAUDY, 1976b, 46). É possível perceber que os conceitos de indivíduo e pessoa são incompatíveis: o primeiro está no nível do ter; e o segundo, do ser. A diferenciação entre ambos possibilita uma compreensão do sentido em que a morte é clausura e abertura, limite e ilimitação, término e começo. "A morte é a morte do indivíduo [...] Tudo o que é indivíduo será destruído pela morte" (GARAUDY, 1976b, 46). O individualismo torna a morte temível: "o individualismo engendrou a angústia da morte [...] A obsessão de si leva à obsessão da morte" (GARAUDY, 1976b, 49-50). A definição do indivíduo mediante o ter traz como consequência lógica a visão da morte como aniquilação.

É diferente a relação da pessoa com a morte. A pessoa, como sujeito, pensa, ama e cria, é inacessível à morte. Uma vida plenamente pessoal goza de eternidade, "não depois desta vida ou mais além, mas aqui e agora" (GARAUDY, 1976b, 54). A pessoa não morre, mas vive eternamente. A morte está grávida de uma eternidade que se localiza neste tempo, nesta história em que a pessoa se desenvolve e se realiza. Enquanto "formos capazes de realizar um gesto supremo de amor [...], a morte passará distante de nós e deixará incólume nosso rastro" (RUIZ DE LA PEÑA, 1978, 103). Em relação à pessoa, a morte significa abertura, ilimitação; no que se refere ao indivíduo, significa fechamento, destruição, expropriação. A morte afeta o indivíduo, que representa o eu e o ter, e deixa a salvo a pessoa, que significa o "nós" e o ser. Isso significa que a realidade mais profunda do humano não é atingida pela morte. O ser humano pode se converter de indivíduo em pessoa por meio do amor como entrega pelos outros. O amor como entrega da existência é descrito por Garaudy (1976b, 54) em termos bíblicos: o amor verdadeiro se manifesta quando um ser é para nós insubstituível e estamos dispostos a dar por ele nossa própria vida. Assim, a morte se torna uma oferta por amor: "a doação de nossa individualidade ao outro, e por meio dele a toda a criação [...] Somente o amor nos salva da morte" (GARAUDY, 1976b, 54). O amor como fonte de vitória sobre a morte propicia uma abertura e comunhão com toda a criação: "a natureza inteira é meu corpo. O projeto total da humanidade, projeto sempre nascente, jamais acabado em sua realização e em sua concepção, constitui meu espírito" (GARAUDY, 1976b, 55)[6]. Ali onde surge um ato de amor autêntico, está surgindo uma exigência de imortalidade. Aqui se dá a conversão de morte em vida, correlata à conversão do indivíduo em pessoa.

Garaudy faz uma hermenêutica da categoria de "ressurreição" no âmbito do discurso morte-vida. Para o marxista francês, a ressurreição não é "um fenômeno de fisiologia celular", nem um "fato histórico" ou um "acontecimento", mas a "afirmação do impossível", a "criação continuada do homem e de sua história [...] a tomada de consciência de que o homem não nasceu para morrer, mas para recomeçar" (GARAUDY, 1974, 134). Crer na ressurreição é acreditar na dinamicidade da existência que está em contínuo recomeço, se recriando. "Ter fé na ressurreição é a certeza ativa, militante, exaltante, de que tudo é possível e que, mais além da tempestade, ou seja, mais além da desaparição como indivíduo, o homem prosseguirá criando-se mais humano" (GARAUDY, 1976a, 75). Nesse contexto, ressurreição é sinal de humanização.

---

6. Esta afirmação de Garaudy tem um teor idealístico-panteísta. Aqui, existe uma identificação ontológica da antropologia com a cosmologia. É o ser humano que se funde com o todo da criação.

Acreditar que Cristo ressuscitou significa estar persuadido de que ele rompeu com "todos os nossos limites. A própria morte, o último limite do homem, foi vencida" (GARAUDY, 1976b, 216). De certo modo, no ser humano também se efetua essa ruptura, pois ele se desvincula de suas particularidades, contribuindo para o surgimento de algo novo para a existência, ele está assimilando a dinâmica da ressurreição. Essa dinâmica ocorre no cotidiano da existência. Contudo a ressurreição teorizada por Garaudy não é um fenômeno individual nem se refere propriamente à ressurreição experimentada por Cristo: "Como a ressurreição de Cristo vai ser a minha? [...] Porque ele não ressuscitou somente para ele, como indivíduo, mas para nós, em nós" (GARAUDY, 1976b, 220). O postulado da ressurreição se refere à possibilidade de falar de esperança, de futuro e de novidade como realidade acessível a todos os seres humanos no curso da história[7]. A fé na ressurreição é o fundamento de nossa esperança.

Essa reinterpretação por Garaudy da categoria de ressurreição alcança seu ápice na seguinte tese: a opção revolucionária implica o postulado da ressurreição. Ser revolucionário significa crer que "a vida tem sentido e um sentido para todos" (GARAUDY, 1976b, 219). O projeto revolucionário é universal e destinado à humanidade, não ao indivíduo. "Nós não formamos senão um só homem, que não morre conosco" (GARAUDY, 1976b, 55). O revolucionário crê numa "realidade nova que contenha todos e os prolongue" (GARAUDY, 1976b, 219). Depois de passar pelo limite da morte, a humanidade tem acesso a essa realidade ilimitada na qual todos vivem e ressuscitam[8]. Nesse contexto, é necessário abandonar a ideia de que o socialismo permite o acesso a essa nova realidade somente a alguns eleitos com base na aniquilação de muitas vítimas. Para Garaudy (1976b, 220), a única forma de abandonar essa ideia é crer numa ação "fundada na ressurreição dos mortos". Se a ressurreição é a exigência de vida para todos os seres humanos, então convém interrogar: existe uma continuidade entre o sujeito da existência terrena e o da nova existência? Em outros termos: há uma mesma identidade entre os sujeitos de ambas as existências?

---

7. "Garaudy concebe a história como um processo indefinido perpetuamente aberto sobre um futuro sempre móvel e crescente, aberto sobre o infinito [...] Essa infinitude do processo é inclusive para ele a condição de possibilidade de seu sentido" (RUIZ DE LA PEÑA, 1979, 98).

8. De modo semelhante a Garaudy, como se verificou, Bloch salientou que o eu supervivente, concebido como uma unidade individual-coletiva, é resultado de uma fusão do indivíduo com uma consciência de classe na superconsciência comunitária.

Qual é a identidade do sujeito que atravessa o limite da morte e participa dessa existência libertada?

Ruiz de la Peña (1978, 105) sintetiza a tese de Garaudy sobre a ressurreição do seguinte modo:

> O morrer de Cristo é realmente páscoa, epifania da morte como umbral que separa a ilusão individualista da vida verdadeira (que é a vida da totalidade). E a morte do homem será na verdade a ressurreição do humano se nela se verificar a doação do próprio e a integração no alheio — que, por fim, se revelará como o mais próprio, constitutivo e constituinte da personalidade.

A morte é a superação do limite espaçotemporal e a fusão do eu na totalidade. Essa constatação, em Garaudy, se encontra, com outros termos, em V. Gardavsky (1972, 256), outro marxista humanista: "Vida e morte não são meros dados físicos, mas relações espaçotemporais da subjetividade, de configuração especialmente humana, nas quais o indivíduo se transcende constantemente na práxis para o todo da humanidade". Responder ao desafio da mortalidade aceitando a consumação do individual no universal é ignorar os termos da questão, não é resolvê-la.

As reflexões de Garaudy sobre a morte resultam numa proposta insólita: a atribuição a todo ser humano do direito de decidir livremente o momento e a circunstância de sua morte. Esse direito difere do suicídio, que "significa render-se diante de um obstáculo ou problema [...] resignar-se diante de um *impasse*, negar a transcendência" (GARAUDY, 1976b, 56). A proposta de Garaudy está em sintonia com as premissas de sua reflexão: se a capacidade criativa do ser humano é deteriorada pela idade avançada ou por debilidade física ou mental, já não se verifica nesse contexto uma vida propriamente humana. O ser humano deve admitir que "cessou de viver" e "deixou de ser homem" (GARAUDY, 1976b, 55). Assim, o ser humano pode recorrer à vontade de morrer com dignidade. Deve ser concedido a cada ser humano, "diante da irremediável decadência, o direito a uma morte escolhida, voluntária, propriamente humana" (GARAUDY, 1976b, 56). Seria uma participação ativa na própria morte como última forma de desprendimento, "um ato nascido de minha própria vida, depois da tarefa cumprida" (GARAUDY, 1976b, 56), um "ultrapassar entregando-se ao outro" e integrando-se "ao todo, do qual não somos mais que momentos" (GARAUDY, 1976b, 57). A sociedade, mediante uma prática irracional, impede as crianças de nascerem e os velhos de morrerem, conservando-os em um nível de existência puramente vegetativa. Diante dessa situação, o exercício do direito de morrer é compreendido como um ato de defesa do futuro, um gesto de amor e uma afirmação da transcendência. Garaudy assinala como única condição para o exercício do direito de morrer que a decisão não seja puramente individual; que seja tomada com o consenso da comunidade ou dos amigos. Ou seja, não pode ser uma decisão egoísta, mas deve ter a participação das pessoas queridas.

Por fim, Garaudy (1976b, 58) admite não ter proporcionado "uma exaustiva resposta à tremenda interrogação da morte". No entanto, para o marxista uma visão puramente individual sobre esse tema não propicia nenhuma possibilidade de resposta, visto que nela subsiste uma problemática de autêntica envergadura filosófica. "O problema da morte é o problema da vida e não se pode tratá-lo partindo de uma concepção individualista da vida, porque o individualismo nos proporciona precisamente a própria imagem da morte: a separação" (GARAUDY, 1976b, 58). Com Garaudy, como ocorreu também com Bloch, a antropologia marxista afrontou o ser humano e seus problemas como a subjetividade, a sociabilidade, a esperança, a morte, sentido da existência e da história.

Sobre o tema da morte, existem alguns pontos de convergência entre Garaudy e Bloch, não obstante os matizes peculiares de cada autor: ausência de clareza a respeito da identidade do sujeito beneficiário da vitória sobre a morte (superego, consciência hiperpessoal etc.); supremacia do futuro e seu caráter de novidade; recusa de uma ideia de transcendência como um mais além externo e superior[9]; aposta numa utopia concreta conectada à ação revolucionária. Também existem entre ambos alguns aspectos divergentes: Garaudy tem uma preocupação mais humanista do que Bloch; para Bloch a história culmina no *novum ultimum*, já Garaudy sustenta seu caráter indefinidamente aberto.

Analisando de modo crítico a reflexão de Garaudy sobre a morte, Ruiz de la Peña (1978, 112-113) observa que, para o marxista francês, "o indivíduo pode (e deve) cessar de existir sem que nada de realmente valioso se perca". O caráter limitado da existência do indivíduo desemboca na noção da transcendência. No horizonte do marxista, as noções de subjetividade, transcendência, valor absoluto, exigência de sentido, na realidade se referem à pessoa e não ao indivíduo. A pessoa orientada para o futuro atravessa incólume o obstáculo da morte e ocupa um lugar na história re-

---

9. Em Bloch e Garaudy, a ideia de transcendência perde o preciso significado técnico que lhe atribuiu a tradição filosófico-teológica, para se tornar um termo mais fluido e genérico.

dimida. A pessoa, como fim e não meio, não é sacrificada à morte, mas libertada. O indivíduo é definitivamente entregue à morte. É instrumentalizado, usado como meio, para deixar impune a pessoa. O fim do indivíduo significa a conclusão do modo inautêntico do ter, da alienação, do eu. O sacrifício do indivíduo é a condição de possibilidade do surgimento do ser, da pessoa, do nós. "No fundo, estamos diante da tese (tradicional no marxismo) de que somente numa sociedade sem classes e sem Estado o indivíduo singular, livre já de toda alienação, é finalmente valor absoluto" (RUIZ DE LA PEÑA, 1978, 113).

A reflexão de Garaudy sobre o postulado da ressurreição como resultado lógico da opção revolucionária tem forte coloração idealista-panteísta: o indivíduo passa pela morte e se integra no fluxo sempiterno de um todo não somente humano, mas também cósmico, intencionalmente presente em sua consciência por meio do compromisso revolucionário. No horizonte da esperança marxista, o futuro já é uma realidade presente. A ação revolucionária da fé na ressurreição revela a relação entre a questão do sentido da vida com o problema da morte. Se todo ser humano tem direito a uma vida com sentido, e como são muitas as vidas vazias, torturadas e passivas (como os humilhados, os ofendidos, os escravos, os enfermos), se deveria concluir que: ou há ressurreição para todos ou a oferta de sentido para a vida é parcial e, portanto, imoral. Assim, oferecer uma vida com sentido para um grupo elitizado de dirigentes e abandonar ao sem sentido a multidão dos humilhados no curso da história seria uma injustiça. Se a vida de cada ser humano tem um valor absoluto em si mesmo, logo uma vida com sentido deve ser oferecida a todos. Assim, o critério de participação na ressurreição não será funcional, prático ou operacional, mas humano. A reflexão de Garaudy "não conclui logicamente se a ressurreição é a reivindicação de cada uma dessas vidas *em sua singularidade*; se o sujeito da existência alienada é o mesmo da existência libertada" (RUIZ DE LA PEÑA, 1978, 115). O silêncio de Garaudy sobre a existência de uma identidade definida entre o sujeito de ambas as existências é sintoma de uma linguagem com um tom panteísta.

A propósito da reflexão de Garaudy sobre a relação entre o amor e a morte, quem é o sujeito desse amor? Quem é aquele que vence o limite da morte por meio do amor? Quem é o sujeito da existência libertada pela ação do amor triunfante? Se esse sujeito é o ser humano concreto em sua finitude e contingência, então a morte é uma tragédia absoluta porque determina o fim de um valor absoluto. A compreensão da vitória sobre a morte como entrega de si mesmo aos outros, proposta por Garaudy, é um tema presente no Novo Testamento, porém com uma impostação diferente. Para a visão neotestamentária, o amor como entrega de si não é algo que ocorre a fundo perdido, mas como reencontro com Deus daquele que se entregou. "E *o entregado* não é *algo*, mas *alguém*: alguém que, por ser capaz de um gesto de amor, é *em si mesmo* mais valioso que todo o produto de sua atividade. Se esse *alguém* se perde sem se recuperar, sua perda não é compensável por nenhum outro valor" (RUIZ DE LA PEÑA, 1978, 115).

A dignidade e o valor do ser humano fazem parte de sua constituição pessoal e não é algo conferido pela ação. A morte é o fim de um valor absoluto em virtude daquilo que o ser humano "é", e não do que ele faz. A meditação sobre a morte determina que a causa suprema de toda reflexão sobre o ser humano se refere a cada um e a todo ser humano, simplesmente pelo fato de sê-lo. Garaudy, pelo contrário, parece conceber o dom de si na linha de uma contribuição da criatividade individual ao patrimônio universal: entrega de algo e não de alguém. Assim, a morte não tem um sentido trágico porque o ser humano concreto é destituído da condição de pessoa, de sujeito e reduzido à condição de objeto e de coisa. O ser humano não é visto como fim, mas como meio. É uma visão funcional e instrumentalizada do ser humano. No contexto de Garaudy, o indivíduo é tratado como uma unidade de produção, um simples núcleo operativo, e não como um ser capaz de um ato de amor. Se o ser humano é algo, reduzido à dimensão do "fazer" (*homo faber*), então é inevitável reconhecer à coletividade o direito de decidir sobre a vida de seus membros.

A ausência de Deus no horizonte reflexivo de Garaudy questiona sua interpretação sobre a subjetividade, a transcendência, o valor absoluto do ser humano, o sentido da vida e da história.

> Com maior razão, essa ausência questiona a possibilidade de uma vida com sentido para todos ou, o que é o mesmo, a confiança numa vitória sobre a morte, a fé na ressurreição. Uma humanidade sem Deus [...] é uma humanidade sem alteridade, que não pode esperar resposta senão de suas próprias perguntas (RUIZ DE LA PEÑA, 1978, 116).

A pergunta pelo ser humano e sua morte se confronta com a pergunta sobre Deus. O problema da morte questiona a identidade de Deus e do ser humano. A morte do ser humano interpela o amor de Deus e põe à prova a identidade humana (o homem é um valor absoluto?) e a divina (Deus é amor?). A resposta a tais interpelações mostra que a vida humana é fruto do amor e está orientada para o amor de Deus. Se todo amor promete perenidade, o amor de Deus, mais que prometê-la, tem de outorgá-la, pois ele tem em suas mãos a vida e a morte.

As teses de Bloch e Garaudy sobre a imortalidade estão destinadas ao insucesso. Para Bloch, a imortalidade deriva do termo do processo histórico, enquanto para Garaudy a imortalidade deriva da natureza mediante uma fusão com a totalidade cósmica. Uma tese da imortalidade que não tem fundamento divino não respeita o primado ontológico e axiológico do ser humano e está condenada à perdição e não à salvação. Para a fé cristã, a tese da imortalidade, compreendida em termos pessoais, cujo fundamento é divino, concebe a morte como limite existencial e o sujeito como instância de valor absoluto. No contexto dessa tese, o sujeito da existência terrena é o mesmo da existência definitiva. Há uma continuidade entre os sujeitos de ambas as existências. Na realidade, esse sujeito, que é o mesmo, o único e o irrepetível dessas existências, está orientado para o horizonte último de sua transcendência, que é Deus.

O giro reflexivo do marxismo humanista no pensamento sobre a morte, não como um fato bruto mas como um problema, constitui um ponto de diálogo com a teologia. Não obstante os limites apresentados pela reflexão do marxismo humanista, seu mérito está no esforço de oferecer à morte um tratamento problematizador.

O ser humano como um ser-para-a-morte

A vida está ordenada para a morte; trata-se de uma possibilidade permanente que reside no âmago do existir humano. A morte não pode ser vista como um fato externo, acidental e meramente físico, mas como uma realidade interna e uma modalidade do existir humano. A filosofia de Heidegger oferece um relevante contributo para a reflexão e interiorização do tema da morte, o qual ocupa um lugar importante na compreensão de sua ontologia. O problema da morte é a chave hermenêutica da compreensão da ontologia heideggeriana.

Heidegger recorre à morte com o objetivo de dar uma interpretação precisa ao existente humano. O *Dasein*, o existente humano singular e concreto, é um "ainda-não", uma "inconclusão constante" que não pode ser superada[10]. A não superação da incompletude do *Dasein* revela a im-

---

10. O *Dasein* é um ente entregue à responsabilidade de assumir seu ser. A "essência" do *Dasein* está em sua existência. Sua essência consiste em ter de ser. Ou seja, sua existência não é uma realidade dada e acabada, mas que deve ser conquistada. A constituição do

possibilidade de acessar a totalidade de seu ser. Em sua constituição ontológica, o *Dasein* é uma irrealização constitucional. A compreensão da morte como totalização do *Dasein* significa sua destruição ontológica, a privação de seu ser. Conceber a morte como o evento realizador das possibilidades da existência, à luz da interpretação ontológica, significa ter uma ideia da morte como um limite externo. O *Dasein* é um ente que "jamais alcançou sua 'totalidade'", pois alcançá-la seria "não-mais-está-presente" (HEIDEGGER, 1989b, 16). Caso o *Dasein* conquiste sua plenitude e completude, "o ganho se converterá pura e simplesmente em perda do ser-no-mundo" (HEIDEGGER, 1989b, 16). A morte não é um aperfeiçoamento no sentido de uma realização de todas as possibilidades do *Dasein*, nem a cessação entendida como um evento exterior que põe fim ao existir. A morte não é evento que se realiza no final da existência porque o morrer não é um fato, mas uma modalidade do existir. "A morte não pode mais então aparecer como a interrupção da existência, como o que determinaria o fim desta de maneira externa, mas como o que constitui essencialmente a relação do *Dasein* com o seu próprio existir" (DASTUR, 2002, 72). Não é possível fazer a experiência ôntica do *Dasein* e determiná-lo de modo ontológico em sua totalidade. Compreender a morte como uma realização da incompletude do *Dasein* seria concebê-lo de modo equivocado como algo dado e acabado, e não como um poder-ser, uma possibilidade, uma antecipação.

A objeção em torno da totalidade e do fim do *Dasein* não pode ser resolvida a partir da possibilidade de observar a morte do outro de maneira analítica. Se a morte conduz o *Dasein* à sua plenitude, implica, porém, seu desaparecimento. A morte, quando conduz ao não-ser ou ao não-ser-mais do *Dasein*, e como ingresso no nada, não pode ser experimentada. É uma experiência da qual o *Dasein* é privado e que não pode ser solucionada recorrendo à morte do outro. Em sentido genuíno, não é possível fazer a

---

Dasein é um projeto em vista de uma autorrealização. Por outro lado, o ser, que está em jogo no ser desse ente, é sempre meu. O *Dasein* não pode ser apreendido ontologicamente como um caso ou um exemplar da espécie humana, mas se constitui pelo caráter de ser meu, segundo esse ou aquele modo de ser (HEIDEGGER, 1989a, 77-78). O *Dasein* não é caracterizado de modo genérico e impessoal, mas pela sua ipseidade, pela capacidade de ser si mesmo (HEIDEGGER, 1989a, 78). O *Dasein* é sempre sua possibilidade. É um poder-ser, uma possibilidade aberta à autenticidade e inautenticidade. Ele pode optar por viver autenticamente se autoelegendo e ganhando-se ou inautenticamente e perdendo-se. Também é caracterizado por ser um ser-no-mundo. Aqui o termo "mundo" não pode ser entendido de modo físico-geográfico, mas como a totalidade representativa das possibilidades do *Dasein* (HEIDEGGER, 1989a, 90-92).

experiência da morte dos outros. A experiência de um fim como fim é irredutivelmente reservada àquele que o experimenta. A morte é uma experiência incomunicável. Não é possível substituir o outro em sua morte. Não é possível saber o que é a morte para aquele que morre porque ninguém pode assumir a morte do outro. Ninguém pode transferir sua morte para o outro nem assumi-la para si. A morte é por excelência uma possibilidade própria de cada um na qual cada um joga o ser na totalidade. "Cada *Dasein* deve, ele mesmo e cada vez, assumir a sua própria morte. Na medida em que 'é', a morte é essencialmente e cada vez, minha" (HEIDEGGER, 1989b, 20).

Heidegger objeta a tentativa de ocultamento da estrutura existencial da morte a partir de considerações biológicas. A biologia compreende a morte como um fato objetivo e ôntico-pontual: algo que sucederá um dia, mas que ainda não ocorreu. No horizonte biológico, a morte é o findar de um ser vivo. Contudo, "a interpretação existencial da morte precede toda biologia ou ontologia da vida" (HEIDEGGER, 1989b, 29). Nesse sentido, convém indagar: ao invés de a vida abrigar a morte em seu interior, não é a morte que contém a vida? A morte do *Dasein* não se reduz a um decesso biológico como um evento exterior que põe fim ao seu existir. Para a analítica existencial, o morrer exprime o modo de ser em que o *Dasein* é para a sua morte. O *Dasein* não cessa de viver porque não cessa de morrer. "O *Dasein* só pode deixar de viver na medida em que morre" (HEIDEGGER, 1989b, 28). Enquanto ele existe, vive antecipadamente sua morte. A morte é a possibilidade intimamente conectada à antecipação (cura)[11]. Contudo, a analítica existencial da morte procura desvincular a ideia de fim do *Dasein* de modos do cessar como "completar-se", "terminar", "acabar" ou "desaparecer" (HEIDEGGER, 1989b, 25-26). O existente humano morre, enquanto os animais findam e cessam de ser. "Os mortais são os homens. São assim chamados porque podem morrer. Morrer significa: saber a morte como morte. Somente o homem morre. O animal finda. Pois não tem a morte nem diante de si e nem atrás de si" (HEIDEGGER, 2006, 156). A morte é uma modalidade existencial da singularidade humana. "No sentido mais exato, só os humanos são 'mortais', pois só eles são 'capazes' de se referir à sua própria morte e de fazer 'existir', assim, a morte" (DASTUR, 2002, 77).

---

11. A "cura" (*Sorge*) que significa o preceder a si mesmo, a antecipação de si, a autotranscendência. "Em seu ser, o *Dasein* já sempre precedeu a si mesmo. O *Dasein* já está sempre 'além de si mesmo', não como atitude frente aos outros entes que ele mesmo não é, mas como ser para o poder ser que ele mesmo é" (HEIDEGGER, 1989a, 256).

O *Dasein* não é um ser simplesmente dado ou utilizável que concebe o morrer como um "estar-no-fim". O "estar-no-fim" se apresenta como uma determinação inadequada do fim. Essa ideia tem uma concepção exterior e linear de fim. Não se chega à morte como passeando se chega ao fim da estrada. O *Dasein*, em cada instante da existência, é um ser-para-o-fim (*Sein zum Ende*), ou seja, um ser-para-a-morte (*Sein zum Tode*), enquanto por "fim" se compreende algo interior que matura pessoalmente nele. "A morte, longe de ser um evento que completa a vida, é uma determinação existencial-ontológica da existência. Ela não ocorre no fim como linha temporal da vida humana, mas é sempre presente como constitutivo da existência" (PENZO, 1966, 363). "A morte é um modo de ser que o *Dasein* assume no momento em que é" (HEIDEGGER, 1989b, 26). "A morte é uma possibilidade privilegiada do *Dasein*" (HEIDEGGER, 1989b, 30). Para Heidegger, não existe a morte, mas existe o existente humano como ser-para-a-morte. A morte como possibilidade do *Dasein* se distingue do evento ôntico-pontual que põe fim à existência (o não-ser-mais-no-mundo) e do decesso dos animais, os quais chegam ao fim, porém não são-para-o-fim.

A morte é uma possibilidade iminente que o próprio *Dasein* deve assumir em seu ser desde sua concepção. Essa iminência da morte está ligada ao poder ser mais próprio do *Dasein*. A "morte é a possibilidade de não poder mais estar presente", de não ser-mais-no-mundo (HEIDEGGER, 1989b, 32). A morte não é simplesmente *uma* entre outras possibilidades, mas *a* possibilidade que está na origem de todas as outras possibilidades. É a possibilidade mais privilegiada, autêntica e originária. A "morte é a possibilidade da impossibilidade absoluta do *Dasein*" (HEIDEGGER, 1989b, 32). A morte é uma possibilidade integrada nas potencialidades do *Dasein*. O "pleno conceito ontológico-existencial da morte pode ser resumido da seguinte forma: enquanto fim do *Dasein*, a morte é a possibilidade mais própria, irremissível, certa e, como tal, indeterminada e insuperável do *Dasein*. Enquanto fim do *Dasein*, a morte é e está em seu ser-para o fim" (HEIDEGGER, 1989b, 41).

O morrer é a possibilidade mais extrema porque coloca em jogo de modo radical o ser-no-mundo do *Dasein*. Essa condição de ser-no-mundo, de estar-lançado à possibilidade da morte, por parte do *Dasein*, se revela de modo originário e penetrante por meio da angústia[12] que desperta o ser

---

12. O estar-lançado no mundo do *Dasein* gera a "angústia" (*Angst*) caracterizada por não ter um motivo determinado nem se encontrar em lugar algum. Essa angústia ameaçadora não é algo externo, mas se radica no interior do *Dasein*. "Aquilo com que a angústia

humano da banalidade cotidiana e o faz recolher-se na sua interioridade. A angústia desperta no *Dasein* a consciência de que ele existe para o seu fim. O ser-para-o-fim pertence essencialmente ao estar-lançado (pro-jecto) do *Dasein*. O existir autêntico implica uma aceitação da condição de estar-lançado no mundo em uma situação de finitude. A morte é uma possibilidade que faz parte da minha situação. A autenticidade do existir exige que a morte seja incluída no viver, como presença reveladora, a cada instante, do significado mais profundo da vida.

A cotidianidade experimenta o ser-para-a-morte de um modo impessoal (*man*) que a interpretação pública expressa no falatório. Assim, a morte se torna um caso de morte. Morre-se. A morte é uma ocorrência constante: pessoas morrem a todo instante. "Esse ou aquele, próximo ou distante, 'morre'. Desconhecidos 'morrem' dia a dia, hora a hora. A morte vem ao encontro como um acontecimento conhecido, que ocorre dentro do mundo" (HEIDEGGER, 1989b, 35). É uma forma de entender a morte como um evento que atinge o impessoal, o ninguém: "morre-se porque, com isso, qualquer um outro e o próprio impessoal podem dizer com convicção, mas eu não; esse impessoal é o ninguém" (HEIDEGGER, 1989b, 35). É fato que se morre, mas por enquanto eu vivo, não é a minha hora. Nesse contexto, a morte é vista como um fato externo que atinge inesperada e improvisamente o existir inautêntico do existir humano. Esse discurso camufla o caráter de possibilidade certa e ineliminável da morte. O sentido originário e autêntico da morte é adulterado. O *Dasein* se perde no impessoal. A morte se torna um fato cotidiano e anônimo que se cumpre entre os seres humanos, as plantas e os animais. O impessoal é tentado a "encobrir para si o ser-para-a-morte mais próprio" (HEIDEGGER, 1989b, 35-36). Esse ocultamento é uma forma de se esquivar de si e da própria morte. Na realidade, o impessoal faz "a experiência do 'morrer' dos outros" (HEIDEGGER, 1989b, 40). O existir inautêntico da cotidianidade tem horror da morte e por isso não deseja pensá-la nem experimentá-la, mas apenas observá-la por meio do morrer dos outros. Mas a morte dos outros não pode ser experimentada nem sentida pelo existente como sua morte. O *Dasein* parece impedido de viver a própria morte. Nesse contexto de impessoalidade cotidiana, a morte é vista como um fenômeno cuja certeza é empírica. "A certeza 'meramente' empírica da ocorrência do decesso

---

se angustia é o 'nada' que não se revela 'em parte alguma'" (HEIDEGGER, 1989a, 250). A angústia singulariza o *Dasein* em seu ser-no-mundo. A angústia possibilita ao *Dasein* compreender que seu ser-no-mundo é a cura.

não decide em nada a certeza da morte. [...] Permanecendo na certeza empírica, o *Dasein* não consegue, em absoluto, ter certeza da morte naquilo que ela 'é'" (HEIDEGGER, 1989b, 40). O impessoal, diante da compreensão da morte como um caso público, permanece despreocupado e se refugia na tranquilidade e na indiferença. O *Dasein* é desviado de sua morte. Essa postura do ser humano banal faz de tudo para mascarar a angústia, procurando fugir diante da extrema possibilidade da morte. É uma forma de rejeitar a possibilidade de "assumir a angústia com a morte" (HEIDEGGER, 1989b, 36). O impessoal transforma a angústia em temor da morte. A morte é uma certeza, mas o desconhecimento do "como" e do "quando" de sua ocorrência é um modo de temê-la. Dessa forma, com o objetivo de fugir dessa indeterminação, o ser-para-a-morte cotidiano atribui determinações à morte. A ocupação cotidiana determina a indeterminação da morte certa, colocando diante dela as urgências imediatas e as possibilidades próximas do viver cotidiano (HEIDEGGER, 1989b, 41). A determinação cotidiana camufla a possibilidade de que a morte possa ocorrer a qualquer instante, assim o melhor a fazer é não pensá-la. "O impessoal encobre o que há de característico na certeza da morte, ou seja, o fato de ser possível a cada momento" (HEIDEGGER, 1989b, 41). A morte não é vista como algo presente, mas como evento futuro que colocará termo à existência. Assim, de-cadente, o ser-para-a-morte cotidiano é uma permanente fuga de si mesmo e de sua morte. Nessa concepção impessoal, a morte não tem nenhuma importância filosófica; é um evento que se cumpre no término do curso temporal da vida e que por isso, durante esse curso, permanece um evento futuro, alguma coisa que será, mas não é ainda.

Depois de mostrar o discurso cotidiano da morte e a fuga de-cadente de um ser-para-a-morte impróprio, Heidegger desenvolve o projeto existencial de um ser-para-a-morte em sentido próprio, ou seja, como existência autêntica. Inicialmente, o ser-para-a-morte é caracterizado como "ser para uma possibilidade" ("para algo possível") privilegiada do *Dasein* (HEIDEGGER, 1989b, 44). A morte é uma possibilidade sempre presente, um modo de ser, que pertence à constituição ontológica do *Dasein*. A possibilidade da morte pressupõe uma atitude de "espera" por parte do *Dasein*. No entanto, é uma espera de cuja efetivação não se sabem o "quando" e o "como". É olhando decisivamente na face daquilo que se espera como fim iminente, é tomando consciência da morte em que o ser ameaça sempre cair que o ser humano se torna um verdadeiro existente. Considerando a possibilidade iminente da morte, como uma certeza indeterminada e uma incerteza quanto à sua realização, o ser humano é chamado a se concentrar no instante presente. Nesse contexto da iminência da possibilidade da morte, o momento presente assume valor absoluto, tornando o amanhã indiferente. Cada instante do tempo presente é vivido com intensidade e concentração. "O ser para a possibilidade enquanto ser-para-a-morte deve se relacionar para com a morte de tal modo que ela se descubra nesse ser e para ele como possibilidade" (HEIDEGGER, 1989b, 45). O ser para a possibilidade da morte não significa pensá-la ou esperá-la como um evento futuro, mas aceitar a própria existência como uma possibilidade de morte. Quanto mais se compreende a possibilidade da morte, mais se percebe a possibilidade da impossibilidade da existência. "O ser-para-a-morte é antecipação do poder-ser de um ente cujo modo de ser é, em si mesmo, um antecipar" (HEIDEGGER, 1989b, 46). Ser-para-a-morte significa uma vivência antecipada da possibilidade da morte. O *Dasein*, na descoberta antecipadora desse poder-ser, se abre para si mesmo em relação à sua extrema possibilidade. A possibilidade da morte é a possibilidade por excelência, porque é destinada a permanecer perenemente como tal, a não se realizar nunca e por isso a não se anular como possibilidade. Enquanto as outras possibilidades da existência tendem a uma realização e, consequentemente, à aniquilação, a morte é uma possibilidade que permanece como tal. "Ser-para-a-morte" significa manter a morte no seu puro ser de possibilidade. Nesse cenário ontológico, a morte não se reduziria a uma possibilidade irrealizável de modo que a existência não teria um fim temporal? A vivência da morte como antecipação da possibilidade de morrer significa existir autenticamente. O ser para a possibilidade da morte é um modo de existir que cumula toda a vida humana de sua presença escatológica, tornando-a autêntica. O fato de o ser humano se constituir de um ser mortal significa que "deve morrer e é para esta possibilidade" (UGAZIO, 1976, 151).

"O ser-para-a-morte é, essencialmente, angústia" (HEIDEGGER, 1989b, 46). Compreender a morte significa ter a coragem de assumir a angústia. "O verdadeiro rosto da angústia é a morte: toda angústia é na realidade angústia da morte" (GEVAERT, 1969, 505). Existir é angustiar-se. A antecipação coloca o *Dasein* diante da possibilidade de ser ele mesmo em uma liberdade apaixonada, liberta das ilusões do impessoal, certa de si mesma e repleta de angústia: "a liberdade para a morte" (HEIDEGGER, 1989b, 50). Essa liberdade é a aceitação da minha finitude que é o mero nada, a mera nulidade, da presença imanente do fim. Em relação à possibilidade ontológica da morte, "o morrer funda-se na cura" (HEIDEGGER, 1989b, 34). A antecipação, em seu projeto existencial, tornou visível a possibilidade ontológica de um ser-para-a-morte em sentido próprio. Ou seja, ontologicamente, o morrer consiste na capacidade de viver antecipadamente a morte como possibilidade. O significado existencial do morrer não consiste em um conhecimento empírico ou teórico de caráter ôntico, mas está na possibilidade ontológica de sua antecipação.

A concentração no momento atual, por parte do ser humano, e a incerteza diante do futuro fazem com que o instante presente seja visto como o lugar de tomar decisões definitivas e totais para não correr o risco de deixar de tomá-las. A existência se condensa no momento presente, em um "agora" sem esperança. A presença da morte na estrutura ontológica do *Dasein* constitui o impulso determinante do dinamismo da ação e da decisão. Aquele que tem a morte diante de si, como possibilidade iminente, é capaz de compreender o sentido único, decisivo, irrepetível do existir humano, empenhando-se a fundo na decisão. O sentido do existir humano é ser-para-a-morte. O significado da existência ocorre a cada instante em que se realiza a possibilidade da morte. A morte não é ainda, mas é desde já uma possibilidade presente. A interiorização e a humanização da morte, recuperadas no *Dasein*, tornam a vida presente absolutamente pessoal e única.

Absurdo da morte

A morte como um evento absurdo que sobrevém à vida é tematizada pelo filósofo francês Jean-Paul Sartre (1905-1980). A perspectiva sartriana da morte é marcada por um confronto crítico com a heideggeriana. Sartre, em sua obra *O ser e o nada*, reflete sobre a humanização e a personalização da morte proposta por Heidegger: a morte é recuperada no *Dasein*, enquanto na sua estrutura se torna um componente da sua personalidade, se torna a "minha morte". Sartre detecta o limite da argumentação de Heidegger: em primeiro lugar se individualiza a morte de cada um para depois, a partir dessa constatação, individualizar o *Dasein*, que, projetando-se livremente em direção à sua possibilidade extrema, conquista sua existência autêntica (SARTRE, 2011, 654). Aqui há um ciclo: "como, com efeito, provar que a morte tem esta individualidade e o poder de conferi-la? Certo, se a morte é descrita como *minha* morte, eu posso esperá-la: é uma possibilidade característica e distinta. Mas a morte que me golpeará será a minha morte?" (SARTRE, 2011, 654). Caso não exista algo que particularize minha morte, então não é possível preparar-me para encontrá-la e esperá-la. Na perspectiva sartriana, a morte não pode ser intrínseca à vida, porque a vida é projeto, espera, enquanto a morte é a cessação imprevista e inexplicável.

Nesse ponto encontra-se a seguinte questão: "o que se deve notar antes de tudo é o caráter absurdo da morte. Neste sentido, toda tentação de considerá-la como um acorde de resolução no término de uma melodia deve ser rigorosamente descartado" (SARTRE, 2011, 654). Essa absurdidade da morte, por sua vez, também torna a vida absurda. "É um absurdo que nós nascemos, é absurdo que nós morramos" (SARTRE, 2011, 670).

A morte, além de seu caráter de absurdidade, é ainda inesperada: a morte "é a revelação do absurdo de toda espera" (SARTRE, 2011, 656). A morte é um fenômeno fortuito que não é suscetível de espera. É próprio da morte sua capacidade de surpreender sempre com antecipação ou com atraso aqueles que a esperam em uma data fixa. "Se existissem somente mortes por velhice (ou por condenação explícita), eu poderia esperar a minha morte. Mas, precisamente, o próprio da morte é que ela pode sempre surpreender antes do tempo aqueles que a esperam para tal ou qual data" (SARTRE, 2011, 657).

Nada seria mais vão do que desejar me preparar para a morte. A morte para ser esperada deveria ser um evento pessoal. Mas é precisamente aqui que está sua absurdidade: a morte, não mais que o nascimento, não pode ser considerada minha experiência, porque em tal caso deverei supor-me como sobrevivente a mim mesmo para experimentá-la (coisa contraditória: somente posso conhecer-me como vivente). Nesse sentido, a morte e o nascimento são eventos impessoais e inesperados. A morte, em sua absurdidade, é um evento que se insere de modo imprevisto no interior de meus projetos pessoais e não pode ser vista como minha possibilidade. A morte não é minha possibilidade, mas a negação de todas as minhas possibilidades.

> Assim, esta perpétua aparição do acaso no seio de meus projetos não pode ser tomada como minha possibilidade, mas, ao contrário, como a aniquilação de todas as minhas possibilidades [...] Logo, a morte não é minha possibilidade de não realizar já a presença no mundo, mas uma aniquilação sempre possível de minhas possibilidades, que está fora de minhas possibilidades (SARTRE, 2011, 658).

Na realidade, a morte, por sua indeterminação, é uma possibilidade que não se conta, mas sua realização significa a dissolução de todos os projetos, possibilidades futuras e esperas. A vida é formada por uma série concatenada de esperas orientada para um termo último, que é a morte. Se as demais esperas estão sustentadas e submetidas pela morte, que é um sucesso essencialmente inesperável, então toda a cadeia de esperas se derroca e recebe retrospectivamente o caráter de absurdidade.

Anulando todas as minhas possibilidades pessoais, a morte me deixa à mercê dos outros. O ser humano enquanto está vivo é o proprietário de seu existir, é juiz e responsável por suas escolhas. Então nenhum outro pode ser o juiz da minha vida porque eu detenho o poder da decisão inesperada que pode sempre confundir e desmentir os juízos dos outros. Mas, no momento da morte, a vida se torna uma realidade concluída em que todas as possibilidades e escolhas são realizadas, e assim o jogo da liberdade se torna um fato em que não resta mais nenhuma carta a ser jogada. Nesse contexto, eu me torno um refém para os outros que têm um domínio sobre mim. Minha vida como um todo completo se abre inexoravelmente ao olhar e ao juízo dos outros. A morte me converte em "presa dos vivos" (SARTRE, 2011, 666). Assim, a morte "é o triunfo do outro sobre mim" (SARTRE, 2011, 668). Sou mortal para os outros, mas não para mim. "A morte representa uma total espoliação [*déspossession*]" (SARTRE, 2011, 666).

Então é preciso renunciar à ideia de Heidegger de que o ser humano é um ser-para-a-morte: a morte, em vez de completar o sentido da vida, aniquila todas as minhas possibilidades, torna absurdo o viver e deixa o ser humano sem defesa à mercê dos outros. Sartre, em sua crítica a Heidegger, tem razão de sustentar que a morte torna absurda a existência humana e impensável que o ser humano possa ser um ser-para-a-morte. A vida é vista de modo pessimista em virtude de da concepção da morte como uma aniquilação absoluta e algo escandaloso. A declaração da absurdidade da vida, partindo dessa concepção da morte como pura aniquilação, é perfeitamente consequente. Se a existência é um projeto em construção, orientado para o futuro, seu horizonte necessita de um "depois". Se a morte é a negação desse "depois", logo a existência resulta banalizada, confinada na ditadura de sua imanência. Não é possível especular sobre uma esperança para além da morte vista como nadificação da existência autêntica ou inautêntica. O fato de não existir nada depois da morte faz com que o ser-para-a-morte do ser humano se torne um ser-para-o-nada. Por acaso, a opção metodológica de Heidegger, método fenomenológico, não o impede de especular sobre a possibilidade da existência depois da morte? (DE WAELHENS, 1955, 150; BASAVE, 1965, 94-95). Uma análise imanentista sobre a finitude da existência humana não teria de se concluir logicamente na concepção do ser humano como um ser-para-a-morte? Seria possível esperar algo mais além dessa análise fenomenológica? Sartre também se torna vítima do conceito da "morte-aniquilação" pelo qual ela nunca concerne a mim mesmo, mas é alienação permanente do meu ser e por isso intervém de modo imprevisto sobre o sujeito humano, que não pode esperá-la, nem realizá-la, nem projetar-se na direção dela.

A absurdidade da morte em Sartre não é somente consequência da sua concepção niilista, mas deriva também de uma errada concepção da vida humana, descrita existencialmente como "espera", "projeto" e que possui como característica nunca poder encontrar uma realização em si. Nesse contexto, a existência do ponto de vista temporal é um projeto fracassado e uma realidade sem sentido. A existência terá sentido quando se conferir sentido à morte. Uma morte sem sentido torna a vida insensata. A concepção da existência como projeto tem sentido quando se abre para a perspectiva da esperança do pós-morte que é capaz de realizar plenamente aquele desejo e aquela espera que não podem ser saciados no estado da vida presente. A compreensão da existência como projeto a faz transcender suas realizações na vida presente em vista de uma vida futura. É preciso romper com o imanentismo e se abrir para uma dimensão transcendente, caso contrário a existência será um projeto irrealizável. Mas, porque a perspectiva sartriana é fechada sobre o horizonte temporal, o sentido do existir humano deveria derivar de uma duração do viver indefinidamente no tempo. Eis por que a morte torna a vida absurda: somente porque rompe com a duração temporal indefinida do viver. Assim, a absurdidade da morte como aniquilação se soma àquela de um postulado do viver inaceitável.

Uma existência reduzida à sua imanência, confinada em sua imortalidade temporal, sem um fim biológico, tolhe a relevância axiológica e ontológica da vida. Uma vida sem um termo último é desprovida de significado. Toda oferta de sentido à vida deve ser confrontada com a morte. Nesse sentido, a intuição de Heidegger sobre a necessidade da morte para dar sentido à autenticidade da vida se demonstra reveladora. É o conceito completamente negativo do morrer, entendido como anulação absoluta, que tornou vão o resultado do esforço da análise ontológica. Corrigindo, porém, a ideia da morte, recuperando-a na vida mortal, pode levar a conclusões construtivas para o ser humano do ponto de vista personalístico. Ela se torna realmente não mais uma dissolução no nada, mas uma morte realização.

A perspectiva sartriana se constitui de um processo inverso em relação à heideggeriana. Enquanto Heidegger faz um percurso de interiorização da morte na constituição da vida, Sartre a concebe como um evento exterior, impessoal e imprevisível. A atividade da morte em Heidegger contrasta com a passividade do sujeito que a sofre em Sartre. O filósofo francês, ao refutar a concepção heideggeriana do ser-para-a-morte, renuncia a uma conquista relevante para uma eficaz compreensão da morte: seu pertencimento íntimo à existência. Se a morte não reside no coração da existência humana, torna-se uma realidade estranha à sua subjetividade e alheia à sua estrutura ontológica. Se a morte afeta o ser humano de modo impessoal, como defende Sartre, então qual a diferença ontológica e axiológica entre o morrer humano e o morrer animal? Se a morte é um fato casual e um azar, como poderá consumar uma existência concebida como projeto orientado para o futuro? O pessimismo existencial de Sartre se conclui com uma verificação trágica: "todo existente nasce sem razão, se prolonga por debilidade e morre por tropeço" (SARTRE, 1938, 188-189).

A morte como realização antropológica

O caráter aniquilante, pessimista e absurdo da perspectiva sartriana contrasta com a visão otimista e realizadora em relação à reflexão sobre a morte de outro filósofo francês, Louis Lavelle (1883-1951). Segundo ele,

> a morte tem um caráter de solenidade, mas não somente porque abre diante de nós esse mistério do desconhecido em que cada ser deve penetrar sozinho, nem porque leva ao ponto extremo a ideia de nossa fragilidade e de nossa miséria, mas porque suspende todos os nossos movimentos e dá a tudo aquilo que fizemos um caráter decisivo e irreformável. Ela não é abolição da vida, ela é a realização. Dá a todos os nossos atos uma gravidade eterna, mostrando-nos a sua impossibilidade de padecer o mínimo retoque (LAVELLE, 1933, 277).

Ou seja, a morte dá uma fisionomia definitiva a tudo aquilo que o ser humano realizou em sua condição terrestre. É o coroamento e o ponto culminante da realização pessoal. Na morte, ocorre uma confirmação do conjunto das ações humanas, sem a possibilidade de mudanças. Nesse contexto, ela é compreendida como fim da existência humana, mas no sentido de perfeição, como a maturidade de um fruto que chega a um termo, como perfeição realizada. Por isso, uma reflexão sobre a morte conduz a uma compreensão da seriedade e da importância da existência que já hoje introduz a nossa vida na eternidade. A morte, em vez de abolir a vida, a finaliza. "Se não produz em nós um medo que nos paralisa, o sentimento da morte iminente dá à vida uma pureza e uma luz sobrenaturais" (LAVELLE, 1933, 278). Contrariamente a Sartre, que concebia a existência humana como uma espera afetada pelo evento exterior da morte, na perspectiva de Lavelle a morte é uma realidade interiorizada, uma presença realizada, como um quadro que sai das mãos do pintor para ocupar um lugar no patrimônio da eternidade: "porém, na morte, o quadro que deixa cada homem e ao qual consagrou a vida inteira é ele mesmo" (LAVELLE, 1933, 279). Por meio da morte, a vida cessa de ser uma espera e se torna uma presença realizada.

O conceito de "morte realização" de Lavelle permite compreender o valor e a dignidade da vida humana. A presença da morte na vida dá às ações humanas uma plenitude de significação. A existência humana é plenificada em seu sentido pela presença da morte. Assim, "preparar para a morte é preparar para a vida" (LAVELLE, 1933, 277). A morte manifesta o valor da vida presente que passa, fazendo-nos realizar em cada momento toda a perfeição que ela requer, gerando a convicção de que sua realização não será anulada mediante o advento da morte, mas, ao contrário, se tornará alguma coisa conquistada para sempre e conquistará um caráter irreformável para a eternidade.

Ao mesmo tempo que o conceito de "morte realização" de Lavelle mostra o valor e a necessidade de viver o instante presente de modo intenso, revela o caráter contingente e finito da existência. O caráter realizacional da morte está conectado à provisoriedade da existência que é realização e satisfação das mais profundas esperanças e projetos. No entanto, o valor da vida presente é imperfeito e passageiro, de modo que os desejos humanos profundos são projetados para o outro mundo que representa sua realização total e verdadeira e que supera o instante presente. A vida terrena do ser humano é incompleta e imperfeita se considerada na amplitude infinita de seus desejos e projetos. Mas essa vida pode ser vista de uma maneira perfeita, considerando cada instante em si mesmo à medida que se realiza, aqui e agora, toda a perfeição que lhe é exigida. É a morte que me faz compreender o valor que a vida presente possui, e que posso conferir-lhe segundo a generosidade com a qual vivo, e ainda me faz entender que esse valor é provisório e incompleto.

Em relação ao aspecto da interiorização e inclusão da morte no âmbito da existência, a reflexão de Lavelle está mais próxima da de Heidegger do que da de Sartre. A reflexão de Lavelle se orienta no sentido oposto à perspectiva de Sartre. Não seria também possível compreender a morte como realização, por seus aspectos existenciais como o medo e a angústia? A morte não é também realização por seu aspecto físico-biológico? É necessário encontrar um ponto médio entre o pessimismo sartriano e o otimismo de Lavelle. Na realidade, a proposta filosófica de Lavelle tem uma proximidade com a reflexão de alguns teólogos contemporâneos sobre esse tema, como Karl Rahner (1965, 27) e Medard Kehl (2003, 260-261).

Morte e relação interpessoal

A valorização da pessoa humana está na base da reflexão sobre a ideia e a realidade da morte como problema humano; isso não depende somente de uma consideração da pessoa humana na sua singularidade, em que a morte aparece como experiência estritamente individual, mas também da consideração da pessoa no seu valor de comunhão com os outros. A pessoa não apenas existe, mas coexiste, ou seja, a existência humana comporta uma rede de relações com os outros, com o mundo e consigo mesma. Uma reflexão sobre a morte que se abre para a dimensão interpessoal, e não permanece confinada em sua dimensão individual, não corre o risco de ser antropologista. A conexão entre a morte e a relação interpessoal será vista a partir das contribuições dos filósofos Paul Landsberg (1901-1944) e Gabriel Marcel (1889-1973).

Segundo o filósofo alemão Landsberg (2009, 20), "escolhemos como nosso ponto de partida a experiência da morte do outro porque esperamos encontrar dessa maneira a pessoa como tal e a relação específica que ela pode ter com a morte". A morte do outro revela minha condição de mortal. O ponto de partida da individualização da minha consciência mortal passa pela experiência da morte do outro. "Partimos da experiência da morte do outro, a qual, evidentemente, tem um valor insubstituível para nós, os vivos" (LANDSBERG, 2009, 19). O ponto de partida de Landsberg se diferencia do de Heidegger, para o qual é o *Dasein* que se autocompreende como ser mortal. Ou seja, não é uma consciência que nasce do externo, da experiência do morrer do outro, mas do interno, da própria finitude do *Dasein*.

A experiência do sofrimento do outro que está na iminência de morrer já é uma experiência antecipada de sua morte. O outro é meu próximo com quem estabeleço laços de amizade e de familiaridade. "A morte de alguém que amamos com tal amor deve nos dizer algo decisivo e ultrapassar a esfera do fato biológico. A morte do próximo é infinitamente mais do que a morte do outro em geral" (LANDSBERG, 2009, 20). A morte do meu próximo me toca afetiva e psicologicamente. É uma morte que atualiza e presentifica a minha condição mortal. A morte do outro, considerando-o um alguém e um desconhecido, não me afeta emocionalmente. A morte de um desconhecido é uma morte genérica, impessoal e abstrata que não me provoca comoção e reflexão. O impacto psicológico da morte está diretamente ligado à intensidade do laço afetivo que tenho com o outro. Por meio da morte daquele que me é afetivamente próximo eu toco verdadeiramente a morte. Com a morte, o próximo se separa radicalmente de mim. Já não há comunhão possível entre o seu corpo sem vida e o eu vivente. Com a morte do outro, seu "corpo vivo torna-se um cadáver. Mas um cadáver já não é um lugar possível para a presença de uma pessoa" (LANDSBERG, 2009, 22). A morte significa a interrupção da comunicação, da relação e do diálogo com o outro; ela me priva do outro, da sua presença física e afetiva. É como se o outro me fosse infiel na nossa comum vocação de vivente neste mundo; "na experiência decisiva da morte do próximo, há algo como o sentimento de uma infidelidade trágica da parte dele, assim como há uma experiência da morte no ressentimento da infidelidade" (LANDSBERG, 2009, 23). A morte do próximo é uma traição e uma experiência de privação, de ausência e de abandono. Minha condição mortal se manifesta por meio da experiência da morte do próximo e no estado de abandono no qual permaneço. Não obstante a morte do outro me fazer experimentar um sentimento de ausência e de decepção, de qualquer forma continuo unido a ele. Diante da morte do próximo, apego-me às suas lembranças, aos seus hábitos e pertences. Morre um pedaço de mim. Guillaumin (1968, 69), comentando sobre a continuidade na união com o outro que padeceu a morte, na perspectiva de Landsberg, expressa:

> Por outra parte, sigo unido, com o meu pesar, àquilo que o morto foi para mim, ao que todavia é esse corpo, com sua aparência humana semelhante à minha e o sofrimento uníssono que me fez compartilhar sua agonia: com este luto experimento minha própria morte, minha própria ausência, se não como atual, ao menos como necessária e de certo modo como próxima.

A partir das reflexões feitas até o presente momento, é possível perceber que a experiência da morte está conectada a um processo de personalização que comporta uma relação de interpessoalização, pois, quando "nos individualizamos, nós percebemos a singularidade dos outros" (LANDSBERG, 2009, 20). É um processo de personalização que não passa pela negação da singularidade do outro, mas que a inclui como elemento necessário na relação com a morte. Esse aspecto interpessoal encontra seu ponto culminante no amor por meio do qual estabeleço uma comunicação com o outro naquilo que ele tem de inefável e de singular em relação àquilo que sou. Pelo amor se estabelece entre mim e o próximo aquela comunhão pessoal, aquele "nós" que constitui um elemento fundamental da intimidade da minha pessoa. A consciência da minha identidade pessoal se funda na relação com a alteridade. Nesse sentido,

> a consciência da necessidade da morte é despertada pela participação, pelo amor pessoal no qual essa experiência estava imersa. Nós constituímos um

"*nós*" com o moribundo. E é neste "*nós*", é pela própria força desse novo ser de ordem pessoal, que chegamos ao conhecimento vivido do nosso próprio dever morrer (LANDSBERG, 2009, 22).

É pela intensidade do vínculo amoroso que tenho com o próximo, gerador de comunhão e unidade, que eu desperto para a minha consciência mortal: também morrerei. O outro revela minha consciência mortal. Dessa forma, minha consciência mortal não é um dado *a priori*, mas *a posteriori*, fundado na experiência de relação interpessoal com o moribundo. "A morte do ser amado, percebido na sua individualidade, desperta no sobrevivente, além do sentimento da ameaça, a certeza de sua própria morte que ele já tinha. A morte do outro reforça a consciência de sua mortalidade" (SCHUMACHER, 2009, 154). Mas quem revela ao outro a sua consciência mortal? Sua relação com um outro? Seguindo essa linha reflexiva, quem revelará a consciência mortal de um ser humano hipoteticamente primordial?

A morte provoca uma fratura na minha relação com o próximo: "a minha comunidade com esta pessoa parece rompida: mas esta comunidade era, em certa medida, eu mesmo e, nesta medida, eu sinto a morte no interior de minha própria existência" (LANDSBERG, 2009, 23). Em razão da minha comunhão com o próximo, sua morte é sentida como se fosse a minha. Na realidade, a minha comunhão com o próximo permanece para além da morte. "Manter a comunidade com o morto é preservar da destruição a nossa própria existência, da qual essa comunidade é parte integrante" (LANDSBERG, 2009, 26). A intensidade da experiência da morte

> [...] depende do grau de nossa própria personalização e do caráter da relação entre nós mesmos e a pessoa do morto. O que importa é o modo de coexistência no qual a experiência se produz. A possibilidade de uma mudança de nossa existência, como existência para a morte (*Sein zum Tode*), consecutiva a uma experiência da morte de nosso semelhante, está fundada na possibilidade do amor pessoal (LANDSBERG, 2009, 25-26).

A profundidade do significado da morte do outro me faz pensar que sua morte pertence essencialmente à minha experiência pessoal e não a uma ideia impessoal, anônima e genérica do morrer. "Ninguém pretende que a experiência da morte do próximo seja equivalente à que farei da minha própria morte; seu significado para mim é tão profundo que ela pertence essencialmente à minha existência pessoal e não a uma existência genérica" (LANDSBERG, 2009, 26). Segundo Landsberg, Heidegger não percebe essa importante diferença, visto que sua filosofia não contém amor, fé e esperança. No horizonte de Heidegger, a experiência da morte é individual e intransferível. É o próprio *Dasein*, pela compreensão de sua finitude, que se apreende como um ser mortal. Nesse sentido, a experiência da morte do outro não oferece nenhum auxílio na compreensão da minha condição mortal. Na visão de Heidegger, a condição mortal do ser humano é um dado *a priori*. Na perspectiva de Landsberg, o significado da morte do outro não consiste em uma leitura psicologista da piedade, da compaixão e da dor. Aqui não se trata de compreender a minha morte como um efeito de simpatia que se realizaria em mim quase como uma transferência de sentimentos, inspirado na morte do outro. Não se trata de um conhecimento da minha morte mediante uma experiência sentimental e emocional da morte do outro. Eu "na" e "pela" experiência de ausência, conheço a finitude da minha existência. A profundidade da comunhão instaurada com o próximo me faz experimentar na sua ausência a limitação do meu existir. A experiência da morte do próximo me causa um impacto existencial e me desperta para a minha condição de ser-para-a-morte.

Depois de apresentar as reflexões de Landsberg, é momento de expor as contribuições do filósofo francês G. Marcel sobre a relação entre a morte e a imortalidade do próximo, da pessoa amada. Trata-se da relação entre a morte e o amor. A morte é transcendida pelo amor.

No horizonte de Marcel, a importância da dimensão do amor e da comunicação para uma verdadeira compreensão sobre o sentido da morte nasce do conceito de "existência humana", que atinge sua autenticidade pessoal no amor. Somente a experiência do amor dá ao ser humano a capacidade de definir-se como "eu". A abertura para o mundo dos outros, considerado mundo pessoal, constitui o valor pessoal do eu. A constituição da identidade pessoal do eu passa pela abertura e relação com o outro. O eu não se constitui por meio de um confinamento solipsista em si mesmo, mas abrindo-se para a alteridade. Existir significa ser com e para o outro. Viver é relação e a realização do existir, é a atuação dessa relação na ordem do amor pessoal com o outro. Existir significa ser-estar incluído nessa relação interpessoal. O princípio do existir pessoal é a descoberta do amor que se percebe amado no amante. Essa relação interpessoal fundada no amor se realiza por meio da superação da tentação de querer submeter a pessoa do outro a si mesmo, tratando-a como um "ter". A submissão do outro aos meus desejos e projetos significa reduzi-lo da condição de tu à condição de isso, de ser ao estado de ter. A relação com o outro, no nível do ser, significa respeitá-lo em sua dignidade, em seu valor humano e abrir-se para uma comunhão amorosa com ele. O ser-com-o-outro significa estabelecer uma relação de amor capaz de encontrar na pessoa do outro a própria completude, transformando o existir humano em um existir comunitário, em uma sociedade pessoal em que se respeita a liberdade alheia. Ser significa renunciar a si mesmo, fazendo-se disponível para o outro. Ser-com é disponibilidade, comunhão e abertura; ser-sem o outro é egoísmo, fechamento, isolamento, indisponibilidade e aniquilação.

Nesse contexto reflexivo das categorias de ser e ter, de ser-com e ser-sem, Marcel (1964, 174) analisa os conceitos de "suicídio" e "sacrifício": a

> possibilidade psíquica do suicídio inscrita na natureza humana de ser encarnado é a expressão sensível de outra possibilidade bem mais profunda e bem mais oculta, que é a da negação espiritual de si ou [...] da afirmação ímpia e demoníaca de si, que equivale a uma refutação radical do ser.

Fenomenologicamente, o suicídio é uma "libertação total, em que o libertador, livrando-se de si mesmo, se elimina" (MARCEL, 1968, 177). O suicídio não é expressão de liberdade, mas de covardia por que se esquiva de um confronto com a vida. É mais conveniente aniquilar-se do que enfrentar a vida. O suicida tem uma aversão radical a si mesmo, uma "*volonté de dé-création*", que identifica a morte e o mal (MARCEL, 1964, 153). O suicídio consiste em uma indisponibilidade pessoal e social. A pessoa dispõe de si, se tornando indisponível para si e para os outros. Nesse sentido, o dispor de si é uma autoaniquilação voluntária. O suicídio é uma traição a si mesmo, um ato de egoísmo, de negação da vocação de ser-com o outro. Se o suicídio significa dispor de si, o contrário é o sacrifício, que consiste na "disponibilidade como consagração de si" (MARCEL, 1968, 155). O sacrifício consiste na expressão máxima da disponibilidade. "Os mais consagrados são os mais disponíveis. Um ser consagrado se sacrifica" (MARCEL, 1968, 154); é uma entrega total da vida em vista de um ideal ou de uma realidade superior.

> Aquele que doa sua vida por uma causa tem consciência de tudo doar, de realizar um sacrifício total [...] Aquele que doa sua vida doa tudo, sem dúvida, mas por alguma coisa que afirme ser maior, valer mais; coloca sua vida à disposição dessa realidade superior; leva ao limite a disponibilidade que se traduz no fato de se consagrar a um ser, a uma causa (MARCEL, 1940, 106).

A disponibilidade se constitui de uma renúncia, de uma doação de si. Nesse contexto, a morte é vista como libertação. Aqui, se tem uma consagração do ser. O sacrifício está conectado a uma esperança, enquanto o suicídio é a sua negação. O sacrifício consiste na afirmação do ser sobre o ter.

Marcel reflete sobre a corporeidade no contexto da relação tensional entre o ser e o ter. A vida humana é indissolúvel desde sua encarnação: tudo existe sob o sinal de uma dilatação do corpo. "Ser encarnado é aparecer como corpo, como este corpo aqui, sem poder se identificar com ele, sem poder se distinguir dele — identificação e distinção são operações correlatas entre si" (MARCEL, 1940, 31). O corpo como realidade carnal não é idêntico àquilo que eu sou. Tenho um corpo, mas aquilo que sou não se reduz à minha corporeidade. O existir consiste em uma passagem do ter-posse ao ser-dom. A dimensão corporal chega até a pessoa pela esfera do ter e deve ser transformada pela esfera do ser. Sou chamado a fazer a passagem do ter um corpo, para ser um corpo. Seria passar do plano daquilo que é dado (ter) para o assumido (ser). O ter consiste em uma procura aflita de si, que é fonte de temor e de ansiedade, é aquilo que alimenta o terror de sentir-se presa do tempo e da morte: quanto mais procuro possuir em mim a minha vida, os meus dons, como um *avoir à exploiter*, mais o tempo aparece sobre mim no seu fluir, como uma fuga contínua de um capital que diminui, e o seu extinguir-se me enche de angústia.

Na morte se realiza a plena possibilidade de transformação da situação do ter em uma situação de ser. O corpo simboliza o ter que deve ser abandonado para o surgimento do ser. O ser na morte acessa uma integridade que a vida real não permitiria talvez conquistar em razão de seu caráter perpetuamente disperso e segregador. A morte afeta o ser humano em suas dimensões material, mediante a privação do seu corpo e o despojamento do ter, e espiritual, atingindo sua alma. A alma, num certo sentido, morre nesse abandono; mas exatamente naquele instante se torna capaz de emitir um ato definitivo que já não está sob a ameaça da precariedade do ter, podendo conquistar a plena perfeição de si no dom da pura generosidade.

No contexto filosófico de Marcel, a morte é amor, é ela que permite o dom do amor porque a passividade do corpo nos deixou. Se o amor consiste no estabelecimento de relações puramente corpóreas, sensíveis e materiais, reduzindo a pessoa à sua dimensão material e identificando-a com o ter, então a morte será o fim do amor. Nesse sentido, o amor se refere à exterioridade da pessoa, à materialidade do corpo, como objeto de desejo e fonte de prazer. A relação com a pessoa é objetal e coisificante. O desaparecimento do corpo significa a cessação do amor. Não se ama a pessoa, mas seu corpo. Para quem não conhece outra alegria a não ser a posse do ter, fundado sobre o corpo, a morte é o fim de tudo, é ruptura absoluta. Nesse contexto do ter, segundo Troisfontaines (1948, 29-30), um dos principais comentaristas da filosofia de Marcel, a morte é vista como "o fim absoluto, o mal em si". Mas "a morte pode arruinar todos os projetos da categoria do ter, porém não os que pertencem à categoria do ser", como o amor, a confiança e a esperança (PADILLA, 1986, 400). Para quem está situado no nível do ser, aberto ao amor e à amizade, formando uma comunhão existencial com a pessoa amada, constituindo um "nós social", o evento da morte, na realidade, não afeta esse amor e essa amizade. "Um mundo abandonado pelo amor só pode se perder na morte, mas é também quando o amor persiste" que a morte é definitivamente vencedora (MARCEL, 1959, 182). A comunhão com a pessoa amada não se rompe com a morte, mas sobrevive pela intensidade dos laços afetivos e amorosos. Para Marcel (1959, 182), "o que conta não é a minha morte, nem a sua, mas a daqueles que amamos". "Não se trata de substituir a experiência da minha morte pela experiência da morte do outro, mas de verificar sua proximidade, acolhendo-a no seu significado autêntico como capaz de prolongar além da morte em si" (FURNARI, 1996, 185). A experiência de comunhão com a pessoa amada transcende a realidade da morte. A morte é transcendida pelo amor.

> Tenho a certeza incoercível [...] que devo reencontrar para além do abismo da morte os seres que tenho realmente amado, isto é, esses relacionados de modo mais íntimo e intersubjetivo a isso que sou, eu os reconheço instantaneamente como em um relâmpago e tudo será como se a separação não tivesse existido (MARCEL, 1963, 203).

A morte é a prova decisiva da minha fidelidade à pessoa amada. Minha fidelidade ao próximo não me permite abandoná-lo. A relação com a pessoa amada demonstra que a morte, em vez de ser sentida como ausência definitiva, mostra-se uma profunda intimidade do ser-com. Essa união com a pessoa amada não é rompida, mas "transformada e aprofundada pela morte" (TROISFONTAINES, 1960, 55-56). O amor é a garantia da imortalidade: "não existe amor digno deste nome que não se constitua aos olhos daqueles que o consideram ao mesmo tempo uma promessa e uma semente de imortalidade" (MARCEL, 1944, 200). Mediante a abertura para o eterno, o "destino intersubjetivo é chamado a prosseguir e se cumprir" (MARCEL, 1964, 158). Do ponto de vista intersubjetivo, "a morte é algo acidental que não modifica os vínculos essenciais entre aqueles que se amam" (URABAYEN, 2001, 743). "Existe uma presença transubjetiva, uma presença autêntica do ser amado para além da morte" (MARCEL, 1959, 186). A imortalidade da pessoa amada mostra que a vida tem um sentido e se esquiva da absurdidade da morte. O amor imortaliza a pessoa amada:

"amar um ser é lhe dizer: você não morrerá" (MARCEL, 1944, 205). Aqui, tem-se uma afirmação do outro como ser amado. Na morte, emerge o ser, não obstante as aparências do não-ser-mais. O amor e a amizade são fortes como a morte.

Por meio da esperança, é possível crer que os vínculos entre o amor e a morte não serão rompidos. A morte é o "trampolim de uma esperança absoluta. Um mundo no qual a morte faltasse seria um mundo em que a esperança só existiria em estado de larva" (MARCEL, 1968, 115). A esperança é um *élan* que conduz à transcendência. A esperança é um "consenso no ser", uma "solidariedade ontológica com o próprio ser do qual já participamos no nosso existir no tempo e para cuja plenitude tendemos" (FAGONE, 1974, 146).

A perspectiva de Marcel sobre a morte e a relação com o outro está mais preocupada com o pós-morte do que com o próprio evento da morte. A morte é vista como uma passagem necessária para acessar a vida imortal. A morte tem papel antropológico secundário, porque a preocupação marceliana está orientada para a vida imortal. O interesse do filósofo é fazer uma metafísica da morte. O recurso à imortalidade se faz necessário para garantir uma relação com a pessoa amada que morreu. Corre-se o risco de instrumentalizar a vida imortal em vista do desejo que a pessoa amada sobreviva à morte para assegurar uma comunhão espiritual com ela. Conclui-se que a vida imortal é reduzida e garantida apenas para o ser amado.

Conclusão

Com a filosofia contemporânea, a morte se tornou um verdadeiro objeto de reflexão antropológica. Ela passou a ser investigada em e por si mesma. O tema alcançou autonomia e independência investigativa. Doravante, não se chega à morte passando pelo tema da imortalidade. A morte já não é vista como um preâmbulo ou uma ideia propedêutica para refletir sobre a morte e a imortalidade. A ruptura com a ideia de imortalidade fez com que a morte conquistasse autonomia reflexiva e antropológica.

O marxismo clássico não considerou a morte verdadeiro tema antropológico. Mais preocupados com aspectos gerais como a humanidade, a vida, a espécie e o gênero humano, Feuerbach, Marx e Engels não consideraram a morte um fato radicalmente singular e humano. Ela foi vista como um fato bruto e não como um problema antropológico. Como evento pessoal e existencialmente concreto, a morte foi censurada. Já o marxismo humanista representou um esforço de problematização e humanização da morte. A morte foi incluída na reflexão de temas com teor humanista, como a subjetividade, a angústia, a transcendência e outros. Com o marxismo humanista, a morte não alcançou ainda a condição de um tema autenticamente antropológico, ainda não foi totalmente internalizada e humanizada; porém foi vista como um tema pertencente ao cardápio reflexivo da antropologia filosófica.

O processo de humanização e internalização da morte começa com Scheler, sendo radicalizado por Heidegger. A morte é abrigada no interior da existência humana. É vista como uma iminência que perpassa todo o campo existencial. A vida é uma vida mortal. O ser humano já nasce condenado à morte. A morte goza de uma presença onipresente na vida; trata-se de uma modalidade do existir humano presente a cada instante da vida. A vida e morte não são vistas como realidades opostas e extrínsecas, mas recíprocas. "Morrer é uma definição do que é a vida humana" (DASTUR, 2002, 77). A vida humana está orientada para a morte desde a sua concepção. A morte é possibilidade que dá acabamento e conclui a vida; significa que a vida tem um prazo e um limite antropológico. A certeza da iminência da morte deve conduzir a uma valorização do momento presente e uma vivência intensa do agora. A humanização da morte leva a uma concentração no hoje da vida com seus amores, afetos e vivências.

Os filósofos Landsberg e Marcel mostraram a importância de tratar da morte do outro. Minha condição mortal é atualizada e se torna presente pela morte da pessoa amada e querida. A morte do outro não é determinante para a certeza sobre a minha condição mortal, porém coopera no sentido de me abrir para uma reflexão sobre a morte e me leva a uma constatação: também morrerei. A morte do outro me desperta do sonho e da ilusão de que sou imortal. A morte não é uma realidade que afeta somente os outros; também morrerei. Na morte da pessoa querida, também faço a experiência da morte. Ninguém substitui o outro na sua morte, porém por meio da morte do outro sou tocado e impelido a refletir sobre a minha. Embora a morte me separe da pessoa querida, o amor que tenho por ela a mantém sempre viva no meu coração. O amor transcende a morte.

Referências

ALFARO, Juan. *Esperanza cristiana y liberación del hombre*. Barcelona: Herder, 1972.

BASAVE, Augustín. *Metafisica de la muerte*. Madrid: Augustinus, 1965.

BLOCH, Ernest. *Spirito dell'utopia*. Firenze: A Nova Itália, 1980.

_____. *Il principio speranza*. Milano: Garzanti, 1994, v. III.

CAMINERO, Nemesio González. Ernesto Bloch. *Gregorianum*, v. 54 (1973) 131-177.

DASTUR, Françoise. *A morte: ensaio sobre a finitude*. Rio de Janeiro: Difel, 2002.

DE WAELHENS, Alphonse. *La philosophie de Martin Heidegger*. Louvain: Publications Universitaires de Louvain, 1955.

ENGELS, Friedrich. *Dialettica della natura*. Roma: Riuniti, 1967.

EPICURO. Epistola III, a Meneceo. In: _____. *Opere*. Torino: Unione Tipografico, 1974.

FAGONE, Virgilio. La "metafisica della speranza" di Gabriel Marcel. *La Civiltà Cattolica*, v. 125 (1974) 137-151.

FEUERBACH, Ludwig. *A essência do cristianismo*. Petrópolis: Vozes, 2007.

FURNARI, Marianna Gensabella. Il morire, tempo di speranza. A partire da Gabriel Marcel. In: BRENA, Gian Luigi (ed.). *Il tempo della morte*. Padova: Gregoriana, 1996, 177-197.

GARAUDY, Roger. *Dall'anatema al dialogo*. Brescia: Queriniana, 1969.

_____. *La alternativa*. Madrid: Edicusa, 1974.

_____. Cristo liberación u opio del pueblo? In: _____.; BALDUCCI, Ernesto. *El cristianismo es liberación*. Salamanca: Sígueme, 1976a, 63-76.

_____. *Palabra de hombre*. Madrid: Edicusa, 1976b.

GARDAVSKY, Vitezslav. *Dios no ha muerto del todo*. Salamanca: Sígueme, 1972.

GEVAERT, Joseph. L'ateismo di fronte al problema della morte e dell'immortalità. In: FACOLTÀ FILOSOFICA DELLA PONTIFICIA UNIVERSITÀ SALESIANA DI ROMA. *L'ateismo contemporaneo*. Torino: Società Editrice Internazionale, 1969, v. III, 503-534.

GIRARDI, G. Il marxismo di fronte al problema della morte. *Concilium*, v. 10 (1974) 747-755.

GUILLAUMIN, J. Origen y desarrollo del sentimiento de la muerte. In: GROUPE LYONNAIS D'ÉTUDES MÉDICALES. *La muerte y el hombre del siglo XX*. Madrid: Razón y Fe, 1968, 63-112.

HEGEL, Georg W. Friedrich. *Fenomenología del espíritu*. México: Fondo de Cultura Económica, 2003.

HEIDEGGER, Martin. *Ser e tempo*. Petrópolis: Vozes, 1989a, v. I.

_____. *Ser e tempo*. Petrópolis: Vozes, 1989b, v. II.

_____. *Ensaios e conferências*. Petrópolis: Vozes, 2006.

KEHL, Medard. *Escatología*. Salamanca: Sígueme, 2003.

LANDSBERG, Paul Ludwig. *Ensaio sobre a experiência da morte e outros ensaios*. Rio de Janeiro: Contraponto/PUC Rio, 2009.

LAVELLE, Louis. *La conscience de soi*. Paris: Bernard Grasset, 1933.

MARCEL, Gabriel. *Du refus à l'invocation*. Paris: Gallimard, 1940.

_____. *Homo Viator*. Paris: Aubier Montaigne, 1944.

_____. *Présence et immortalité*. Paris: Flammarion, 1959.

_____. *Le Mystère de l'Être*. Paris: Aubier Montaigne, 1963, v. I.

_____. *Le Mystère de l'Être*. Paris: Aubier Montaigne, 1964, v. II.

_____. *Être et Avoir*. Paris: Aubier Montaigne, 1968, v. I.

MARX, Karl. *Opere filosofiche giovanili*. Roma: Riuniti, 1969.

_____.; ENGELS, Friedrich. *Scritti Filosofici*. Roma: l'Unità, 1945.

MOLTMANN, Jürgen. *Teologia della speranza*. Brescia: Queriniana, 1971.

MURY, Gilbert. Le marxiste devant la mort. *Vie Spirituelle Supplément*, v. 19, n. 77 (1966) 230-254.

PADILLA, Maria Teresa. Para una filosofía de la muerte en Gabriel Marcel. *Revista de filosofía*, v. 19, n. 57 (1986) 377-401.

PENZO, Giorgio. Essere "e" Tempo e Tempo "e" Essere. *Studia Patavina*, v. 13 (1966) 359-385.

RAHNER, Karl. *Sulla teologia della morte*. Brescia: Queriniana, 1965.

RUIZ DE LA PEÑA, Juan Luis. Muerte y liberación en el diálogo marxismo-cristianismo. In: MACHUCA, A. Vargas (ed.). *Jesucristo en la historia y en la fe*. Salamanca: Sígueme, 1977a, 212-219.

_____. Sobre la muerte y la esperanza. Aproximación teológica a Ernst Bloch. *Burgense*, v. 18, n. 1 (1977b) 183-222.

_____. *Muerte y marxismo humanista*. Salamanca: Sígueme, 1978.

_____. R. Garaudy: su doctrina sobre la esperanza. In: *La tentación contra la esperanza*. Madrid: Centro de Estudios Sociales del Valle de los Caídos, 1979, 85-122.

SARTRE, Jean-Paul. *La nausée*. Paris: Gallimard, 1938.

_____. *O ser e o nada: ensaio de ontologia fenomenológica*. Petrópolis: Vozes, 2011.

SCHELER, Max. *Morte e sobrevivência*. Lisboa: Edições 70, 1993.

SCHUMACHER, Bernard N. *Confrontos com a morte: a filosofia contemporânea e a questão da morte*. São Paulo: Loyola, 2009.

TROISFONTAINES, Roger. La mort, épreuve de l'amour, condition de la liberté. In: *La mort*. Paris: Centre d'Études Laennec, 1948, 27-51.

_____. *"Je ne meurs pas..."*. Paris: Éditions Universitaires, 1960.

UGAZIO, Ugo Maria. *Il problema della morte nella filosofia di Heidegger*. Milano: Mursia, 1976.

URABAYEN, Julia. El ser humano ante la muerte: Orfeo a la búsqueda de su amada. Una reflexión acerca del pensamiento de G. Marcel. *Anuario Filosófico*, v. 34, n. 3 (2001) 701-744.

CAPÍTULO 3
Aspectos teológicos da morte

Introdução

A morte não tem somente uma dimensão antropológica, mas também teológica, ou seja, diz respeito à relação com Deus. A comunhão com Deus experimentada durante a vida é intensificada no momento da morte. A morte é uma ocasião de encontro e de uma relação profunda com Deus. O ser humano, criado por Deus, por um ato de amor, não será abandonado por ele nesse momento. A morte, na realidade, revela a identidade de Deus. O Deus no qual o ser humano crê, particularmente o cristão, não é um Deus dos mortos, que quer o fim trágico da sua criatura, mas é um Deus vivo que mostra sua força e sua potência transformadora e ressuscitadora diante do poder aniquilante da morte.

Do ponto de vista teológico, a morte será vista na sua dimensão bíblica, como evento natural e espiritual; na insuficiência antropológica da definição clássica, como separação de corpo e de alma; na sua origem, como consequência do pecado original; como fim da condição peregrina e histórica do ser humano; como um tema que é, em primeiro lugar, antropológico e depois escatológico; como unidade dialética de paixão e ação, ou seja, um evento que o ser humano simultaneamente sofre e assume; como consumação da história da liberdade humana; como um instante no qual o ser humano é chamado a tomar uma decisão final; nas dimensões cristológica e eclesiológica, isto é, como a morte humana é iluminada por Cristo e como o morrer não é um ato solitário, mas uma comunhão com toda a humanidade e a Igreja; a relação entre a morte e os sacramentos (batismo, eucaristia e unção dos enfermos); como a morte pode ser ocasião da experiência do juízo e da graça de Deus; como o martírio é um modelo de morte cristã, em que se radicaliza a experiência do morrer com Cristo; o tema da morte no contexto da renovação escatológica no século XX; como a morte pode ser ocasião de condenação, e a ressurreição como resposta divina à morte humana.

A morte na visão bíblica

A morte na visão bíblica será apresentada nas perspectivas do Antigo e do Novo Testamento. Quanto ao Antigo Testamento, serão apresentados tanto o tema da morte quanto outros correlacionados a ela. A morte, propriamente dita, será apresentada na sua dimensão natural e espiritual. Em relação ao Novo Testamento, será examinado como a morte humana é iluminada e redimida pela morte de Cristo.

A morte no Antigo Testamento

A morte, no Antigo Testamento, é concebida em dois âmbitos: fim natural da vida e ruptura na comunhão com Deus.

Para o israelita, a vida não se restringe simplesmente à existência física, mas é uma força que atua, um poder que se exerce. A vida (*hayyîm*) é uma pluralidade que se destaca pela intensidade que a caracteriza. O verbo "viver" (*hayah*) indica, originalmente, nas línguas semitas, o sentido de uma contração muscular em oposição à morte, cuja raiz verbal significa apagar-se e extinguir-se. Viver é mais do que um simples ser ou aparecer. O israelita não define a vida em um horizonte filosófico abstrato e racional, mas a concebe como uma realidade dinâmica que se manifesta de diversas formas. A vida é identificada com o sangue (Dt 12,23; Gn 9,4; Lv 17,14) ou com a respiração. A vida também se identifica com o fôlego: no momento da criação do ser humano, Javé soprou nas narinas dele, concedendo-lhe um fôlego de vida, e ele se tornou um ser vivente (Gn 2,7; Jó 27,3; 33,4). A vida é a força vital, pois é próprio de sua natureza manifestar-se, atuar, deslocar-se, realizar-se. Por isso, a vida implica movimento, espontaneidade, mutação, progresso, crescimento, desenvolvimento, pois a ausência de movimento, de liberdade ou de futuro consiste em sua negação. A vida também é um bem supremo do qual dependem todos os demais bens. Identifica-se com a felicidade e constitui-se de força e de plenitude. "Quem me encontra [a sabedoria] encontra a vida, e goza do favor de

Iahweh" (Pr 8,35). A vida está nas mãos de Javé e dele depende. Ele é um Deus vivo (Js 3,10; Sl 42,3; 84,3; Os 2,1 etc.) que cria, concede e conserva a vida. É a fonte da vida (Sl 36,10; Jr 17,13). A vida expressa a liberdade de Javé (MARTIN-ACHARD, 2015, 19-31).

Para o Antigo Testamento, o ser humano não é imortal e nada nele é eterno. Ele não possui nenhuma dimensão divina que escape do poder da morte. A morte é um acontecimento geral e normal que afeta o ser humano por inteiro. O ser humano nasceu mortal, e a morte consiste num fato absolutamente natural. A morte não é contrária à vida, mas é concebida como um estado em que as forças vitais estão reduzidas ao mínimo, como um sono do qual não é possível despertar (MARTIN-ACHARD, 2015, 34). Adão, o ser humano das origens, é modelado da terra (*adamah*) e para ela retorna com sua morte (Gn 2,7). "Com o suor de teu rosto comerás teu pão até que retornes ao solo, pois dele foste tirado. Pois tu és pó e ao pó tornarás" (Gn 3,19). A terra é um elemento constitutivo do princípio e do fim da vida de Adão. Como princípio de sua vida, a terra é um elemento básico para o seu modelamento; como fim, é o resultado de sua decomposição.

O castigo que Deus impõe a Adão, pelo fato de ter comido do fruto da árvore do jardim, não muda sua natureza, mas sua situação, pois doravante deve viver em um mundo hostil, sobre um solo maldito (Gn 3,17-18). Os três personagens do drama do jardim (a serpente, a mulher e Adão) não são condenados à morte, mas a viver em condições novas nas quais a existência será precária. As sanções que lhes são impostas (Gn 3,14.16-19) são sinais de que sua vida transcorrerá longe de Deus e próxima da morte. Antes da queda, Adão vivia na presença de Deus, e a morte não era para ele um fato onipresente. Na presença de Deus, Adão ignora sua condição mortal e vive como um imortal. Porém, quando Adão se afasta de Deus, precipitando-se na queda, a morte se torna uma presença constante e uma ameaça à sua existência. Com a queda, a morte goza de uma presença iminente na vida de Adão (MARTIN-ACHARD, 2015, 36-37).

Para o israelita do Antigo Testamento, Deus tem em suas mãos a vida e a morte humanas. Assim como Deus pode conceder a existência ao ser humano, conferindo-lhe o hálito (fôlego, espírito = *ruah*) da vida (Gn 2,7), também pode, segundo seu desígnio, retirar o hálito da vida, decretando a sua morte, fazendo-o retornar à sua condição originária de pó (Ecl 12,7). Isso significa que o ser humano não é proprietário de sua vida nem tem domínio sobre sua morte. Como criatura, ele recebe a sua existência como uma dádiva da liberdade de Deus; tem uma dependência ontológica do seu criador. Nesse contexto, a morte significa uma intervenção do criador na vida da criatura, fazendo-a cessar. Como criador, Deus concede provisoriamente o princípio de vida (*ruah*) ao ser humano. Na qualidade de criatura, o ser humano é carne (*basar*), possui dimensão corporal e biológica e está exposto à caducidade, à debilidade (física e moral), à transitoriedade e à morte. Morre porque é uma carne (*basar*). No entanto, a morte não afeta somente sua dimensão carnal, mas atinge a totalidade de sua condição antropológica (*basar, ruah, nefesh*)[1]. A morte é a lei universal de toda carne (Sr 41,4; Sb 7,1). É a herança comum de todos os vivos. A universalidade da morte atinge tanto os seres humanos quanto os animais (Ecl 3,19).

A morte é fim natural de todo ser humano (2Sm 14,14; Nm 16,29; Jr 16,6). Consiste num fim que, ao chegar a sua hora, deve ser aceito como um acontecimento normal e recebido de forma serena e tranquila. É a conclusão de uma velhice feliz, de uma vida "cheia de dias" (Gn 15,15; 25,8; 35,29; Jó 42,17; Jz 8,32). É também um fato que pode ocorrer quando a vida ainda está plena de vigor (Jó 21,23; 29,18). Significa ainda o desfecho de uma vida sem esperança (Ecl 4,2-3). A morte pode adquirir a forma de um anjo exterminador (2Sm 24,16; 2Rs 19,35). Pode ocorrer também de forma prematura, quando a vida ainda está cheia de vigor e em busca de realização (Jó 20,11; 21,25). A vida humana pode ser envolvida pelas ciladas da morte (Sl 18,5). A enfermidade e uma vida cheia de males significam um encontrar-se num estado de morte (Sl 88,4). A enfermidade é descrita com os qualificativos de morte: a doença, tal como a morte, impõe ao ser humano a perda da comunicação. A doença consiste na destruição das relações que compõem a vida humana. O enfermo se encontra separado dos vínculos sociais e próximo das garras da morte.

O israelita morre, mas Israel continua a viver. A morte é o caminho pelo qual passam todos os israelitas, mas a nação israelita segue seu caminho. A morte do israelita não põe um fim à nação de Israel. Quando morre ele não se separa totalmente de seu povo. Os israelitas acreditam que a morte os mantém ainda, de certa forma, vinculados ao seu povo. O indivíduo, depois da morte, de certo modo continua subsistindo na história de seu povo. Talvez, por essa razão, Javé castiga os filhos por causa das faltas dos pais, pois, castigando até a terceira ou quarta geração, alcança os verdadeiros culpados (Ex 20,5; Nm 14,18; Sl 109,13-14; Is 14,21). Nesse sentido, a morte não significa uma ruptura total das relações entre

---

1. Para uma compreensão deste vocabulário da antropologia semita, conferir Wolff (1975, 21-60).

Israel e os mortos. Aqueles que têm descendência, principalmente um filho homem, continuam existindo. Deixar descendência significa continuar se perpetuando na história do povo israelita. Por isso, a preocupação israelita em ter filhos, principalmente homens. O nascimento de um filho é ocasião de alegria (Jr 20,15; 1Sm 4,20 etc.). Por outro lado, a esterilidade é motivo de amargura e desonra para a esposa (Gn 30,1-24; 1Sm 1,14-17; Is 54,1) (MARTIN-ACHARD, 2015, 38-39).

A fé israelita associa a ideia da morte à impureza. Trata-se do aspecto cultual da morte. Tudo que está morto é perpassado por um elevado nível de impureza. A pessoa que tivesse contato com um morto se tornava cultualmente impura, sendo privada de participar de rituais religiosos (Nm 9,6; 19,11; 31,19). Tornava-se impuro não apenas aquele que tocava em um cadáver, mas também numa ossada e num túmulo (Nm 19,16.18). O contato com animais mortos também tornava a pessoa impura (Lv 11,24-28). A impureza que procede do morto não atinge apenas os seres humanos, mas também os objetos que estão ao seu redor (Lv 11,32-40). Uma pessoa impura, devido ao contato com um cadáver, torna impuro tudo que ela toca (Nm 19,22). A impureza da morte ameaçava também os consagrados e os sacerdotes (Lv 21,1-4.10-11; Nm 6,6-8). "Desconsiderando-se a doença (incurável) da lepra, a impureza causada pelo contato com um morto era gradualmente mais grave do que todas as demais impurezas" (RAD, 2006, 269). O efeito da impureza era temporário, perdurava uma semana, e podia ser removido mediante dois banhos rituais de purificação, um no terceiro e outro no sétimo dia.

Além do aspecto antropológico como fim natural da vida, a morte tem também uma dimensão teológica: ruptura na comunhão com Deus. Quando Deus cria o ser humano, cria um tu com quem pode estabelecer uma relação interpessoal. O ser humano é criado em vista da aliança e da comunhão com Deus. A desobediência do ser humano das origens, Adão, instaurou uma situação de ruptura na comunhão com Deus. O pecado das origens consiste no estabelecimento de uma fratura na aliança com Deus, gerando uma situação letal para o ser humano. A desobediência de Adão fez recair sobre a condição humana uma maldição. Rompendo a comunhão com Deus, o ser humano passa a viver num estado de morte permanente. O ser humano, criado livremente por Deus, munido de um ato de liberdade disse "não" para Deus, experimentando um estado de separação de Deus (pecado) e provando de sua permanente situação de morte. Porque o ser humano foi criado na e para a liberdade, pode rejeitar o criador. O livre distanciamento de Deus faz com que o ser humano viva num permanente estado de morte; a vida passa a estar constantemente ameaçada por uma sentença de morte. O pecado das origens reforça a exposição permanente do ser humano à morte. A morte se tornou uma sombra ameaçadora projetada sobre a vida humana, transformando-se em salário do pecado.

A interpretação tradicional de Gênesis 2–3 apresenta Adão como o ser humano original criado por Deus para viver em constante harmonia com ele. Adão foi criado para ser imortal assim como Deus o é. Todavia, Adão, de forma desobediente, rompe com o interdito divino de não comer da árvore do conhecimento e interrompe a relação harmônica com Deus, pecando e introduzindo a morte no mundo. Por meio do seu pecado de desobediência, Adão se tornou uma criatura mortal e disseminou a morte para todo o gênero humano. Doravante, há uma estreita relação entre culpa e morte. Assim, por um fato de ordem moral e espiritual dos inícios da criação, a morte inicia seu reinado no mundo (DENZINGER, 2007, 84, 140, 398, 1008-1009; MACKENZIE, 1984, 633; HOFFMANN, 1967, 404; GRELOT, 1982, 562). Nesse horizonte de compreensão, o ser humano não era, mas se tornou mortal em razão do pecado; a morte não é uma dimensão latente e estruturante da existência humana, mas um evento que vem do exterior e acomete o ser humano, em virtude da desobediência do homem das origens na relação com Deus; a morte não é um elemento interno e constitutivo da vida humana, mas um evento que a afeta exteriormente.

Os mortos são designados, no Antigo Testamento, pela palavra *Refaim*[2]. O termo é geralmente usado para se referir aos habitantes do mundo subterrâneo. Os *Refains*, cuja raiz é *rphh*, são portadores de uma condição débil, fraca e decaída da existência. São seres sem consistência existencial, sem brilho e impotentes. Os mortos também são chamados de *abhoth* (Dt 18,11). O sentido desse termo é obscuro, podendo significar espectro e fantasma. Os mortos ainda são denominados de *Elohim*, os deuses, ou melhor, os espíritos divinos (1Sm 28,13) (MARTIN-ACHARD, 2015, 48-53).

---

2. O termo tem várias acepções. Do ponto de vista etimológico, as hipóteses dos especialistas testemunham a ambiguidade do nome dado aos habitantes do mundo inferior. Documentos antigos se referem aos *Refains* não como mortos, mas como seres divinos associados aos cultos agrários. Os *Refains*, longe de serem mortos, são seres divinos que cuidam da natureza e têm a missão de assegurar a sua renovação. Seu caráter agrário parece ser sua caracterização mais antiga, no entanto suas funções os levam ao mundo subterrâneo, no qual são confundidos com os habitantes desse submundo. Os *Refains* também são vistos como os espíritos dos mortos, ligados aos monumentos funerários que lhes servem de morada. Posteriormente, o termo *Refaim* passou a ser aplicado geralmente ao conjunto dos mortos (MARTIN-ACHARD, 2015, 51-53).

A prática de culto aos mortos, por meio de consultas a necromantes, esteve presente entre os rituais exercidos pelos israelitas (1Sm 28,3-19). Semelhante ao que ocorria com as religiões circunvizinhas a Israel, os israelitas em determinados momentos também estabeleceram uma comunicação com os mortos. A linguagem dos mortos é silenciosa, semelhante a um murmúrio, um sussurro (Is 29,4), que deve ser interpretado. Apesar de alguns israelitas exercerem a prática da comunicação com os mortos, a lei israelita censurava claramente o exercício desse tipo de costume (Lv 19,31; 20,6; Dt 18,11). O culto a Javé se mostra particularmente intolerante para com todas as formas de culto aos mortos (Dt 14,1-2) (WOLFF, 1975, 144).

Os israelitas, como a maioria dos povos primitivos, acreditavam que os mortos estavam reunidos num vasto território que lhes era reservado debaixo da terra. O mundo subterrâneo, para o qual descem todos os mortos, levando uma condição existencial precária conhecida como *Refaim*, é denominado de *Sheol*[3] (Gn 37,35; 42,38; Nm 16,30; 1Rs 2,6), comparável ao *Hades* dos gregos, ao *Aralu* dos assírio-babilônicos e não comparável com a *Geena*. *Sheol* pode designar sepultura (Sl 88,12), cova (Sl 28,1; 30,4; Is 38,18), fosso (Lm 3,55), cisterna (Jr 38,6-13) e prisão (Gn 40,14). É também um lugar de perdição (Sl 88,12; Jó 26,6; 28,22; 31,12; Pr 15,11). Refere-se ao mundo dos mortos como um lugar de chão batido cheio de pó (Sl 22,30; 44,26; Jó 17,16; Is 26,19; Dn 12,2) e também como os abismos da terra (Sl 63,10; 71,20; 95,4). O mundo dos mortos também pode significar a morada eterna (Ecl 12,5). O reino dos mortos consiste no ponto mais baixo do universo, na sua parte mais inferior e nas suas profundezas (Sl 63,10; 86,13; 88,6-7; 139,15; Lm 3,55), em direção oposta ao céu, lugar em que Javé reina. No entanto, Javé está tanto nas alturas do céu como na profundidade do *Sheol* (Sl 139,8; Is 7,11; Am 9,2; Jó 11,8). O mundo dos mortos e o céu são dois pontos diametralmente opostos e extremos. O reino dos mortos é semelhante a um grande cemitério em que cada um tem seu lugar, seja entre os túmulos gigantes, seja entre as sepulturas individuais. Trata-se de uma grande necrópole em que os mortos são agrupados por nações (Ez 32,18-30). Para lá descem o rico e o pobre, o pequeno e o grande, o escravo e o senhor (Jó 3,19), os sábios e os ignorantes (Ecl 2,16). Porém essa concepção democrática e nivelada opõe-se a uma tradição que parece ser mais antiga, segundo a qual no *Sheol* se conservam as hierarquias e as classes sociais. A morte é

---

3. O termo *Sheol* tem uma etimologia discutida. Para averiguar as várias acepções da etimologia do termo conferir Martin-Achard (2015, 54).

o denominador comum de todos os mortais, no entanto no mundo dos mortos mantêm-se as diferenciações sociais vigentes entre o mundo dos vivos (Is 14,9.11.15-20; Ez 31,18; 32,18-30). As diferenças existentes entre os mortos no *Sheol* não são oriundas de comportamentos morais, mas de condições sociais que vigoram no mundo dos vivos e da sorte do cadáver. Na aristocracia do mundo dos mortos estão os reis, príncipes e nobres que foram enterrados com honrarias próprias de sua classe social. Depois vêm os incircuncisos, os mortos de morte violenta, os suicidas, os condenados, os assassinos, as crianças mortas antes da circuncisão, os tiranos e os déspotas. O *Sheol* não é concebido como um lugar de castigo reservado aos ímpios. O reino dos mortos é lugar do qual não se pode sair; é uma cidade ou uma casa na qual se entra sem possibilidade de retornar (2Sm 12,23; Jó 7,9-10; 10,21). O *Sheol* é o lugar em que reinam as trevas, as sombras e a obscuridade fúnebre (Jó 10,21-22; 18,18; 38,17; Sl 49,20; 88,13). É um submundo no qual imperam o silêncio (Sl 31,18; 94,17) e o esquecimento (Sl 88,13). O *Sheol* não é somente uma região subterrânea e distante que espera passivamente os mortos, mas é também uma potência letal que ameaça os vivos, como se fosse um monstro insaciável que deseja devorar suas presas (Is 5,14; Pr 1,12). Além de um lugar, o *Sheol* designa um estado em que a vida se torna sombria e débil, obscurecendo seu lado dinâmico, relacional e sensível. O mundo dos mortos também está associado às profundezas do mar (Sl 46,3; Jó 26,5-12; Lm 2,13), às águas tumultuosas e ao abismo (Sl 71,20; 77,17; Ex 15,5). O *Sheol* também é comparado ao deserto, terra hostil ao ser humano, como lugar sem vida em que os demônios vivem vadiando junto com os espíritos dos mortos. O *Sheol*, o abismo e o deserto são lugares de desordem e de obscuridade nos quais se manifestam as forças inimigas da vida. Os mortos não podem invocar nem louvar o Deus de Israel (Is 38,11.18-19; Sl 6,6; 30,10; Sr 17,27-28), que também, por sua vez, já não se preocupa com eles (Sl 88,6.11). No entanto, a supremacia de Javé sobre as forças do mal não oferece nenhuma dúvida para o israelita: o Deus vivo pode intervir no *Sheol* (Am 9,2; Sl 135,6; 139,8-10). Javé tem poder sobre as forças hostis à vida. Com o surgimento dos últimos escritos do Antigo Testamento, registra-se uma mudança na concepção do *Sheol*: passa de lugar ao qual descem todos os mortos para uma residência provisória em que os mortos esperam a ressurreição e o juízo. Com o intento de separar os bons dos maus, o *Sheol* passa a ter vários compartimentos, sendo, entre eles, um destinado aos justos, lugar de felicidade; e outro aos ímpios, lugar de sofrimento (MARTIN-ACHARD, 2015, 54-63).

Os israelitas também praticavam rituais fúnebres. Quando um israelita era informado da morte de um parente, rasgava suas roupas, colocava uma veste de luto, que consistia num pano de saco, permanecia descalço e bagunçava seus cabelos (Gn 37,34; Lv 10,6; 21,10; 1Sm 4,12; 2Sm 1,2; Jl 1,8; Is 3,24). Havia, também, o hábito de cair por terra e cobrir a cabeça de pó e cinza (Is 3,26; 47,1; Lm 2,10). Tal atitude permite ao ser humano recordar-se de que foi feito da terra (Gn 2,7) e para ela retornará um dia (Gn 3,19; Sl 90,3). A terra faz parte do princípio e do fim da vida humana. O israelita enlutado batia no peito, golpeava as costas, fazia incisão no corpo (Jr 16,6; 47,5; 1Rs 18,28), arrancava a barba e raspava a cabeça (Jr 48,37; Dt 14,1; Lv 19,28; 21,5; Is 22,12; Jr 48,37). Todos esses gestos são censurados e proibidos pela lei, porém praticados pelos israelitas. Considerando que a força vital reside no sangue e nos cabelos (Jz 16,17), o rito fúnebre de cortar o cabelo, fazendo uma tonsura, não tinha o escopo de transmitir vitalidade ao morto, mas se tratava de um sacrifício para homenageá-lo. O israelita enlutado gritava, lamentava e entoava cânticos de lamentações (2Cr 35,25; Am 5,16; Jr 9,17-18; Zc 12,10). Também faziam parte dos ritos fúnebres o jejum (1Sm 31,13; 2Sm 1,12; 3,35), as oferendas e os sacrifícios para os mortos (Sr 6,3; Tb 4,17). Segundo o Novo Testamento, o corpo do morto era lavado, ungido e envolto num lençol (Jo 11,44; Mt 27,59). Era colocado numa caixa ou numa maca e depois era levado à sepultura (2Sm 3,31). Pessoas com recursos eram colocadas em tumbas familiares, como os patriarcas na caverna de Macpela, perto de Hebron. Comumente, os corpos eram sepultados, porém a cremação foi praticada algumas vezes (1Sm 31,9-12). O enterro ocorria numa sepultura familiar (2Sm 2,32; 17,23; Gn 47,30; Js 24,32-33). Em algumas ocasiões, o defunto era sepultado em casa (1Sm 25,1; 1Rs 2,34). Os pobres, os condenados e os estrangeiros eram enterrados numa vala comum (Jr 22,19; 26,23; 2Rs 23,6) (MARTIN-ACHARD, 2015, 42-48; GRELOT, 1982, 561). Um corpo que não era sepultado era deixado como alimento para os pássaros e os cães e era visto como o pior destino que um ser humano pudesse esperar. Faz-se uma alusão a isso na maldição de Deuteronômio 28,26, lançada contra os infiéis à aliança: "Teu cadáver será alimento de todas as aves do céu e dos animais da terra, e ninguém os espantará".

No fim do período do Antigo Testamento, os judeus ricos construíam monumentos funerários elaborados, decorados e ostentando inscrições comemorativas da pessoa morta. Algumas das tumbas na rocha continham uma antecâmara onde o corpo permanecia até que a carne fosse decomposta. Então os ossos eram recolhidos e colocados em recipientes, em sua maioria feitos de pedra calcária e conhecidos como ossário ou caixa de ossos. Frequentemente, o nome do falecido era riscado ou gravado nessas caixas, que eram mantidas em câmaras na rocha no interior da tumba. A entrada da tumba, conforme também é atestado no caso de Jesus, era fechada por uma grande pedra redonda. Segundo o evangelho de Marcos 16,3, as mulheres que visitaram o túmulo de Jesus na madrugada do domingo após a crucificação se perguntaram com ansiedade se teriam força suficiente para rolar a pedra (VERMES, 2013, 31).

O israelita crê que Deus tem força e poder sobre a morte e as forças do mal. O Deus vivente e dos vivos não permite que a morte tenha a última palavra sobre a vida nem que os mortos estejam condenados a viver eternamente no *Sheol*. Assim, o Antigo Testamento apresenta duas respostas para a superação do problema da morte: ressurreição e imortalidade. O tema da ressurreição é abordado, principalmente, pelos profetas e pelo livro de Macabeus. Os textos mais antigos que se referem à ressurreição (Os 6,1-3; Ez 37,1-14) não a compreendem no sentido escatológico, como ressurreição dos mortos, mas possui um caráter comunitário, nacional e político. A ressurreição é vista como restauração e ressurgimento da nação israelita. Enquanto o referido texto de Oseias é pré-exílico, o de Ezequiel é escrito no contexto do retorno dos israelitas do exílio da Babilônia. Nesse contexto, a ressurreição significa o renascimento de Israel como nação. Trata-se da recuperação de sua identidade nacional. O Deus soberano, que fez uma aliança com Israel, renovará a esperança de seu povo. O texto de Isaías 26,19 refere-se à ressurreição não como restauração de Israel, mas como restituição da vida aos mortos, por parte de alguns membros do povo israelita. Os israelitas fiéis (mártires e piedosos) reviverão graças à ação renovadora de seu Deus. A vida será devolvida àqueles que foram fiéis ao Deus de Israel. A ressurreição é caracterizada como um ressurgimento, de modo que, por força de Javé, aqueles que são habitantes do reino do pó (*Sheol*) despertarão. O texto de Daniel 12,2 é o testemunho mais claro e evidente sobre a fé israelita na ressurreição dos mortos. Também, na ótica desse texto, a ressurreição não é um acontecimento universal, mas parcial, sendo dirigida a alguns israelitas (os *hasidim* ou piedosos). A ressurreição, com um tom escatológico, é uma forma de Javé retribuir, na vida pós-mortal, a fidelidade àqueles que foram fiéis a Javé na vida terrena. A ressurreição se dirige aos fiéis adoradores e aos mártires piedosos de Javé (MARTIN-ACHARD, 2015, 93-164). O segundo livro de Macabeus, como alguns dos profetas citados, mostra uma estreita relação entre ressurreição e martírio (2Mc 7,9). Ali, a crença na ressurreição, não universal mas parcial, se apresenta numa época em que o povo padecia muitas dificuldades e perseguições. A ressurreição, no sentido escatológico, é uma resposta de Deus para aquele que sacrificou sua vida, sendo-lhe fiel. A ressurreição consiste numa consequência do martírio, como ato divino feito àquele que aceitou perder sua vida por causa da fidelidade a Javé. Por meio da morte, o mártir redime os pecados do seu povo e abrevia a vinda dos tempos messiânicos. Por isso, os mártires são os primeiros a participar do reino glorioso de Deus.

No final da história veterotestamentária, a superação do drama da morte se distancia de uma perspectiva escatológica comunitária e se conecta com uma dimensão pessoal, compreendida como imortalidade, que se constitui de uma vida futura e transcendente junto de Deus. O tema da imortalidade está presente no livro da Sabedoria e diz respeito à diferenciação da sorte dos justos e dos ímpios. O autor da Sabedoria mostra que, na verdade, o justo não morre, porque triunfa sua esperança na imortalidade (Sb 3,1-4). "Deus não fez a morte" (Sb 1,13) porque o ser humano foi criado para a incorruptibilidade. A imortalidade (*athanasia*) é a bem-aventurança na união com Deus (Sb 4,7-17) como recompensa pela justiça (Sb 1,15). Esse conceito bíblico de imortalidade não coincide com a tese filosófica da imortalidade da alma, mas consiste em uma concepção teológica da existência humana. O Deus vivente e imortal concede vida e imortalidade àquele que segue retamente suas leis e ordens. Na realidade, a imortalidade é uma retribuição escatológica, reservada aos justos, e consiste na participação na vida imortal de Deus. A comunhão do justo com Deus não é rompida com a morte. O ímpio vive compactuado com a morte (Sb 1,16); sua vida é um estado de morte; seu destino final será a participação na "ignomínia entre os mortos para sempre" (Sb 4,19). A ideia de imortalidade, apresentada pela Sabedoria, é um privilégio reservado aos justos. No horizonte escatológico veterotestamentário, as concepções de ressurreição e imortalidade não são opostas, mas convergentes: significam um estado pós-mortal de comunhão com Deus, reservado àqueles que lhe foram fiéis na vida terrena.

A morte no Novo Testamento

No Novo Testamento, a morte humana é iluminada e transformada pela morte de Cristo. Na morte de Cristo, a morte humana é verdadeiramente redimida. Por meio da redenção operada por Cristo, a morte já não consiste em um estado intermediário obscuro, como se observou no Antigo Testamento, mas em uma passagem pascal. À luz da morte-ressurreição de Cristo, a morte humana deixa de ser símbolo da culpa e do pecado e se torna passagem pascal e ingresso na vida nova.

Os evangelhos sinóticos, depois de terem apresentado Jesus como o Filho amado na cena do batismo, narram as tentações ou provações pelas quais passa o Filho de Deus no deserto (Mt 3,13-17; Mc 1,9-13; Lc 3,21-22; 4,1-13). As tentações ocorrem antes do início da vida pública de Jesus e significam uma provação em relação à fidelidade e à missão recebida de Deus. Jesus supera as provações mediante uma fidelidade ao projeto de Deus e na confiança de sua palavra (Mt 4,4.6.10; Lc 4,4.8.12). No evangelho de Lucas, as tentações remetem à paixão e morte de Cristo como a sua tentação suprema (Lc 4,13; 9,31). Os evangelistas Marcos (8,33) e Mateus (16,23) aludem à fidelidade de Jesus à sua missão até a morte, mencionando sua paixão, logo após a proclamação de sua condição de Filho amado, na cena da transfiguração (Mt 17,22-23; Mc 9,30-32). A missão de Jesus como Filho de Deus se realizará definitivamente na prova suprema de sua morte. Os sinóticos mostram a tentação sofrida por Jesus em sua paixão e morte diante de sua entrega filial ao Pai (Mc 14,26-42; Mt 26,36-46; Lc 22,39-46). Na iminência de sua morte, Jesus experimenta a profundidade da debilidade humana (Mc 14,38; Mt 26,41). Jesus prova o pavor, a angústia e a tristeza mortal (Mt 26,37-38; Mc 14,33-34). Na solidão total, Jesus se abandona na vontade e no poder de Deus por meio da oração filial como expressão de seu amor e de sua confiança no Pai (Mc 14,36; Mt 26,39). Essa atitude de confiança absoluta no Pai fez com que o Filho entregasse sua vida na cruz. Os evangelistas Marcos (15,34) e Mateus (27,46) colocam na boca de Jesus o Salmo 21 como expressão da confiança que o justo atribulado tem em Deus. Os sinóticos narram a última ceia de Jesus, mostrando como ele oferece sua vida para a salvação da humanidade (Mc 14,22-24; Mt 26,26-28; Mc 10,45). A existência de Jesus se conclui pela doação de si mesmo ao Pai e aos seres humanos. Por esse ato, Jesus recebeu de Deus o dom de uma vida nova, que consiste em sentar-se à sua direita (Mc 14,62; Mt 26,64).

Os evangelhos sinóticos descrevem o cenário escatológico da morte de Cristo como um fato de importância histórica decisiva para o mundo (Mc 15,33; Mt 27,45; Lc 23,44). As trevas que compõem o cenário da morte de Jesus (Mc 13,24-26; Mt 24,29; Lc 21,25-26) têm um significado escatológico: para os evangelistas, o dia em que Jesus morre é o grande dia de Javé, dia escatológico do juízo e instauração decisiva do Reino. Os elementos cósmicos e apocalípticos (Mt 24,29: "sol se escurecerá, a lua não brilhará mais, estrelas cairão do céu") sublinham o caráter definitivo da hora da morte de Jesus como um acontecimento que indica o final da história. A morte de Jesus anuncia o fim da era antiga, da sua lei e de seu santuário e proclama o início de um tempo de salvação, um novo templo (Jo 2,20-21) e uma nova aliança (Mt 26,28). Os sinais escatológicos que modelam o quadro da morte de Jesus, nas narrações evangélicas, são lidos também em uma ótica positiva do mundo novo de salvação e de ressurreição como algo que já ocorre no presente. Os sinóticos mostram a vida de Jesus como um percurso cronológico e, mais propriamente, moral em direção à sua morte. Jesus, em sua condição mortal, é ameaçado pela morte desde os primeiros dias de sua existência (Mt 2,13). Depois da confissão de Cesareia, Jesus começa a falar aos seus discípulos sobre a sua morte e ressurreição (Mt 16,21). Os sinóticos não cessam de apresentar a paixão e a morte de Cristo como partes integrantes e essenciais de sua missão (Mt 16,21-23; 20,17-19; Mc 8,31-33; 9,30; Lc 9,22; 18,31-33). O sofrimento e a morte são condições necessárias para entrar na glória (Lc 24,26). A morte é vista na direção da glória. A insistência em mostrar a morte como clímax da missão de Jesus está ligada à revelação de seu messianismo. A confissão de fé de Pedro (Mc 8,29) é uma indicação da identidade messiânica de Jesus. Na narração sinótica, o evento escatológico culmina na revelação teológica da identidade de Jesus como Filho de Deus (Mc 15,39). A morte é o momento culminante do seu programa messiânico (Mt 20,28; Mc 10,45). A última viagem de Jesus a Jerusalém significa ir ao encontro de sua paixão: "devo receber um batismo, e como me angustio até que seja consumado" (Lc 12,50). Esse batismo é a morte disposta pelo Pai (Mc 10,38). A obediência ao Pai conduziu Jesus ao cumprimento de sua missão, a morte na cruz: "tudo está consumado" (Jo 19,30) e "entregou o espírito" (Mt 27,50; Mc 15,37; Lc 23,46; Jo 19,30). Nesse evento salvífico, se consumam a vontade e o desígnio do Pai.

O tema da proximidade do advento do reino está vinculado ao do anúncio da morte de Jesus (Mt 20,21). O evento escatológico da morte de Jesus leva a termo o núcleo da pregação sobre o advento do reino de Deus: perdão e misericórdia. A morte de Jesus não é um acidente ou uma fatalidade, mas um ato de liberdade. Jesus vai livre e voluntariamente ao encontro de sua morte como sinal de coerência com a sua missão e obediência ao desígnio do Pai, e não como algo obstinadamente procurado. A morte de Jesus inaugura um tempo definitivo de salvação universal. Nos sinóticos, sua morte e ressurreição são eventos intimamente relacionados e coordenados em um único mistério de salvação. Sua morte no Calvário já é parusia, ou seja, instauração definitiva do reino messiânico (Lc 22,18.28-30; Mt 26,29). No momento da cruz, o ladrão, crucificado ao lado de Jesus, pede para participar de seu reinado messiânico, porém Jesus lhe oferece o paraíso (Lc 23,43).

A visão paulina exprime a concepção da morte, partindo da fé em Jesus Cristo como crucificado e portador da salvação escatológica. Para explicar a importância universal da salvação, Paulo fala de duas estirpes humanas: a do primeiro Adão e a do segundo Adão. O pecado entrou no mundo por obra de um só homem, o pai do gênero humano (o primeiro Adão), e com ele a morte (Rm 5,12; 1Cor 15,21). Desde então todos os homens morrem em Adão (Rm 5,15), e a morte reina no mundo (Rm 5,14). Em razão do parentesco do gênero humano com Adão, todos os seres humanos se tornaram pecadores e mortais. O pecado dissemina o reinado da morte, que é seu fruto e salário (Rm 6,23). O pecado age em cumplicidade com a concupiscência (Rm 7,8), fonte do pecado, e coloca a humanidade sob o império da morte. O pecado é a potência de morte que impera na carne e a faz propagar a morte. Todo esforço do ser humano, compreendido como uma forma de conquistar sua autolibertação e de se eximir da própria morte, é uma postura de arrogância e autonomia diante de Deus que o conduz cada vez mais a uma permanência no pecado e na morte (BULTMANN, 1968, 183). Uma existência conforme a carne indica uma posição ético-religiosa que distancia o ser humano da esfera de Deus. Por meio da existência carnal atuam, no ser humano, paixões pecaminosas que pela lei produzem frutos de morte (Rm 7,5). O desejo da carne é a morte (Rm 8,6). O corpo carnal e material se torna um corpo de morte (Rm 7,24).

Além de semear a morte, o pecado encontra apoio na lei que entrou em cena, no drama do mundo, para ser uma barreira aos instrumentos de morte que atuam nos homens (GRELOT, 1982, 564). Dessa forma, o pensamento paulino inicialmente apresenta uma teologia da morte baseada na catequese mosaica da lei e do pecado. Por consequência, Paulo tem uma concepção jurídico-penal da morte. A lei, como preceito santo, justo, bom e dado para a vida (Rm 7,10-12), não conseguiu conter o pecado, mas transformou-se em sua refém, produzindo a morte (Rm 7,10). Além de conduzir ao conhecimento do pecado (Rm 3,20), a lei converteu-se em sua força (1Cor 15,56). Desse modo, o vínculo que une estreitamente a morte ao pecado é constituído pela lei que consiste na transgressão e na ofensa à vontade de Deus. O pecado ganhou vida com o advento da lei (Rm 7,9). A ausência da lei sinaliza a morte do pecado (Rm 7,8). Servindo-se da influência na formação moral da consciência proporcionada pela lei, o pecado obtém sua vitória por meio da morte. Assim, o ser humano ainda se encontra submetido à lei, dominado pelo pecado e pela morte (Rm 8,2). A lei também tem a função de justiça segundo a qual o pecado merece o castigo da morte. O ser humano é digno de tal castigo quando age conscientemente transgredindo a vontade de Deus. A visão do NT sobre a lei (Rm 7,7) está em continuidade com a veterotestamentária (Gn 2,17; 3,3): a lei dá vida ao pecado e recoloca em vigor a pena de morte. A lei mostra ao ser humano que seu pecado é uma desordem e uma infração contra o desejo de Deus. Por isso, o ser humano, com base na lei, é condenado à destruição e ao distanciamento de Deus. A lei é doutora por seu ensinamento e juíza por sua sentença. Depois de ter declarado que o ser humano de um modo voluntário se tornou escravo do pecado, a lei o entrega à morte, exercendo uma função condenadora e um "ministério de morte" (2Cor 3,7-9).

Na visão paulina, o significado teológico da morte está relacionado com a posição do ser humano diante de Deus. A morte, em sua dimensão físico-biológica, é tratada marginalmente visto que se acentua seu aspecto de desordem moral. A morte física é sinal da morte espiritual. No âmbito teológico, "a morte surge como uma espécie de símbolo do escuro destino que corrompeu e afetou na raiz a relação do homem com Deus" (KUSS, 1962, 331). Em seu significado teológico, a morte é sinal da "corrupção escatológica" e do "afastamento de Deus" (HOFFMANN, 1967, 409). A morte, em todos os seus aspectos (antropológico, teológico e outros) e na qualidade de "último inimigo" (1Cor 15,26), foi destruída de modo definitivo por Deus por meio de Jesus Cristo, no qual Deus opera a libertação escatológica. Jesus, descendo até o mais profundo da morte, venceu as forças que conduziam à morte e a própria morte (Rm 6,9-10; 8,3; 2Cor 5,21; Gl 1,4; 3,13; 4,4-5). A obediência até a morte foi causa do seu domínio atual sobre todas as forças (Fl 2,7-8).

O anúncio da ação salvífica de Deus em Jesus Cristo coloca o ser humano numa situação de decisão: para aqueles que creem, conduz à vida; para aqueles que não creem, leva à morte (2Cor 14-16). Com a incredulidade, que consiste na situação do ser humano sem Cristo, a morte se torna a plena expressão do mal. A incredulidade é representada pelo ser humano que não tem comunhão com Deus e com Cristo. Com a incredulidade, se instaura uma situação de morte, porque a ausência na comunhão com Cristo coloca o incrédulo fora do raio da salvação. Em Paulo, não se registra uma descrição detalhada sobre o inferno, bem como falta uma visão explícita da ressurreição dos pecadores. O destino dos pecadores é a morte (Rm 1,32; 6,16-19; 7,5; 8,2-4; 2Cor 3,7) e a perdição (Rm 9,22; 1Cor 1,18; 2Cor 2,15).

O crente, aquele que tem uma adesão a Cristo, faz a experiência da morte com Cristo. O morrer do crente é um morrer com Cristo. Não é um ato simplesmente individual e solitário, mas em comunhão com Cristo e todos os crentes. O ato de morrer com Cristo está vinculado explicitamente ao batismo, pois no momento do batismo o crente faz a experiência mística e sacramental do morrer e ressuscitar com Cristo (Gl 3,26-27). Na verdade, o crente é crucificado (Gl 2,19), morre e ressuscita com Cristo. Cristo e os seus, ou seja, aqueles que creem e são batizados, constituem uma nova estirpe humana, o corpo de Cristo, que é a Igreja. Quem morre com Cristo é o velho ser humano (Rm 6,6). Ele morre para o pecado (Rm 6,1), a lei (Rm 7,6), a carne (Gl 5,24), para si mesmo (2Cor 5,15; Rm 2,19) e o mundo (Gl 6,14). A união na morte com Cristo liberta o velho ser humano do seu fechamento no seu eu, da sujeição ao mundo e às forças do mal, por isso também da morte. Somente pelos méritos de Cristo o ser humano pode se libertar de todas essas instâncias que representam o velho mundo e a situação anterior à comunhão com Cristo. O morrer com Cristo dá à vida humana uma nova impostação: o ser humano se abre à comunhão com Deus (Rm 6,10-11; Gl 2,19), pela mediação de Cristo (Rm 14,7). Já não é o ser humano que vive, mas é Cristo que vive naquele que está mergulhado na fé (Gl 2,19-20). Assim, o ser humano inserido na fé em Cristo se torna uma nova criatura (2Cor 5,17).

O crente, inserido no mundo presente, permanece, de muitos modos (pelo pecado e pelas forças do mal), sujeito à morte. O ser humano é colocado diante da morte todos os dias (Rm 8,35-36). O crente confessa sua liberdade diante da morte no ato de aceitá-la. Para o crente, o processo de superação da morte se dá propriamente com a aceitação da morte (2Cor 4,16). A fragilidade e a morte, que determinam a vida no mundo presente, são, para Paulo, um sinal do Deus que vivifica e mortifica a existência. Para Paulo, a fragilidade e a morte conduzem à fé (2Cor 1,8-10; 4,7; 12,10). Paulo aceita a morte na esperança da ressurreição (1Cor 15,30-33; 2Cor 4,15–5,1). A presença da fraqueza e da debilidade representa uma onipresença da morte na vida e consiste num modo de participar da morte em Cristo. Viver significa morrer com Cristo. A morte do crente é um ato de comunhão com Cristo: os cristãos adormecem em Cristo (1Cor 15,18); os mortos estão em Cristo (1Ts 4,16). Morrer significa para o crente partir e ir estar com Cristo (2Cor 5,8; Fl 1,23).

Por ocasião da parusia, Cristo submeterá todas as forças, inclusive a morte (1Cor 15,26-27). Nessa ocasião, o corpo mortal e corruptível será revestido de imortalidade e incorruptibilidade (1Cor 15,44-49; 2Cor 5,1-5; Fl 3,21). Não somente o corpo está submetido à corruptibilidade, mas toda a criação está sujeita à corrupção (Rm 8,19-24). Assim como o ser humano, também a criação espera ser libertada da escravidão do pecado (HOFFMANN, 1967, 409-412).

Na perspectiva soteriológica de Paulo, a morte humana está ligada de uma forma íntima à morte de Cristo. É por meio desse vínculo cristológico que Paulo supera a relação morte-pecado da lei mosaica. Uma reflexão mais profunda sobre o mistério da morte e ressurreição de Cristo fez com que Paulo ultrapassasse a tirania da lei mosaica e se orientasse numa perspectiva mais positiva, baseada no paralelo da relação entre o primeiro e o segundo Adão. O primeiro Adão é uma figura protológica e está apontada para o segundo, Cristo, figura escatológica. Ambos polarizam a humanidade de duas formas distintas: no primeiro, se concentra o pecado, a concupiscência e a morte; no segundo, a salvação e a vida. O primeiro não tem fim em si mesmo, mas está orientado para o segundo, o verdadeiro protótipo e imagem por excelência de Deus. O primeiro é redimido na morte do segundo. Assim como o pecado e a morte entraram no mundo por meio do primeiro Adão, do mesmo modo por meio do segundo, Jesus Cristo, entraram a redenção e a vida (Rm 5,12-19). A partir do paralelo estabelecido entre um e outro, têm-se evolução e superação da concepção jurídico-penal da morte; o paralelo tipológico mostra que a comunhão dos homens na morte em Adão era uma prefiguração da comunhão dos homens na vida em Cristo. Em Cristo, a morte é transformada de sinal de destruição em vida que permanece eternamente. A ação de Deus no mundo por meio de Cristo (2Cor 5,19) fez com que a morte perdesse "o seu caráter aniquilador, conquistando, em vez disso, um caráter criativo que é próprio do agir de Deus" (BULTMANN, 1968, 188-189). Mediante a ação de Deus, agora reinam a vida e a ressurreição (1Cor 15,20-28).

Os sinóticos acentuaram os aspectos antropológicos e escatológicos da morte de Jesus, Paulo sublinhou a dimensão salvífica dessa morte, e o autor da carta aos Hebreus tem o mérito de salientar as dimensões humana e divina do acontecimento da cruz. A cristologia de Hebreus apresenta com igual relevo o caráter estritamente divino de Cristo (Hb 1,1-12 etc.) e sua existência autenticamente humana (Hb 2,14.18; 4,15; 5,7-8 etc.). A visão teológica da morte de Jesus está condensada em Hebreus 2,10-18: a) em sua iniciativa salvífica em favor da humanidade, o Pai levou Cristo, o autor da salvação, à perfeição, por meio do sofrimento (Hb 2,10). Em Cristo está a porta aberta da salvação da humanidade. Por sua condição divina, Cristo é o fundamento da salvação humana; b) para que Cristo pudesse ser o salvador da humanidade foi necessário que ele estabelecesse uma comunhão com o gênero humano, participando da mesma carne e do mesmo sangue e tornando-se semelhante aos humanos (Hb 2,11.14.16.17); c) Cristo, fazendo sua a morte humana, destruiu o poder da morte e do dominador da morte (diabo) com o intuito de libertar aqueles que passaram a vida toda servindo ao pecado e ao mal (Hb 2,14-15). Cristo sofreu a morte em lugar e em favor de cada um dos seres humanos (Hb 2,9), estabeleceu uma solidariedade com todos os seres humanos de modo que ele não apenas os representou, mas os contém em si. Pelo fato de ter-se misturado no barro da existência humana, mergulhando na profundidade do tecido da condição humana, Cristo experimentou os sofrimentos e as tentações aos quais a carne humana está exposta (Hb 2,18; 4,15; 5,2). Cristo não tangenciou a morte, mas a experimentou por dentro, provando de sua condição amarga e vivendo-a em submissão a Deus (Hb 2,9; 5 7-8). Hebreus 5,7 recorda o combate interior travado por Cristo diante da iminência de sua morte. Sua atitude diante da morte é descrita como obediência a Deus (Hb 5,8). Cristo tem uma atitude de obediência e de confiança naquele que podia libertá-lo da morte (Hb 5,7). Deus é o agente que arranca o seu Filho dos braços e do poder da morte. O texto de Hebreus 2,12-13, citando três passagens do Antigo Testamento (Sl 22,23; Is 8,17; 2Sm 22,2-3), expressa a confiança do justo no poder de Deus. Jesus, como "autor e realizador da fé" (Hb 12,2), sublinha sua confiança em Deus, oferecendo sua vida na cruz. Essa oferta é um ato que expressa sua entrega pautada na submissão e na confiança em Deus e na solidariedade com a humanidade. Em virtude desse ato de entrega do Filho, confiando na ação de Deus, é que ele recebe a glória da ressurreição (Hb 2,9), tornando-se causa de salvação eterna para os seres humanos (Hb 5,10). Cristo venceu a morte precisamente fazendo dela um ato de entrega total a Deus, na submissão e na esperança. A morte no calvário não constituiu um momento de separação entre Deus e o Filho, mas a união total entre os dois. Devido à comunhão de amor e de confiança com Deus no momento da morte, Cristo passou à plena comunhão de vida com ele. O autor da carta aos Hebreus apresenta Cristo aos crentes como o exemplar supremo do combate (Hb 12,1), que exige deles disposição para o sofrimento e a morte revestidos da fortaleza e da esperança na ressurreição com ele (Hb 12,1-7; 6,11-20; 10,19-24.31-36.39) (ALFARO, 1972, 50-52).

O evangelho de João focaliza a morte de Jesus mais na perspectiva soteriológica da revelação: Jesus como Palavra eterna do Pai. Como Paulo, João vê na cruz a manifestação suprema do amor de Deus ao ser humano pecador (Jo 3,16-17; 1Jo 4,8-16): pela morte de Cristo, os seres humanos receberam a vida eterna (a ressurreição com Cristo: Jo 6,39.54; 11,25; 14,2-3; 17,24). João sublinha que Cristo ofereceu sua vida no amor e na obediência ao Pai e por amor aos seres humanos (Jo 10,15-18): o amor entre Cristo e o Pai e de ambos para com os seres humanos se realiza definitivamente na cruz. A atitude de Jesus em sua morte é descrita como oração confiada ao Pai (Jo 12,27-28; 17,1.5), como submissão total à sua vontade (Jo 19,30; 17,4) e como íntima comunhão de vida com ele (Jo 17,20-23). Nessa entrega total de si mesmo se realizou a passagem de Cristo ao Pai (Jo 13,1; 16,28; 17,11.13), ou seja, recebeu dele a vida nova glorificada (Jo 17,5.24). A morte de Cristo consiste numa fase de sua ressurreição (Jo 10,17; 12,32-33), e ambas significam a volta de Jesus para o Pai (Jo 13,1; 16,28). Na morte e ressurreição de Cristo a morte foi vencida, e está antecipada a ressurreição humana (Jo 14,2-3). Cristo ressuscitado recebeu do Pai o poder de dar a vida aos mortos (Jo 5,21-27; 6,39; 11,25). Na eucaristia, os crentes participam da morte e ressurreição de Cristo e recebem já, desde agora, a comunhão de vida com Cristo glorificado, como antecipação e garantia da ressurreição esperada (Jo 6,32-40.50-58).

Na ótica de João, a morte de Jesus é vista como um conjunto de realizações: "da promessa divina das Escrituras, da obra que Jesus recebeu do Pai, da sua perfeita obediência e liberdade final, do amor pelos seus e por todos, do desejo de se tornar fonte de água viva para a salvação do mundo" (VIGNOLO, 1995, 121). A narração da morte de Jesus é constituída de realidade, de acontecimentos e de personagens verdadeiros, e não de ideias teológicas (Jo 19,16-37). A morte de Jesus não é simplesmente o termo de sua existência terrestre, mas o penhor salvífico e a garantia de saúde para toda a humanidade. Em João, Jesus se apresenta como a ressurreição presentificada, de modo que quem vive e crê nele jamais morrerá (Jo 11,25-26). Essa declaração significa, por um lado, que "a morte física não se anula, se supera e se relativiza pela aquisição da vida eterna e, por outro, que a concessão da vida eterna pela fé se vincula de um modo singular a Jesus" (GNILKA, 2001, 763).

A "hora" em João não tem a obscuridade dos elementos cósmico-apocalípticos dos sinóticos, mas é o momento em que se cumpre a obra para a qual Cristo foi enviado ao mundo pelo Pai: a vitória sobre Satanás, sobre o pecado e a morte (Jo 12,23-24). Para João, a hora escatológica da salvação é gerada pela morte e glorificação de Cristo. As palavras, os gestos e os acontecimentos da vida de Jesus estão orientados para essa "hora", como momento culminante de sua obra redentora. Tal "hora" comporta um duplo aspecto: deixar o mundo e retornar para junto do Pai (Jo 13,1). É a hora por excelência da paixão-morte-ressurreição-passagem ao Pai. A hora joanina apresenta a morte de Cristo como a realização suprema e consumadora do plano da salvação e revela outras duas dimensões igualmente essenciais: eclesial e glorificadora. A hora consumadora indica o mistério da efusão do Espírito (Pentecostes) que se realiza na paixão e morte de Jesus. Esse Espírito é derramado em plenitude no instante da morte-glorificação de Jesus. Em João, a morte e a ressurreição de Cristo e Pentecostes constituem um único evento. São eventos sincrônicos e estreitamente relacionados. Por isso, a morte de Jesus é considerada uma exaltação ou glorificação (Jo 16,23-24). A glória é a entrada na condição de ressuscitado. Na morte do Filho, o Pai e o Filho são glorificados (Jo 17,1); ambos os eventos sucedem na mesma hora porque estão diretamente relacionados. Em Cristo, a morte humana, que era sinal de castigo, tornou-se expressão de amor ao Pai.

Definição clássica da morte e sua insuficiência antropológica

Na antropologia clássica, o ser humano é concebido como uma unidade substancial de corpo (princípio material) e alma (princípio espiritual). Esses dois princípios antropológicos constituem a unidade ontológica humana. O corpo é o resultado da ação informante da alma sobre a matéria informe. A vocação da alma é informar o corpo. A união informante da alma ao corpo está presente nas declarações do Magistério. O IV Concílio de Latrão (1215) descreve a natureza humana como "constituída, de algum modo comum, de alma e de corpo" (DENZINGER, 2007, 283). O Concílio de Viena (1311-1312) define que a "alma intelectiva ou racional [...] verdadeiramente, por si e essencialmente, confere a forma ao corpo" (DENZINGER, 2007, 309). Seguindo a linha da declaração vienense, Santo Tomás afirma que "a alma intelectiva se une ao corpo como forma substancial" (TOMÁS DE AQUINO, *Suma Teológica*, I, q. 76, a. 4, resp.). Nesse contexto antropológico da unidade anímico-corpórea, a morte é vista como a ruptura na relação entre o corpo e a alma. A morte, em sua definição natural e clássica, é concebida como a separação da alma do corpo, isto é, o desmembramento-divisão dos princípios essenciais que constituem o ser humano.

A definição clássica da morte, como separação entre o corpo e alma, não tem fundamentação bíblica, mas está presente na tradição teológica desde a patrística, passando pela escolástica até chegar à contemporaneidade. Entre os Padres da Igreja, a descrição feita pelo cardeal P. Gasparri é um clássico exemplo da definição tradicional da morte. Segundo essa descrição, "o princípio espiritual do homem, a alma, assume na morte [...] uma outra relação a respeito daquilo que se deseja chamar o corpo" (RAHNER, 1965a, 18). Na morte, a alma cessa de informar e se separa do corpo, tornando-se autônoma. A "alma espiritual pessoal não perece com a dissolução da forma do corpo", mas mantém sua vida espiritual de modo diverso (RAHNER, 1965a, 18). Para essa visão tradicional, na morte a alma se divorcia do corpo e conquista um novo estado de existência desencarnada. O corpo sucumbe na morte, e a alma segue sua nova condição de existência. A morte é a desconstrução da unidade antropológica do ser humano, de modo que o corpo se decompõe e a alma sobrevive numa nova condição espiritual. A alma subsiste à morte numa condição de separada espiritualmente, porque na tradição teológica ela é imortal. A imortalidade da alma está presente em algumas declarações do Magistério da Igreja. O V Concílio de Latrão (1512-1517) afirma que alma racional é imortal e individual (DENZINGER, 2007, 384). O Concílio Vaticano II (1962-1965), na Constituição *Gaudim et Spes*, número 14, declara que alma é espiritual e imortal (DENZINGER, 2007, 1006). Na carta da Congregação da Doutrina da Fé a todos os bispos, em 1979, sobre questões referentes à escatologia, a

> [...] Igreja afirma a continuação e a subsistência depois da morte, de um elemento espiritual dotado de consciência e vontade, de modo a existir no tempo intermediário o próprio "eu humano", carecendo, porém, do complemento do corpo. Para designar este elemento, a Igreja utiliza o termo "alma" consagrado pelo uso da Sagrada Escritura e da Tradição (DENZINGER, 2007, 1100).

A definição clássica da morte está presente também na teologia medieval. Segundo Alexandre de Hales (1185-1245), "deve-se dizer que a morte como pena corporal consiste na própria separação da alma em relação ao corpo" (1930, n. 213). Para Alberto Magno (1193-1280), "a pena da morte é a separação da alma em relação ao corpo" (1895, t. 33, *Tract*. 17, q. 113, p. 327). Segundo Tomás de Aquino (1225-1274), "a morte do corpo não é senão a separação da alma em relação a ele" (1980, c. 229, n. 481). Na contemporaneidade, o teólogo belga É. Mersch (1946, 315) afirma que "a morte é esta decomposição: a separação da alma e do corpo". Para o teólogo espanhol J. Sagüés (1962, 834-835), "a morte é considerada a privação da vida: não a privação da vida eterna, ou seja, o estado de condenação; nem a privação da vida na graça, ou seja, o estado do pecado grave, mas a privação da vida natural, isto é, a separação da alma em relação ao corpo".

Essa visão clássica da morte é antropologicamente insuficiente (BORDONI, 1969, 52; RAHNER, 1965a, 18-19; BOROS, 1979, 123; VOLK, 1967, 423). Na realidade, para a definição tradicional, a morte é a separação unilateral da alma do corpo. Consiste na fuga da alma da prisão do corpo e na conquista de um estado espiritual ausente de condicionamentos materiais e espaçotemporais. Nesse sentido, a alma deveria esperar a morte com ansiedade com o objetivo de se libertar do corpo. A morte é a libertação da alma. Desse modo, a morte afeta somente o corpo, enquanto a alma permanece intocável. É a ruptura entre a parte imortal, considerada perene e imperecível, e a parte mortal, vista como provisória e perecível. Na verdade, a morte é a morte do corpo, considerado a parte frágil da constituição ontológica humana. Na visão clássica, não é o ser humano que morre, mas somente seu corpo. A morte é a decomposição do corpo. Separada do corpo e por seu princípio imortal, a alma sobrevive eternamente. Como a alma está ordenada para informar o corpo, logo seu estado desencarnado é ontologicamente precário. Na realidade, com a morte e o término da função informante da alma, a própria alma deveria entrar em colapso. Mas como a morte pode afetar somente o corpo se a relação que ele mantinha com a alma era de união substancial e não acidental? Como a morte pode separar o que antes estava intrínseca e mutuamente unido? A relação entre o corpo e a alma não seria mediada pela conveniência enquanto a morte não se realiza? Se a função da alma é informar o corpo, como, com a morte, poderá subsistir em uma condição espiritual de separada?

Um dos problemas da definição clássica da morte está no modo de compreender o tipo de união que vigora entre corpo e alma. A definição clássica entende que a união entre o corpo e alma é do tipo substancial, ou seja, há uma relação íntima, profunda e recíproca entre os dois princípios ontológicos. Nesse caso, a morte deveria atingir o corpo e a alma igualmente, sendo a conclusão da totalidade ontológica humana. Porém a alma, em virtude de um princípio imortal, passa incólume pela morte. Na verdade, na prática, a união entre o corpo e a alma é mais de tipo acidental do que substancial, no sentido de que ambos os compostos ontológicos estão unidos ocasionalmente. O corpo e a alma estão unidos como dois princípios heterogêneos, independentes e oponentes, sem vínculo relacional recíproco. São vistos como dois princípios justapostos e acomodados dentro de um mesmo "recipiente" antropológico.

O fundamento antropológico da definição clássica da morte é dualista. Uma visão antropológica integral na qual o corpo e a alma são considerados princípios ordenados um para o outro, mutuamente relacionados, deve concluir que a morte se refere ao ser humano todo e não somente ao corpo. Nesse contexto, a morte não é um naufrágio solitário do corpo, mas a alma também, a seu modo, a sofre. É o ser humano, na sua inteireza antropológica, que morre. Assim, a morte não é ignorada como evento antropológico, porque tem como sujeito o ser humano como pessoa na unidade mútua e dinâmica de seus princípios ontológicos. Defender a tese da morte como evento que afeta o ser humano na sua inteireza significa excluir um pressuposto antropológico dualista, em que corpo e alma são vistos como acidentalmente unidos. O fundamento antropológico e a visão que se tem da morte estão profundamente relacionados. O ponto de partida antropológico determina a definição da morte a que se chega e vice-versa.

O ser humano é um conjunto de relações. O emaranhado de relações que compõe o ser humano, no sentido antropológico (relação de corpo e alma), cosmológico (relação com o mundo) e sociológico (relação com o outro), é radicalmente afetado pela morte. A morte consiste na dissolução da unidade ontológica, na subtração do ser humano da esfera do mundo e na ruptura de suas relações com o outro. Nenhum outro evento incide tão categoricamente sobre o ser humano e o penetra de forma tão cortante. A morte é o eclipse do sujeito da vida e a conclusão do ser humano todo. O ser humano inteiro morre, ainda que a alma sobreviva, e morrer significa cessar de ser (RUIZ DE LA PEÑA, 1975, 310).

A definição clássica da morte demonstra uma visão pejorativa do corpo como princípio ontológico vulnerável que deve ser sacrificado. O corpo é reduzido ao seu aspecto físico-biológico e ignorado, por exemplo, em seu aspecto relacional, social e identitário para o ser humano. A definição clássica tem uma concepção espiritualista do ser humano, que é visto como um espírito puro cujo corpo é um obstáculo, algo perecível e destinado à morte. O ser humano é reduzido ao período em que a alma se encontra encarnada no corpo. O corpo, na prática, não é visto como um constitutivo essencial da unidade e totalidade antropológica do ser humano, mas como sua dimensão heterogênea e provisória. A antropologia que sustenta a definição clássica faz com que o evento da morte seja visto de forma docetista (GABORIAU, 1967, 13). A definição clássica da morte demonstra uma primazia da alma sobre o corpo.

Compreender que o sujeito da morte é simplesmente o corpo, como se percebe na definição clássica, é ter uma visão fisicista, exterior e epidérmica da corporeidade. Assim, é preciso "reagir contra a expansiva banalização da morte, que a reduz a um fenômeno epidérmico, como se ela afetasse um corpo adequadamente distinto da alma ou do homem" (RUIZ DE LA PEÑA, 1975, 310). A definição clássica da morte termina por banalizá-la, concebendo-a simplesmente em seu "aspecto biológico, uma vez que se diz fim da animalidade humana, e no seu aspecto filosófico, limitando-se à consideração da corrupção substancial da estrutura corpórea do homem" (BORDONI, 1967, 57-58). Nesse sentido, a morte é algo que sobrevém inesperadamente do exterior e atinge o ser humano, analogamente ao que ocorre com qualquer outro ser vivente. Assim, a morte do ser humano como pessoa não se distingue em nada do puro decesso dos animais, mas é um acontecimento que afeta todos igualmente como um fato biológico. A vida e a morte são reduzidas ao aspecto biológico, físico e material. A morte, para ser considerada "humana", não deve ser vista exclusivamente como um fato bruto ou um fim externo e extremo da existência, mas como um problema que transcende o limite de um fenômeno puramente natural, biológico e animal. Para a definição clássica, "a morte do homem não tem nenhuma densidade e valor 'humano', mas acontece, por assim dizer, à margem da sua existência pessoal [...] não se reveste de nenhuma importância pessoal" (BORDONI; CIOLA, 2000, 213).

Pode-se concluir que a preocupação da definição clássica não estava voltada para o evento da morte em si mesmo, mas para o que estava escondido atrás dele. A definição clássica não estava preocupada em refletir sobre a relevância antropológica e existencial da morte, mas em garantir e preservar a imortalidade da alma. No fundo, a reflexão clássica da morte está mais interessada no destino eterno da alma do que na morte em si, como evento humano.

A morte como consequência do pecado original

A morte, no campo bíblico-teológico, tem sua origem no pecado original. A entrada da morte no mundo está relacionada com a culpa original de Adão. A morte como fruto do pecado das origens será vista em sua fundamentação bíblica, no seu desenvolvimento na história da teologia, nas declarações do Magistério da Igreja Católica, e será proposta uma reinterpretação do tema no horizonte da teologia atual.

Fundamentos bíblicos sobre a morte como consequência do pecado original

No horizonte do Antigo Testamento (AT), a vida e a morte não são realidades abstratas, mas concretas e opostas. A concepção da morte é determinada pela visão que se tem da vida, considerada um dom divino. É Deus quem chama o ser humano à existência, concedendo-lhe o hálito de vida, a *ruah* (Ecl 12,1-7). O começo do tempo de sua vida é fixado por Deus, que lhe concede o sopro da vida. Deus pode retirar seu hálito, segundo seu desígnio, decretando a morte do ser humano, que retorna à sua originária condição de pó (Ecl 12,7). Para a antropologia hebraica, o ser humano é uma unidade plural (*basar, nefesh* e *ruah*), logo a morte consiste na cessação de toda atividade vital. No entanto, não é a aniquilação total do ser humano, porque uma dimensão sombria e precária de sua existência, denominada *refaim*, permanece depois da morte no *Sheol*, o lugar subterrâneo de trevas e escuridão (Jó 10,21-22) para o qual descem todos os seres humanos (WOLFF, 1975, 137-160).

O ser humano é criado em vista da aliança com Deus. Ou seja, a vida tem um fundamento religioso, e, assim, a ideia da morte consiste numa ruptura e numa desconexão na comunhão com Deus e com os outros. É o pecado que introduz o ser humano nessa situação letal de fratura; o pecado é a quebra da aliança com Deus e o fechamento em si mesmo. É o ser humano que, por meio do pecado, livremente diz "não" para Deus, experimentando um estado de separação dele e dos outros. O livre distanciamento de Deus faz com que o ser humano viva "com a morte, na morte e em uma morte eterna" (CIMOSA, 2006, 76). A morte do ser humano transcende sua dimensão física e natural, relacionada com sua condição corruptível e frágil, assumindo uma configuração moral e espiritual. A morte, como sinal visível do obscuro destino que domina o ser humano, deriva da situação religiosa que ele assumiu na relação com Deus. O pecado é um ato livre e voluntário de rejeição, ruptura e desobediência na comunhão do ser humano com Deus. Essa fratura na aliança com Deus tem como consequência a morte.

Na visão da interpretação clássica sobre Gênesis 2–3, pautada numa leitura etiológica, historicista e realista, Adão, a criatura corporativa e original, foi criado para viver na comunhão plena com Deus, o que lhe garantiria a imortalidade paradisíaca. No entanto, por um ato desobediente, Adão comeu do fruto da árvore do conhecimento e rompeu essa comunhão, precipitando-se no pecado e introduzindo a morte no mundo. Por dom de Deus, Adão estaria destinado à imortalidade de todo o seu ser.

Todavia, por causa do pecado, Adão teria passado da condição de imortal a mortal. Adão é visto como uma figura corporativa; introduzindo a morte no mundo, teria tornado todo o gênero humano sujeito à condição mortal. Doravante, a morte se tornaria uma realidade onipresente para todo ser humano. Dessa forma, a morte teria entrado no mundo em estreita conexão com a culpa. Desobedecendo, Adão teria escolhido viver sob o reinado da morte. Assim, devido a um fato de ordem moral e espiritual, a condição humana teria conhecido a condenação à morte. Seria a dimensão física da morte, como decesso material e diluição corpórea, que seria pena de pecado.

Na visão da interpretação contemporânea de Gênesis 2–3[4], não seria possível afirmar que a morte teria entrado no mundo pela via do pecado de Adão. No relato, Deus ameaça com castigo de morte quem comesse do fruto da árvore do conhecimento. No entanto, o fruto é comido pelo casal das origens, e o castigo não é executado; é transformado na imposição de uma vida cheia de percalços (Gn 3,16-19) e na expulsão do jardim do Éden (Gn 3,23). O eufemismo usado para falar da morte em Gênesis 3,19 ("tu és pó e ao pó tornarás") não a conecta diretamente com o pecado, mas com a condição criatural do ser humano. A morte não é vista como a imposição de um castigo em razão de uma transgressão, mas um evento que pertence à condição natural do ser humano. Aquele que foi modelado com o pó da terra (Gn 2,7) retornará à sua condição de pó, no final de sua existência. O texto não apresentaria um nexo causal entre o primeiro pecado e a morte, nem entre o primeiro pecado e a situação universal de pecado (WOLFF, 1975, 157; WESTERMANN, 2011, 110-112; BERGANT; KARRIS, 1999, 62-63). Apesar de alguns exegetas contemporâneos refutarem a conexão causal entre a morte e o pecado das origens (Gn 2–3), alguns textos bíblicos do AT, baseados nesse texto de Gênesis, associam o pecado à morte (Sb 2,23-24; Sr 25,24).

O que foi vislumbrado pelo AT torna-se evidente no Novo Testamento (NT): a relação entre a morte e a culpa. No NT, o tema da morte como consequência do pecado é tratado principalmente por Paulo (Rm 5,12-21; 6,23; 1Cor 15,21). Na visão paulina, a morte está relacionada com o pecado, a lei, a carne e o batismo. Um dos textos capitais sobre

---

4. Os autores protestantes (teólogos sistemáticos e exegetas) se inclinam para uma leitura mais simbólica desse texto de Gênesis. Já os autores católicos (teólogos sistemáticos e exegetas) se inclinam para uma interpretação de caráter mais etiológico, porém sem negar a índole simbólica do texto (RUIZ DE LA PEÑA, 1991, 68-76).

a relação entre a morte e o pecado é o de Romanos 5,12: "Eis por que, como por meio de um só homem o pecado entrou no mundo e, pelo pecado, a morte, assim a morte passou a todos os homens porque todos pecaram". A expressão "um só homem" é atribuída a Adão, que seria o protagonista da entrada do pecado e da morte no mundo. As categorias "pecado" e "morte" remetem a uma experiência de ruptura e de separação. O pecado é visto como uma ruptura na comunhão com Deus, com outros e com o próprio pecador. A experiência do pecado já seria uma experiência de morte espiritual e social; a morte no sentido antropológico seria uma experiência de ruptura com a condição de vida terrena. A morte é vista como o fim da condição histórica, biológica e existencial do ser humano. No sentido teológico, a morte surge como uma espécie de símbolo do obscuro destino que corrompeu e afetou na raiz a relação do homem com Deus. A morte irromperia como sinal da corrupção escatológica e do afastamento de Deus.

Como o ato de Adão pôde introduzir a morte no mundo, tornando o gênero humano mortal? O fato de Adão ser uma figura representativa do gênero humano, ou seja, de constituir uma personalidade corporativa, faz com que toda ação sua tenha uma dimensão coletiva. Desse modo, todo o gênero humano estaria contemplado no pecado de Adão, que significou "o início absoluto da experiência do mal na humanidade. Este início situa-se no momento em que começou a história humana: a provação da liberdade e o pecado que lhe seguiu foram o primeiro acontecimento determinante para todos os outros" (GRELOT, 1969, 69). O pecado das origens não teria sido um ato individual, mas coletivo. O pecado de Adão teria provocado a queda da humanidade porque todo ser humano é visto como um ser adâmico. Adão é concebido como que presente em todo ser humano. Assim, pecando, ele teria tornado o gênero humano mortal. Depois do pecado de Adão, o ser humano viveria sob o império da morte. Assim como o pecado original é compreendido como uma situação que o ser humano herda, e não um ato voluntário, algo semelhante ocorre com a morte: o ser humano nasce numa condição carnal marcada pela morte. Quando o ser humano nasce, já recebe a morte como herança. A existência humana entra no mundo junto com a morte. Dizer vida significa dizer uma vida que é mortal. Assim, pela desobediência de Adão, o pecado e a morte teriam passado a reinar no mundo. Em Adão, todos os seres humanos se tornaram herdeiros da culpa original e da morte. Por meio dele, os seres humanos estariam condenados ao pecado e à morte. A negatividade da morte reforçaria a negatividade da culpa. O pecado disseminaria o reinado da morte, que é seu fruto e salário (Rm 6,23).

Na visão paulina, a lei antiga estava a serviço da morte (2Cor 3,7). Esse poder mortífero da lei seria condicionado pela carne (Rm 8,3). Seria na carne que se manifestaria a dominação do pecado. O pecado seria a potência de morte que impera na carne. O que a lei não poderia fazer Deus fez, enviando seu Filho ao mundo "numa carne semelhante à do pecado e em vista do pecado" (Rm 8,2). Nascido na linhagem de Adão solidário com o destino mortal dos seres humanos, Cristo assumiu as consequências do pecado, entre as quais a morte, com toda sua carga de angústia e seus efeitos devastadores, como causa penal imposta. Cristo experimentou a radicalidade da morte, provou sua constituição interna, superou e venceu a negatividade da morte com a sua morte. Cristo teria de necessariamente morrer, porque assumiu uma condição humana, marcada pelo pecado e pela morte. Ressuscitando, colocou fim ao poder aniquilador e ao império da morte (2Tm 1,10; 1Cor 15,25-26). Na morte de Cristo, a morte humana foi verdadeiramente redimida.

Cristo transformou a morte de paixão imposta em ação livre e libertadora, superando sua negatividade por meio da ressurreição. A redenção operada por Cristo não anulou a morte física, mas a superou e a relativizou (GNILKA, 2001, 763). Doravante, a morte passou de pena de culpa a ingresso na vida eterna. Cristo iluminou e transformou o sentido espiritual da morte. Em Cristo, a morte se tornou ocasião de páscoa e trânsito. Para aquele que morre com Cristo a morte foi definitivamente vencida graças ao poder vitalizador do Ressuscitado. Aquele que morre com Cristo também viverá com ele eternamente. O batizado é visto como alguém que participa misteriosamente da morte e da ressurreição de Cristo (Rm 6,2-3). O batismo significa a passagem da condição adâmica à condição crística. O batizado é visto como aquele que morre em Adão e ressuscita em Cristo.

Enfim, no âmbito bíblico, a relação entre a morte e o pecado é vislumbrada em alguns textos do AT (Sb 2,23-24; Sr 25,24) e explicitada no NT, particularmente com Paulo. Na visão bíblica, principalmente do NT, a morte física não seria um elemento constitutivo do ser humano caso Adão não pecasse. A morte teria passado a ser uma dimensão integrante da existência a partir do pecado de Adão; com ele teria começado a disseminação da semente da morte no mundo. O reinado da morte teria entrado no mundo com Adão e saído com Cristo. Assumindo a morte humana como sua, Cristo teria colocado um ponto final no reinado da morte no mundo por meio da ressurreição.

Desenvolvimento teológico sobre a morte como consequência do pecado original

A morte como consequência do pecado original é um tema clássico do discurso teológico. Esse tema está presente na teologia patrística, medieval e contemporânea. Historicamente, a teologia interpretou os dados da Escritura sobre a relação entre a morte e o pecado de forma fisicista. Assim, o pecado de Adão introduziu no mundo a morte em sua dimensão física.

Na patrística, na Primeira Carta de Clemente e na Epístola de Barnabé, dos padres apostólicos, já se encontram alusões sobre a entrada da morte no mundo por causa do pecado. Para a Primeira Carta de Clemente, a morte teria entrado no mundo por causa da injusta e ímpia inveja. A Carta se apoia em Sabedoria 2,24 para explicar a aparição da morte física no meio da humanidade, originária com o fratricídio de Caim. Justino, padre apologista, afirma que o gênero humano teria se precipitado, desde Adão, na morte e no erro da serpente, cometendo cada um o mal por culpa própria. Adão e a serpente seriam os responsáveis pelo fato de o gênero humano se encontrar sob o império da morte e do erro. Taciano, discípulo de Justino, associa a liberdade diante da ação moral e da morte. O ser humano morreria por sua própria culpa em razão do mal cometido. A liberdade, agindo de forma moralmente inadequada, teria introduzido a morte no mundo. Segundo Teófilo de Antioquia, padre apologista, pela desobediência de Adão o ser humano teria conhecido o trabalho, as dores e as tristezas e teria se submetido ao poder da morte (RUIZ DE LA PEÑA, 1991, 111-112; LADARIA, 2004, 79-80).

Irineu de Lião (130-202), membro da Escola de Antioquia, medita sobre o paralelo entre Adão e Cristo a partir de Romanos 5,12-21: "Como pela desobediência de um só homem o pecado entrou no mundo e pelo pecado a morte, assim pela obediência de um só homem foi introduzida a justiça que traz como fruto a vida ao homem morto" (IRINEU DE LIÃO, 1995, 349). A humanidade teria tropeçado e caído com o primeiro Adão e se levantado e se redimido com o segundo Adão (Cristo). O próprio Adão teria sido reconciliado em Cristo para existir uma unidade de todo o gênero humano. Em Adão, haveria uma solidariedade e uma unidade no pecado e na morte; e, em Cristo, uma solidariedade e uma unidade na justiça e na reconciliação. Adão e Cristo polarizariam a humanidade de dois modos diferentes. Para Irineu de Lião (1995, 334-335), a morte, consequência do pecado original, refere-se à dimensão física, como diluição corpórea; e à dimensão espiritual, como distanciamento de Deus, a segunda morte.

Tertuliano (160-220), membro da Escola de Antioquia, também faz um paralelo entre Adão e Cristo: toda alma que estaria vinculada a Adão e não a Cristo seria impura; o não batizado estaria revestido da imagem de Adão, o homem terreno (1Cor 15,45-53), pela ligação com a transgressão e por consórcio com a morte. O pecado e a morte estariam justapostos (LADARIA, 2004, 82). Na visão de Tertuliano, todo ser humano estaria, de algum modo, relacionado com Adão e, portanto, participaria da transmissão de seu pecado que corrompe a natureza. Participando da condição adâmica, todo ser humano herdaria as consequências dos atos de Adão: o pecado, a morte, o mal, o sofrimento etc. O ser humano nasceria com um registro adâmico, porém seria revestido de um novo registro em Cristo. Por isso, o ser humano se mortificaria em Adão e vivificaria em Cristo (RUIZ DE LA PEÑA, 1991, 117).

Tratando do sentido do batismo das crianças, Cipriano de Cartago (séc. III) afirma que o recém-nascido, ao ser batizado, tem seus pecados alheios perdoados, pois, pelo fato de ter nascido carnalmente segundo Adão, contraiu o contágio da morte antiga. As crianças não tinham pecados próprios, cometidos de modo consciente e livre, mas somente alheios, herdados do parentesco carnal com Adão. Herdando o pecado de Adão, as crianças herdariam também a morte, logo necessitariam ser batizadas e redimidas em Cristo. O batismo das crianças se justificaria em razão dos pecados alheios, herdados de Adão, e não cometidos livremente, como no caso dos adultos. Os pecados herdados, contraídos com o nascimento, seriam mais graves do que os pecados pessoais dos adultos. O batismo liberta o ser humano de uma condição pecadora derivada de Adão e não só dos pecados pessoais (RUIZ DE LA PEÑA, 1991, 118-119; LADARIA, 2004, 83).

Segundo Ambrósio de Milão (340-397), fundamentado em Romanos 5,12, todos teríamos pecado no primeiro homem e, pelo suceder-se da natureza, haveria um suceder-se da culpa desde um até todos. Adão estaria em cada um de nós. Em Adão a condição humana teria se tornado delinquente, porque o pecado teria passado de um para todos. Adão pereceu, e, nele e com ele, todos perecemos. Assim, ninguém estaria isento do pecado de Adão, nem sequer a criança que tenha vivido um só dia. Todos necessitariam do batismo e da redenção de Cristo (RUIZ DE LA PEÑA, 1991, 119-120).

Os padres capadócios (Basílio de Cesareia, Gregório de Nissa, Gregório Nazianzeno), Atanásio e João Crisóstomo evitam o uso do termo grego *hamartia* para designar a situação pecaminosa na qual teríamos nascido, mas o reservam para os pecados pessoais. No entanto, defendem a inclusão de todos em Adão, apelando com frequência para a tipologia Adão-Cristo, e descrevem a condição na qual nasceriam todos os seres humanos em termos de morte e enfermidade. Trata-se de uma condição enferma que necessitaria de uma ação vivificadora e restauradora (RUIZ DE LA PEÑA, 1991, 120-121).

Na visão de Pelágio (350-423), monge irlandês, não haveria uma relação direta entre a morte, o pecado de Adão e o pecado que afeta o gênero humano. Segundo Pelágio, comentando o texto de Romanos 5,12, a morte e o pecado teriam entrado no mundo por meio de Adão; tanto a morte em sua dimensão física quanto em sua dimensão moral, que seria o pecado. A concepção paulina sobre a universalidade do pecado e da morte não excluiria os justos que não pecariam. Pelágio concentra seu interesse nos pecados pessoais, que afetariam a maior parte das pessoas. Trata-se de uma universalidade moral que teria permitido ao apóstolo Paulo elaborar suas formulações gerais sobre a universalidade do pecado. Porém, na visão de Pelágio, não haveria nexo direto entre o pecado de Adão, os pecados pessoais e a morte dos seres humanos. Para Pelágio, o pecado de Adão seria pessoal e não uma ação que teria contaminado a humanidade. O ser humano não herdaria o pecado de Adão; não nasceria pecador, mas se tornaria um pelo uso de sua liberdade. O pecado de Adão seria um mau exemplo. Para Pelágio, toda vez que o ser humano peca, ele imita o mau exemplo de Adão. Pela bondade inata na criação e na natureza, pelo uso da liberdade e pela capacidade de fazer o bem, o ser humano poderia viver sem pecar. Assim, o ser humano poderia alcançar a salvação, que seria fruto de uma conquista pessoal, caso não pecasse. Para Pelágio, o pecado original não seria uma herança, mas um mau exemplo deixado por Adão. O batismo de uma criança, que não tem pecado pessoal, seria um ato de consagração. O batismo purificaria dos pecados pessoais e não de pecados alheios (LADARIA, 2004, 86-87).

Os discípulos de Pelágio, os pelagianos, desenvolveram uma postura mais radical. Segundo Mário Mercator, Adão foi feito mortal, de modo que pecasse ou não iria morrer. Para o pelagiano Celéstio, Adão morreria independentemente do pecado, porque a morte é um fato natural que pertence à existência humana (RUIZ DE LA PEÑA, 1971, 14).

Em controvérsia com Pelágio, Agostinho (354-430) afirma que o pecado de Adão teria afetado todos, formando uma massa de condenados. Em Adão, todos teríamos pecado e morreríamos; os seres humanos formariam uma unidade, logo nele e com ele todos tinham pecado. O pecado de Adão teria tornado todos os seres humanos pecadores. Nascemos num estado de culpa e estaríamos condenados a morrer. O pecado original seria transmitido ao gênero humano pela geração física e não pela imitação, como sustenta Pelágio. O pecado original teria afetado a liberdade humana, de modo que o ser humano não seria capaz de nenhum ato bom sem o auxílio da graça; não seria capaz de viver sem pecar, pois sua liberdade estaria escravizada pelo pecado desde as origens. O pecado pessoal do ser humano seria uma forma de reforçar o pecado original presente na humanidade. A salvação se daria pelos méritos de Cristo e não pelos méritos do ser humano, como sustenta Pelágio. Agostinho defende a universalidade do pecado para afirmar a universalidade da salvação em Cristo. A teologia do pecado original estaria em função da soteriologia. As crianças também precisariam ser salvas, pois nasceriam marcadas por uma situação de pecado. Assim, o batismo de uma criança seria necessário para purificar do pecado original e para sua salvação (LADARIA, 2004, 88-91).

Segundo Agostinho, o dom da imortalidade paradisíaca significaria poder não morrer. Para Agostinho (1989, l. VI, c. 25, n. 36), Adão teria sido criado mortal e imortal: "mortal porque poderia morrer, imortal porque poderia não morrer". O motivo da morte seria o pecado. A imortalidade seria um privilégio originário, não de sua constituição natural, mas da providência de Deus, presente na árvore da vida, que remediaria exteriormente a inclinação da natureza humana para a morte (AGOSTINHO, 1989, l. VI, c. 25, n. 36). A imortalidade não seria uma propriedade da natureza, mas um dom concedido a Adão, externamente por Deus.

No período medieval, a relação entre a morte e o pecado original foi determinada pela influência de Agostinho. Não se registram notáveis mudanças de perspectivas. O texto bíblico decisivo que trata do binômio morte-pecado continua sendo Romanos 5,12-21. A morte, pena de pecado, continua sendo, principalmente, morte física. O pecado original, transmitido pela geração física, passa a ser visto como privação da justiça original.

Na visão de Boaventura (1221-1274), a imortalidade das origens procederia de um dom divino inerente à alma, cuja vontade estaria sujeita ao corpo de tal modo que, enquanto a vontade não fosse desviada pelo pecado, o corpo, ainda que conservando sua possibilidade de desagregação, não se corromperia. Adão teria perdido o dom da imortalidade, proporcionando a entrada da morte no mundo mediante a corrupção da vontade por meio do pecado. A morte provocaria uma desconstrução da unidade ontológica do ser humano, proporcionando uma diluição do corpo. A parte mortal do composto humano seria o corpo. Diferente de Agostinho, Boaventura defende uma interiorização da imortalidade de Adão (RUIZ DE LA PEÑA, 1971, 15-16). Seguindo essa linha da interiorização da imortalidade defendida por Boaventura, Tomás de Aquino (1225-1274) argumenta que o corpo do homem inocente era indissolúvel, não por natureza, mas por uma força sobrenatural concedida por Deus e presente na alma, mediante a qual aquela poderia preservá-lo da corrupção (TOMÁS DE AQUINO, *Suma Teológica*, I, q. 97, a. 1, resp.). A morte representaria a separação, a corrupção e a dissolução da unidade corpo-alma. Assim, a imortalidade consistiria na manutenção da integridade ontológica do ser humano. A rebelião do apetite carnal, a morte e todos os males corporais seriam penas do pecado dos primeiros pais. A morte seria natural pelo estado da matéria, e castigo pela perda do favor divino. Por causa do pecado dos primeiros pais, toda a natureza humana teria passado aos seus descendentes a sujeição à morte (TOMÁS DE AQUINO, *Suma Teológica*, II-II, q. 164, a. 1, ad 1-3). Apoiando-se em Romanos 5,12, Tomás de Aquino afirma que Adão teria introduzido no mundo os defeitos corporais (a morte, a fome, a sede e outros), que seriam penas de pecado (TOMÁS DE AQUINO, *Suma Teológica*, III, q. 14, a. 1, resp.).

João Duns Escoto (1266-1308), aproximando-se de Agostinho e afastando-se de Boaventura e Tomás de Aquino, afirma que Adão poderia morrer e não morrer; o morrer estaria relacionado com a natureza do corpo, e não morrer seria um dom da graça, plasmado na árvore da vida. A imortalidade teria um caráter extrínseco. A possibilidade de não morrer não deve ser entendida como isenção absoluta da morte natural. Adão, em sua inocência original, experimentaria uma paulatina deterioração biológica e um desgaste corporal irreversível. Chegando ao estado-limite do desgaste de sua condição física, ele seria transladado por Deus ao *status termini* da existência, com o qual evitaria a morte. Porém, se Deus não fizesse isso, Adão morreria, e sua morte não seria pena de pecado (que, por hipótese, não ocorreria), mas condição ou paixão em consequência de sua natureza. Ou seja, em razão da progressiva debilidade de sua condição física, ainda que Adão não pecasse, sua existência chegaria a um limite e teria um fim. A vida de Adão chegaria a uma conclusão e a um termo devido ao avanço do desgaste de sua condição física. No entanto, essa conclusão da vida de Adão não significaria a morte como corrupção e dissolução, mas como termo existencial (RUIZ DE LA PEÑA, 1971, 16-17).

Os reformadores protestantes (Lutero, Calvino e Melanchton), influenciados por Agostinho, compreendem o pecado original, que teria introduzido a morte no mundo, em termos existenciais. Para Lutero, o pecado teria corrompido o ser humano na sua totalidade, tornando-o absolutamente necessitado da graça e da salvação de Cristo. O pecado seria a força que opõe o ser humano a Deus e faria aquele rejeitar este. O pecado original, resultado da culpa pessoal de Adão, seria o pecado por antonomásia que comportaria a perda de todas as forças e faculdades do ser humano. A culpa de Adão teria se convertido na culpa de cada ser humano por meio da experiência da concupiscência, que consiste na inclinação para o pecado, o mal e a impossibilidade de fazer o bem. Lutero identifica a concupiscência com o pecado original, responsável pela corrupção da natureza. O pecado original seria a autoafirmação do ser humano, prescindindo de seu fundamento e de sua referência a Deus. O ser humano corrompido pelo pecado teria a concupiscência entranhada nele. Seguindo a linha de Lutero, Melanchton concebe o pecado original como uma ruptura na comunhão com Deus. Para Melanchton, o pecado original estaria relacionado com a concupiscência (tradição agostiniana) e com a privação da justiça original (tradição anselmiana). Para Calvino, a corrupção da natureza seria algo natural, no sentido de que nasceria com ela. A morte seria a consumação da condição pecaminosa na qual o ser humano estaria imerso. A ruptura na comunhão com Deus já seria uma situação de morte na qual o pecador se encontraria mergulhado. A morte representaria o desfecho de uma vida pautada pelo pecado (LADARIA, 2004, 95-97).

Na contemporaneidade, alguns teólogos reafirmam a visão clássica do nexo causal entre a morte e o pecado, sem oferecer uma reinterpretação ou uma problematização. Em sintonia com o apóstolo Paulo e a tradição cristã, eles concebem a morte como uma sequela natural do pecado (MERSCH, 1946, 321; SCHMAUS, 1964, 357-359; VOLK, 1967, 418-419; CULLMANN, 1986, 29-39; SAYÉS, 1991, 26-28, 359-361; POZO, 2008, 466-468). Já outros teólogos apresentam algumas dificuldades ante a associação entre a morte e o pecado. Esses teólogos fazem uma distinção entre a morte como fenômeno natural (dimensão biológica) e a morte como juízo (dimensão teológica). Para a primeira distinção, a morte é um fenômeno latente à condição finita da existência que não tem nenhuma relação com o pecado; é um elemento constitutivo da finitude da vida humana, animal e vegetal. Essa condição finita não pode ser caracterizada como pecado. Para a segunda distinção, há uma relação intrínseca e etiológica entre a morte e o pecado. O pecado é a ruptura na comunhão com Deus que, por sua vez, leva à morte. Aqui, a morte possui uma dimensão qualitativa, referindo-se não a qualquer ser vivente ou organismo, mas especificamente ao ser humano. Trata-se de uma compreensão propriamente humana e pessoal da morte.

Essas distinções trazem em seu bojo concepções diferentes da origem da vida. A concepção de que a morte é um fenômeno natural compreende a vida em termos biológicos e físicos. A vida é caracterizada pelo organismo em funcionamento, com seus órgãos, células e membros. A morte significa a imobilidade, o não funcionamento e a dissolução do organismo. Trata-se do fim natural de um organismo que completou seu ciclo de existência. A morte afeta igualmente o ser humano, o animal e o vegetal. Nesse horizonte, a vida e a morte são vistas em termos físicos. A concepção segundo a qual a morte é sequela natural do pecado entende a vida como dom de Deus. Ela é concebida no horizonte da relação entre o ser humano e Deus. A vida tem sua origem em Deus; depende da ação de um ser transcendente e divino. O pecado é a negação ou o afastamento da fonte da vida, gerando a morte; a separação de Deus tem como fruto a morte. Nesse sentido, a morte tem uma dimensão espiritual, sendo vista como manifestação do juízo e da ira de Deus; a vida e a morte são vistas em termos transcendentes e espirituais (BRUNNER, 1973, 145-150; PANNENBERG, 1993, 173-177; RAHNER, 1965a, 33-36; THIELICKE, 1984, 54-93; KEHL, 2003, 251-263; MOLTMANN, 2004, 115-135; RATZINGER, 2008, 111-120). Clodovis Boff (2012, 42-56) distingue três dimensões da morte: a dimensão biológica (comum a todo ser vivente), a dimensão antropológica (especificamente do ser humano) e a dimensão teológica (própria da relação entre o ser humano e Deus).

É possível perceber, a partir de um olhar histórico, que a teologia fez uma associação entre o pecado e a morte. Fundamentando-se em Romanos 5,12, a teologia clássica concebeu a morte física como uma consumação do pecado original. O surgimento da morte física estaria vinculado à culpa original. A teologia contemporânea problematizou essa associação, distinguindo algumas dimensões da morte: como fenômeno natural que afeta todo ser vivente (dimensão biológica), como evento especificamente humano (dimensão antropológica) e como fruto da transgressão na comunhão com Deus (dimensão teológica). A teologia contemporânea rompeu com o fisicismo na compreensão da morte, percebendo-a partir de outros olhares.

As declarações do Magistério sobre a morte como consequência do pecado original

A primeira declaração do Magistério sobre a relação morte-pecado é feita pelo Sínodo de Cartago (418), cujo primeiro cânon afirma: "Quem disser que Adão, o primeiro homem, foi criado mortal, de modo que, pecasse ou não pecasse, teria corporalmente morrido, isto é, teria deixado o corpo não por causa do pecado, mas por necessidade natural, seja anátema" (DENZINGER, 2007, 84). Essa declaração consiste numa recusa à tese dos pelagianos e numa confirmação da posição de Agostinho. Para os pelagianos, a morte é um evento natural e constitutivo da existência humana, independentemente do pecado original. Assim, Adão, figura representativa do gênero humano, morreria ainda que não pecasse. A declaração acolhe a posição de Agostinho, para quem a entrada da morte no mundo seria em razão da culpa. Desse modo, a morte corporal não seria necessidade da natureza, mas mérito do pecado. Para a declaração, a consequência do pecado original seria a morte física, como dissolução biológica e separação de corpo e alma. No segundo cânon, Cartago defende a prática do batismo de crianças, cuja finalidade seria a remissão dos pecados, "para que pela regeneração venha a ser purificado nelas o que contraíram quando foram geradas" (DENZINGER, 2007, 85).

A segunda declaração do Magistério é feita pelo Sínodo de Orange (529). O primeiro cânon, apoiado em Agostinho, afirma que o ser humano todo, em corpo e alma, "foi mudado para pior" em consequência do pecado original. A prevaricação de Adão teria atingido o corpo, sujeitando-o à corrupção, e a alma, danificada no exercício de sua liberdade (DENZINGER, 2007, 140). No horizonte de Orange, a natureza humana não seria maléfica em si, mas teria sido deteriorada pela prevaricação de Adão. O pecado original não teria atingido apenas uma dimensão do ser humano (corpo ou alma), mas sua totalidade ontológica (corpo e alma). O segundo cânon de Orange declara que, "se alguém afirma que a prevaricação de Adão prejudicou somente a ele e não também à sua descendência, ou que decerto passou a todo gênero humano só a morte do corpo, que é o castigo do pecado, não porém o pecado que é a morte da alma, atribui a Deus uma injustiça" (DENZINGER, 2007, 140). Para a declaração, o pecado de Adão não teria sido simplesmente um ato individual, de modo que tivesse efeito somente sobre ele, mas se trataria de um ato coletivo, cujas repercussões afetaram o gênero humano. O pecado das origens teria atingido tanto Adão quanto sua descendência. A prevaricação de Adão teria semeado a morte do corpo, que seria a pena do pecado, e a morte da alma, o que seria o próprio pecado. Em outros termos, o pecado original teria disseminado a morte física e espiritual.

A terceira declaração é feita pelo Concílio de Trento, no Decreto sobre o pecado original (1546). O primeiro cânon afirma que Adão, transgredindo a ordem de Deus no paraíso, "perdeu imediatamente a santidade e a justiça" e entrou num "estado de prevaricação", incorrendo "a ira e a indignação de Deus e, por isso, a morte com que Deus havia ameaçado anteriormente e, com a morte", submetendo-se ao domínio do diabo. Em sintonia com Orange, o Concílio afirma que o pecado de Adão teria proporcionado uma decaída do ser humano todo, em corpo e alma (DENZINGER, 2007, 398). A visão do pecado original como perda da justiça original já tinha sido defendida por alguns teólogos medievais, entre os quais Anselmo, Boaventura e Tomás de Aquino. A perda da justiça original, ou seja, do dom da imortalidade física, concedido por Deus, significaria a entrada da morte no mundo. A morte teria sido o resultado de uma punição de Deus — provocado em sua ira —, imposta sobre Adão, que teria violado o estado de santidade original por meio do pecado. Com a entrada do pecado e da morte no mundo, o diabo começaria o seu reinado.

O segundo cânon do Decreto sobre o pecado original afirma que o pecado de Adão teria prejudicado ele próprio e todo o gênero humano. O pecado consistiria na perda da justiça e da santidade concedidas por Deus. Fundamentado em Romanos 5,12, o Decreto afirma que Adão teria transmitido a todo o gênero humano não só a morte e as penas do corpo, mas também "o pecado, que é a morte da alma" (DENZINGER, 2007, 398). Esse segundo cânon de Trento consiste, basicamente, numa reafirmação do que já tinha sido declarado pelo segundo cânon de Orange: a transmissão e os efeitos do pecado de Adão. O terceiro cânon, em sintonia com Agostinho, trata da necessidade absoluta de Cristo, único mediador e reconciliador entre Deus e os homens, para a salvação e a remissão do pecado original, transmitido por propagação e não por imitação, como afirmavam os pelagianos. O quarto cânon trata, principalmente, do fundamento e da justificação da prática eclesial do batismo de crianças. As crianças, também, nasceriam com o pecado original, que herdariam de Adão, e por isso deveriam ser batizadas para a remissão dos pecados e para a salvação. O quinto cânon trata da graça de Jesus Cristo, conferida pelo batismo, que eliminaria o pecado original, mas não apagaria a concupiscência. Essa declaração do Decreto é uma rejeição da visão de Lutero, que identificava o pecado original com a concupiscência. Alguns teólogos medievais também defendiam essa identificação (DENZINGER, 2007, 398-399).

Por último, o Concílio Vaticano II (1962-1965) define em que consiste o pecado original, seus efeitos e sua relação com a morte. Segundo a *Gaudim et Spes* (*GS*, n. 13), o ser humano, criado por Deus num estado de justiça, teria sido seduzido pelo diabo, usando de forma abusiva sua liberdade, rebelando-se contra Deus e buscando sua realização fora dele. Em virtude do pecado das origens, o ser humano não reconheceria Deus como seu fundamento, nem como seu fim último, e, em consequência disso, teria comprometido sua relação consigo, com os outros e com as demais criaturas. O efeito do pecado teria sido a divisão que recairia sobre o próprio ser humano e a coletividade (DENZINGER, 2007, 1005-1006). As declarações anteriores ao Vaticano II se ocuparam mais das consequências pecado original do que com sua definição.

A GS (18) afirma que

> a fé cristã ensina que a própria morte corporal, de que o homem seria isento se não tivesse pecado, acabará por ser vencida, quando o homem for pelo onipotente e misericordioso Salvador restituído à salvação, que por própria culpa perdera. Com efeito, Deus chamou e chama o homem a unir-se a ele, com todo o seu ser, na perpétua comunhão da incorruptível vida divina. Esta vitória, alcançou-a o Cristo ressuscitado, libertando com a própria morte o homem da morte (DENZINGER, 2007, 1008-1009).

Essa afirmação está em sintonia com Cartago, tratando somente da morte corporal, que seria pena de pecado, e não da morte da alma (morte espiritual), que seria o próprio pecado, conforme defenderam Orange e Trento. A afirmação também está em continuidade com Trento e a teologia medieval, quando afirma que se Adão não pecasse seria imortal fisicamente. A novidade introduzida pela GS (18), em relação aos documentos magisteriais anteriores, se refere à dimensão salvífica da morte. Cristo, assumindo a morte como sua, libertaria o ser humano do domínio onipresente da morte. Esta não poderia ser redimida por um ato ou por um decreto extrínseco, mas pelo fato de Cristo assumi-la interiormente e fazê-la como própria. Cristo assumiu e experimentou a morte em sua interioridade, tornando-se seu autêntico redentor.

Em suma, as declarações oscilaram, ora retomando Cartago, ora Orange. A prevaricação de Adão teria semeado o pecado (morte da alma, morte espiritual) e a pena do pecado (morte corporal, morte física). A imortalidade, como dom divino, seria uma privação da morte física e da morte espiritual. Preponderantemente, tanto a imortalidade quanto a morte são vistas numa perspectiva física.

Para uma reinterpretação da morte como consequência do pecado original

A visão clássica da morte como consequência do pecado original e da imortalidade paradisíaca (dom preternatural) está imbuída de um caráter fisicista. É necessário reinterpretar a índole penal da morte, as noções do pecado original e da imortalidade paradisíaca dentro de um horizonte mais existencial, evolutivo e contemporâneo, no sentido teológico.

Uma visão evolutiva do mundo resiste em aceitar que a natureza humana tenha sido "mudada como consequência de um fato pertencente à ordem moral, como seria o primeiro pecado" (RUIZ DE LA PEÑA, 1971, 352). Como o pecado das origens, um fato de ordem moral e espiritual, foi capaz de produzir um impacto antropológico a ponto de mudar radicalmente a constituição da existência humana, passando-a de imortal a mortal? Como um fato extrínseco pode ter sido tão determinante a ponto de mudar a constituição interna da existência humana? A morte é um evento biológico necessário para o processo evolutivo. A curva do processo evolutivo da existência biológica de todo ser vivente tem um limite espaço-temporal. O processo evolutivo se dá pela superação de etapas, pela quebra de paradigmas e pelo surgimento de novos ciclos. O progresso da vida biológica requer a destruição dos viventes; o ser humano precisa morrer para que a espécie subsista e se renove. É inerente a toda existência biológica a ideia de um fim e de um prazo de validade (TROISFONTAINES, 1960, 72-73; SMULDERS, 1965, 196-200; SCHOONENBERG, 1967, 244; GRELOT, 1967, 475). Nesse contexto, seria impensável levantar a hipótese de um ser humano, como no caso de Adão, privado do evento da morte. Ele seria um ser biologicamente inconcebível, visto como mitológico. A suposta imortalidade do ser humano paradisíaco o coloca em um estado vital "absolutamente inviável e que, longe de ser um privilégio para o homem, antes seria uma anomalia incompatível com sua natureza de homem" (LAVOCAT, 1967, 594). "A ideia de que a 'queda' alterou fisicamente a estrutura celular ou psicológica do homem (e da natureza?) não é só absurda quanto não tem fundamento bíblico" (TILLICH, 1987, 296). Pensar num ser finito e contingente que não passasse pela experiência do fim de sua existência seria uma possibilidade bizarra. É inerente ao ser finito a ideia de que sua existência experimentará uma conclusão.

Na visão clássica, a relação morte-pecado foi marcada por uma compreensão fisicista. Na reflexão bíblico-teológica contemporânea, a ideia da morte não se restringe a um significado meramente físico-biológico, mas possui, também, um sentido espiritual (separação da comunhão com Deus) e escatológico (condenação eterna). Na visão bíblica, vida e morte não são consideradas realidades puramente físicas, mas devem ser compreendidas no horizonte da relação com Deus (SEIBEL, 1970, 579-580; DUBARLE, 1975, 131-132; RUIZ DE LA PEÑA, 1991, 167; LADARIA, 2004, 45). Assim, a morte não pode ser concebida como um simples término da vida física, mas sim ausência de uma comunhão pessoal com Deus. A morte, como pena de pecado, não se daria em sua dimensão física, mas espiritual, como separação da relação com Deus. Nesse contexto, a morte adquire conotação predominantemente espiritual.

A morte, pena de pecado, se refere, simplesmente, ao seu aspecto físico, ou existe uma alternativa válida a essa interpretação? Uma alternativa plausível, adotada por muitos teólogos, refere-se a uma interpretação mais existencial e menos física da morte e do morrer. Nesse cenário, a morte é compreendida como pena de pecado por causa de seu aspecto angustiante, doloroso, brutal, hostil e negativo. A morte pena de pecado é aquela que reina no mundo de nossa experiência, de nosso sofrimento, de nossa solidão, de nossa existência vazia e de nosso pressentimento diante dela. A novidade dessa interpretação está no nível do significado antropológico-existencial, na forma de experimentar a morte e o morrer. Essa interpretação não está no plano da causalidade da morte, mas no sentido pessoal e existencial (SMULDERS, 1965, 198-199; SCHOONENBERG, 1967, 244; MARTELET, 1986, 33-34; RUIZ DE LA PEÑA, 1991, 166; NOCKE, 2006, 139; GRESHAKE, 2009, 80).

A ênfase no aspecto físico, na visão da morte como pena de pecado, por parte da tradição cristã, pode ser compreendida por uma escassa atenção dada à índole genuína do morrer humano. O relevo à dimensão antropológico-existencial da morte foi dado pela filosofia da existência do século XX, principalmente com M. Scheler, M. Heidegger e J.-P. Sartre. A morte é uma possibilidade constituinte do existir humano. É a última possibilidade da finitude humana. O ser humano está ordenado para essa possibilidade desde seu nascimento. A ênfase antropológica da abordagem filosófica influenciou a teologia do século XX, proporcionando uma humanização da morte (OLIVEIRA, 2013, 11-25). No âmbito teológico, a morte não tem somente uma dimensão físico-biológica, mas também pessoal e existencial, como realidade inerente e iminente do existir humano; não é só um evento passivo, que o ser humano sofre como fruto de uma imposição da natureza, mas também é ação, um acontecimento pessoal, uma realidade que ele assume como sua. A morte não pode ser vista simplesmente como fatalidade da natureza, nem como evento impessoal, nem como paixão inerente à condição humana, mas também como evento pessoal, singular e intransferível (MERSCH, 1946, 313; TROISFONTAINES, 1960, 153-164; GEFFRÉ, 1963, 269-270; RAHNER, 1965a, 30; BORDONI, 1969, 73; RUIZ DE LA PEÑA, 1975, 314). Assim, é possível superar o formalismo, o objetivismo, o fisicismo e o jurisdicismo da relação morte-pecado e situá-la num horizonte personalista e existencial. Nesse contexto de uma reinterpretação da dimensão penal da morte, ainda que Adão não pecasse, não significa que estaria isento de um fim físico e viveria eternamente, mas sua existência teria uma conclusão como transformação e consumação na graça divina (TROISFONTAINES, 1960, 155-157; SCHMAUS, 1964, 358; RAHNER, 1965a, 33; FLICK; ALSZEGHY, 1966, 216; BOROS, 1979, 175-177; RUIZ DE LA PEÑA, 1991, 166-167). Uma consequência de uma visão simplesmente física do caráter penal da morte é uma infravalorização do corpo e uma supervalorização do espírito.

A visão fisicista da morte como pena de pecado está conectada a uma visão moralista do pecado original e a uma percepção fisicista de sua transmissão. Historicamente, a transmissão do pecado original foi concebida em termos de geração e propagação, no sentido físico e biológico. Os pais transmitiriam aos filhos o pecado original; uma geração transmitiria para a outra geração o mal herdado. É preciso reinterpretar e superar essa visão fisicista da transmissão do pecado em função de uma percepção mais social e existencial. Nesse sentido, o pecado original, na interpretação de P. Schoonenberg, deve ser pensado em termos de uma solidariedade no pecado. Os condicionamentos sociais, culturais e biológicos, que são prévios ao exercício da liberdade do ser humano, determinam suas escolhas. O ser humano se encontra num mundo marcado por uma situação de pecado que o envolve e influencia as decisões de sua liberdade. Desde seu nascimento, ele se encontra imerso numa história de pecado alheio, da qual não consegue se distanciar, e que determina suas ações. Nesse sentido, o pecado original se refere à condição de ser-situado na qual o ser humano se encontra e tem uma dimensão subjetiva, como um momento interior determinante, e uma objetiva, como situação externa que o influencia. Trata-se de um estado, de um modo de existir que precede o surgimento de uma ação pessoal e que envolve as decisões pessoais. A condição de ser-situado afeta todos os seres humanos. Assim, o pecado do mundo se identifica com o pecado original próprio de cada ser humano, que se torna solidário e assume a culpa alheia como sua (SCHOONENBERG, 1970, 701-715). Seguindo uma linha reflexiva semelhante à de Schoonenberg, K. Rahner (1989, 138) compreende o pecado original como "a universalidade e a insuperabilidade da determinação pela culpa da situação da liberdade na única história humana". O contexto social no qual o ser humano encontra-se inserido é o lugar em que a liberdade toma suas decisões. O ser humano exerce sua liberdade subjetiva inserido numa situação marcada por objetivações de culpa. Essa determinação, como situação de culpa alheia, é originária, permanente, universal e inevitável. A liberdade humana está determinada pela culpa desde a origem da história (RAHNER, 1989, 133-144)[5].

O ser humano nasce em um mundo condicionado pelo pecado e seus efeitos. Há uma história de pecado que antecede a existência do ser humano. Trata-se de um pecado estruturado no mundo e na existência humana. Desse modo, o ser humano, quando nasce, torna-se solidário com todos os pecadores marcados pela história do pecado. Transportando essa solidariedade no pecado para a compreensão da morte, é possível afirmar que a morte é um evento pessoal e social. Ninguém morre nem vive sozinho. O morrer humano é comorrer, visto que se morre em sintonia com todos os mortais. O que se percebe é o lado pessoal e individual da morte, no entanto ela é um momento coletivo e solidário. O ser humano padece a morte que os demais humanos padecerão. O lado solidário está oculto na visível dimensão individual da morte. No âmbito cristão, cada ser humano, quando morre, experimenta sua morte, mas em comunhão com Cristo e com os outros (BRUNNER, 1973, 206-207; BORDONI; CIOLA, 2000, 207-213).

Por fim, é preciso afirmar que, independentemente do pecado original, a vida tem um caráter mortal. No coração da vida está a morte. No nascimento, a morte já está presente e atuante no existir humano. É uma realidade onipresente em todo o campo da existência humana desde a sua concepção. A vida e a morte entraram juntas no cenário do mundo. A condição mortal da existência humana é anterior ao pecado. "A morte começou a existir no momento em que a vida começou a existir. Aceitar a vida significa, por isso, aceitar que ela seja intrinsecamente mortal, não por causa de Adão e de seu pecado" (MANCUSO, 2007, 192).

A morte como fim do estado de peregrinação

A morte é o evento que conclui a condição peregrina do ser humano na terra. Com a morte, ocorre o fim do período do mérito e do demérito. Tem-se a cessação do período das decisões humanas. A vida terrena é um período das decisões contrárias ou favoráveis a Deus, durante a qual o ser pode aceitar ou recusar a oferta de amizade e de comunhão que Deus lhe

---

5. Há outras reinterpretações do pecado original na atualidade: a concepção existencial da teologia protestante, a visão evolutiva de T. de Chardin, a ótica psicanalítica de E. Drewermann, a explicação a partir das estruturas de pecado da Teologia da Libertação e a leitura de J. Alison, que concebe a graça como ausência de violência proporcionada pelo pecado original (ANDRADE, 2004, 162-178).

faz. A morte é o fim da condição peregrina (*status viae*) e o início da condição definitiva (*status termini*) da existência humana. Uma vez ocorrida a morte, dá-se a fixação do destino eterno, irrevogável e irreversível da vida humana. Depois da morte, começam a retribuição e o estado intermediário. Nesse estado pós-mortal, já não são possíveis decisões, conversões e mudanças de posições.

Fundamentação bíblica

A asserção de que com a morte tem-se o acabamento da condição peregrina do ser humano apresenta-se de modo indireto nas Escrituras. No Antigo Testamento, a morte é descrita como fim irrevogável da vida terrena, porém os escritos veterotestamentários, por sua condição escatológica ainda incipiente, apresentam escassas declarações a respeito dos desdobramentos finais do ser humano. A morte é a linha divisória em que a situação do justo e a do ímpio mudam definitivamente na vida futura. Depois da morte, não há possibilidade de mudança e de conversão. Essa visão está presente no livro da Sabedoria (Sb 2–5). Na vida terrena, os ímpios parecem triunfar e os justos parecem sofrer e ser desprezados. Todavia, são situações meramente aparentes. Depois da morte, os ímpios se darão conta de seu erro, ainda que já sem esperança (Sb 5,6); os justos, pelo contrário, estarão sempre na comunhão com o Senhor (Sb 5,16). Na vida pós-mortal, o ímpio, que aparentemente triunfava e desfrutava de da própria iniquidade, é castigado; o justo, que na vida presente parecia padecer, experimenta um destino glorioso na vida futura.

O Novo Testamento apresenta testemunhos mais claros e precisos sobre as situações finais do ser humano. Na passagem das bem-aventuranças (Lc 6,20-26), aqueles que, na vida terrena, são pobres, famintos, choram e são perseguidos por causa do nome de Cristo receberão em recompensa o reino de Deus. Já aqueles que, na vida presente, são ricos, saciados e riem passarão por privação na vida pós-mortal. Na parábola do rico epulão e do pobre Lázaro (Lc 16,19-31), Cristo anuncia que a morte sela para sempre o destino do ser humano. O rico epulão, que possuía um estilo de vida ostentador e pouco humano, cuja riqueza tornava orgulhoso e egoísta, com a morte experimenta uma vida pós-mortal marcada pelo castigo e por uma privação da comunhão com Deus. O pobre Lázaro, cuja vida terrena foi marcada pela privação e pela miséria, com a ocorrência da morte experimenta uma condição de gozo na vida pós-mortal. O rico, que teve materialmente tudo na vida terrena, foi privado de uma vida pós-mortal repleta de gozo e de satisfação. O pobre, privado de tudo na vida terrena, no destino eterno experimentou uma vida pautada na comunhão e na beatitude no seio de Abraão. Estilos de vida materialmente diferentes possibilitaram experiências de vida diversas na vida pós-mortal. Também na parábola das virgens prudentes e insensatas (Mt 25,1-13) é confirmada a unicidade e irrevogabilidade da decisão humana. A prudência desperta na pessoa o exercício da vigilância, possibilitando-lhe acolher o Cristo e participar da festa do seu reino. Contrariamente, a insensatez faz com que a pessoa seja imprudente e sonolenta, impedindo-a de acolher o Cristo e encontrando fechada a porta que dá acesso à participação no reino. Decisões equivocadas possibilitaram experiências diversas na relação com Cristo e o seu reino.

Na passagem do juízo final e universal (Mt 25,31-46), a sentença de salvação e de condenação pronunciada por Cristo está relacionada com aquilo que o ser humano realizou na vida terrena. O destino eterno do ser humano está relacionado com o modo como ele se relaciona com o outro e, consequentemente, com Cristo. Aquele que, na vida presente, alimentou, deu de beber, vestiu, acolheu e visitou o outro, na verdade o fez para o próprio Cristo e terá a vida eterna. Contrariamente, aquele que, na vida terrena, recusou alimentar, dar de beber, vestir, acolher e visitar o outro na realidade não o fez para o próprio Cristo e experimentará um destino eterno de castigo e de condenação. O evangelho de João (12,25) estabelece um confronto entre a vida terrestre e a vida futura, de modo que o destino na vida futura depende do modo como o ser humano procede na vida terrestre.

Segundo o apóstolo Paulo (2Cor 5,10), "todos nós teremos de comparecer manifestamente perante o tribunal de Cristo, a fim de que cada um receba a retribuição do que tiver feito durante a sua vida no corpo, seja para o bem, seja para o mal". Diante do tribunal de Cristo, todos serão analisados e julgados por suas ações na vida presente, e consequentemente cada um receberá sua recompensa. O texto de 1 Pedro 3,18-20 afirma que

> Cristo morreu uma vez pelos pecados, o justo pelos injustos, a fim de vos conduzir a Deus. Morto na carne, foi vivificado no espírito, no qual foi também pregar aos espíritos em prisão, a saber, aos que foram incrédulos outrora, nos dias de Noé, quando Deus, em sua longanimidade, contemporizava com eles, enquanto Noé construía a arca, na qual poucas pessoas, isto é, oito, foram salvas por meio da água.

A exegese mais comum desse texto, entre os exegetas católicos, afirma que Cristo em seu espírito tem a alma separada do corpo. No tríduo de sua morte, levou aos espíritos dos contemporâneos de Noé, incrédulos num tempo, porém reduzidos à penitência antes da morte, a alegre notícia da libertação (POZO, 2008, 472).

Fundamentação na tradição teológica

Na teologia patrística, o tema da morte como fim do estado de peregrinação tem testemunhos uniformes. Todos coincidem em mostrar a necessidade de viver cristãmente, no breve espaço da existência humana na terra, a aceitação da amizade oferecida ao ser humano. Também no período patrístico encontra-se a convicção do caráter definitivo dos estados alcançados com a morte registrados nos antigos monumentos cristãos, os quais dizem que os mortos repousam na paz, vivem em Deus. Nos atos dos mártires, muitas vezes o dia do martírio é designado como o dia do nascimento, como o dia em que o mártir entra na glória de Cristo, na alegria da vida eterna.

Na antiga literatura cristã essa avaliação da morte ecoa como em um coro potente, pleno de tempo de alegria e de terror. A segunda carta de Clemente, escrita por volta do ano de 150, evoca a seriedade da morte: enquanto estamos neste mundo, façamos penitência de todo coração pelo mal que cometemos na carne para que sejamos salvos pelo Senhor, enquanto temos ainda tempo de conversão. Porque, depois que deixarmos este mundo, no outro já não poderemos fazer nenhuma confissão nem nos converter (POZO, 2008, 473). Ou seja, o tempo de penitência, de conversão e de mudança consiste no tempo presente. A morte é o encerramento desse tempo. Cipriano de Cartago, morto no ano de 258, afirma que a fé será glorificada e a infidelidade será punida, quando chegar o dia do juízo. Quão grande será a alegria dos crentes e a tristeza dos incrédulos porque aqui embaixo não quiseram crer e agora não podem mais retornar a crer. O inferno é o estado do fogo eterno, e a pena tormentosa com suas chamas queimará os danados. Junto de seus corpos, as almas serão conservadas nos tormentos infinitos. Muito tarde creram na pena eterna aqueles que não desejaram a vida eterna. Uma vez partido daqui, não há mais a possibilidade para a penitência, e a satisfação é sem efeito. Somente aqui se efetua ou a perda ou o ganho da vida eterna. Somente aqui se pode buscar a salvação eterna mediante o culto de Deus e o fruto da fé. E o atrasado virá procurar a salvação ou porque está cheio de culpas ou porque é avançado nos anos. Enquanto ainda se está na terra, não é tarde para se arrepender. Aberto é o acesso ao perdão de Deus, e para aqueles que procuram e compreendem a verdade o acesso é fácil. Também no momento de partir e no entardecer da vida temporal é preciso rezar pelos seus pecados e implorar ao Deus único e verdadeiro (SCHMAUS, 1964, 378-379).

 Segundo Afraates (270-345), Abraão disse ao rico: há um grande abismo entre nós e vós, de modo que quem está junto de vós não pode vir até nós nem quem está junto de nós pode ir até vós (Lc 16,26). Desse modo, ele demostrou que depois da morte e da ressurreição já não há penitência; nem os ímpios se arrependerão e entrarão no reino, nem os justos pecarão de modo que caiam nos tormentos (POZO, 2008, 473-474). Hilário de Poitiers (315-368) declara que há confissão dos pecados somente neste tempo, enquanto cada ser humano tem ainda poder sobre sua vontade, e a vida lhe permite a possibilidade de uma voluntária confissão. Quando de fato o ser humano se separa da vida, também se separa do direito sobre sua vontade. Então, a lei imutável ou do repouso ou da pena, segundo o mérito da decisão voluntária, acolhe a vontade daqueles que estão separados do corpo. Quando cessa a liberdade da vontade, também a vontade já não pode fazer nada (SCHMAUS, 1964, 379). Jerônimo (347-420) exorta a agir em vista da morte, dizendo que enquanto ainda temos tempo façamos o bem a todos, especialmente aos irmãos de fé (Gl 6,10). O tempo de semear é o presente e a vida em que caminhamos. Nesta vida estamos livres para semear aquilo que desejamos. Concluída esta vida terrena, o tempo da ação termina. Por isso, também o Redentor diz: é preciso agir enquanto é dia, pois vem a noite quando ninguém pode mais trabalhar (Jo 9,4). Agostinho (354-430) declara que ninguém pode persuadir-se e iludir-se de poder reparar depois da morte lá em cima junto de Deus aquilo que realizou do lado de cá (SCHMAUS, 1964, 379). Máximo de Turim, nascido no ano de 380, adverte frequentemente aos seus irmãos que, enquanto é possível, enquanto há tempo, voltem o olhar para a salvação e nesta vida breve procurem a vida eterna, porque é sabido que esta vida não foi dada aos homens para o descanso, mas para o trabalho, ou seja, para que trabalhem aqui e descansem depois (POZO, 2008, 474).

 Para Cesário de Arles (470-542), a salvação e a danação começam logo após a morte. Por que procurar com grande esforço e com muitas dores a santidade do corpo, enquanto a santidade da alma, que vem dada gratuitamente, não é acolhida com alegria? Por que existem muitos que têm por sua carne uma maior solicitude do que por sua alma? Deveriam dar maior atenção à sua alma, na qual está a imagem de Deus. De fato, quando a carne começa a ser devorada pelos vermes no sepulcro, a alma é apresentada pelos anjos a Deus nos céus. Então, se foi boa, é coroada; se foi ruim, é jogada nas trevas. Dessas trevas rezamos insistentemente para que a graça de Deus nos liberte. Para Fulgêncio de Ruspe (460-533), Deus concedeu aos seres humanos a possibilidade de conquistar a vida eterna nesta vida terrena, na qual, segundo sua vontade, a penitência pode ainda ajudar. Mas a penitência aqui embaixo é uma ajuda para que o ser humano possa abdicar da sua malvadeza e viver bem. O ser humano deve mudar a sua vontade maléfica e realizar obras agradáveis aos olhos de Deus. Quem não faz isso na vida presente, na vida futura padecerá pelos seus pecados e não encontrará remissão diante de Deus. Porque também lá sobrevive o ferrão da penitência, todavia lá não há mudança de mente. Esses homens serão repreendidos por suas perversidades, mas não poderão nunca mais amar e desejar a justiça, porque a vontade deles é tal que traz continuamente em si a punição por sua malvadeza, mas não é suscetível de uma inclinação para o bem. De fato, aqueles que reinam com Cristo não têm em si nenhum traço de vontade maldosa; já aqueles que com o demônio e os seus anjos são entregues ao castigo do fogo eterno por uma parte não encontrarão mais repouso, mas por outra parte não poderão jamais ter um impulso de boa vontade (SCHMAUS, 1964, 380).

A teologia patrística demonstrou que a morte é o evento que confere acabamento e consagração à vida humana. A morte é o momento de fixação da sorte eterna do ser humano. Com a morte, há uma definição do destino eterno. Convém indagar: a definição do destino eterno do ser humano, que se dá na morte, procede de um decreto divino ou pertence à natureza da própria morte? Perguntando de outra forma: a fixação da sorte eterna do ser humano é fruto de um agente superior e exterior à morte ou é um momento interno da própria morte em si? A possibilidade de salvação e condenação que ocorre com a morte é uma ação de Deus ou é uma disposição interna da própria morte? Uma questão de fundo presente nessas indagações, colocada pela teologia medieval, é a obstinação dos condenados (ser humano ou anjo), que não podem se converter depois da morte. Não podem se converter por uma razão exterior à sua vontade, como se Deus negasse a penitência na outra vida, ou porque as penas são eternas? A morte, com tudo que ela comporta em sua entranha, traz consigo a fixação e a imutabilidade da vontade?

Tomás de Aquino (1225-1274) afronta o problema remetendo à solução dada no caso dos anjos:

> depois do estado de peregrinação, a alma separada não agirá a partir dos sentidos, nem estará em ato em relação às potências apetitivas sensíveis; e assim a alma separada se equipara ao anjo quanto a seu modo de enten-

der e quanto à indivisibilidade do apetite, que eram as causas da obstinação do anjo pecador; logo pela mesma razão se obstinará a alma separada (TOMÁS DE AQUINO, 1993, q. 24, a. 11).

Os anjos estão confirmados no bem, e os demônios estão obstinados no mal. Em ambos os casos, o motivo não é fruto de um decreto divino externo, mas pertence à estrutura psicológica do ato eleito. E, se a morte é para o ser humano o que foi a queda para os anjos, é preciso descobrir nela elementos semelhantes aos que, no caso dos anjos, determinam a fixação no fim último.

Durante a vida, as disposições que orientam a alma para o fim último são mutáveis em razão das mutabilidades das paixões e dos hábitos. Assim, resulta que o desejo do fim muda com as disposições e se encaminha para outro que se apresenta de forma mais desejável. Porém, quando a alma se separa do corpo, os fatores que motivam a mutabilidade das paixões desaparecem, pois estavam presentes no corpo, com seus apetites e paixões. Assim, "a alma seja qual for o fim que se tenha fixado quando a surpreendeu a morte, seja bom ou mau, permanecerá neste fim para sempre [...]. De sorte que, depois desta vida, aos que ao morrer eram bons terão sua vontade confirmada perpetuamente no bem; os que foram encontrados maus estarão perpetuamente obstinados no mal" (TOMÁS DE AQUINO, 1980, c. 174).

Para Tomás de Aquino, a fixação do fim é dada pela mesma natureza da morte como separação da alma e do corpo, sem que seja necessário apelar para outra causa externa. A resposta não esclarece todas suas obscuridades. Em particular, o paralelismo que Tomás estabelece entre o anjo e alma separada causa perplexidade, pois não parece calhar à sua antropologia.

João Duns Escoto (1266-1308) foi o primeiro a criticar a teoria tomista. Partindo do dado revelado (os demônios estão obstinados no mal), Escoto vai em busca do motivo da obstinação. As razões de Tomás de Aquino não lhe convencem precisamente porque é insuficiente seu ponto de partida, a saber, que a obstinação dos demônios e dos homens condenados procede da mesma causa. Sendo insuficiente a razão alegada pelo que toca à obstinação dos homens condenados, ela o será igualmente no caso dos anjos maus.

Por que não tem valor a causa assinalada por Tomás de Aquino a respeito dos condenados? Porque, para reunir os requisitos postulados, deve ser um ato tomado pela alma separada. Enquanto está unida ao corpo, a alma não pode agir de modo definitivo nem pode fixar-se em seu desejo em vista do fim. Porém os atos da alma separada pertencem já ao *status termini* (estado definitivo) em que já não é possível emitir um ato capaz de mérito e demérito. Assim, atos emitidos no estado definitivo não podem ser vistos como causa da obstinação. A alma unida ao corpo não pode realizar um ato irrevogável, nem tampouco pode fazê-lo a alma separada (RUIZ DE LA PEÑA, 1971, 22-23).

A obstinação da alma do condenado não pode ser explicada nem por um ato emitido no estado de separação, pois, antes que realize dito ato, a alma já está obstinada por encontrar-se no estado definitivo. Também não pode ser por um ato emitido no estado de união com o corpo, pois aqui ainda se encontra em situação de mérito e de demérito. Nesse estado peregrino e transitório, nenhum ato é capaz de determinar a vontade de modo definitivo, como reconhece o próprio Tomás de Aquino.

A causa da obstinação do condenado é fruto de uma ação de Deus que não lhe concede uma graça para se converter e mudar de opção, ou é resultado das suas opções realizadas no estado de provação? Pode-se dizer que a causa da obstinação dos condenados é Deus? Sim, com a condição de que se entenda como causa negativa (Deus não dá a graça) e não positiva (Deus quer a obstinação). Na realidade, a primeira causa da obstinação reside na vontade do condenado ao ter eleito mal e continuar voluntariamente nessa eleição. É pela fixação da vontade do condenado nas suas decisões pautadas no mal que no momento da morte elas se tornam definitivas (RUIZ DE LA PEÑA, 1971, 23).

Na modernidade, os teólogos se dividiram entre partidários de Tomás de Aquino e de Duns Escoto. O cardeal Louis Billot (1846-1931) defende a tese de Tomás de Aquino. Ele mostra que a fixação da vontade no fim último tem de partir da mesma natureza do livre-arbítrio. Segundo Billot, a causa da obstinação não deve ser colocada em Deus, que não pode determinar a vontade no mal nem confirmá-la em um fim contrário a si mesmo. Não sendo tampouco a pena causa suficiente da obstinação nem de sua eternidade, a razão tem de buscá-la no modo de ser da vontade no estado introduzido pela morte (RUIZ DE LA PEÑA, 1971, 27).

Heinrich Lennerz (1880-1961), pelo contrário, se inclina para a teoria de Duns Escoto. Por que os condenados não se convertem? Porque estão subtraídos ao âmbito saudável da graça. Por que não se lhes concede a graça? A resposta de Tomás de Aquino, segundo Lennerz, tem graves dificuldades: não explica de modo convincente por que um espírito puro não pode mudar sua decisão; não mostra como deve detestar o pecado que a condenou em uma vontade que seja fixada em um fim mau; nem por que o condenado experimenta a privação da visão beatífica como a suma pena, tendo desejado essa privação e continuando a desejá-la.

É preciso decidir-se, por fim, por uma razão extrínseca aos condenados; a sentença os colocou num estado em que toda conversão é impossível, por decreto divino, e toda graça está excluída; não resta mais que a pena eterna. Nessa situação, o desejo frustrado de libertação e felicidade os leva a odiar o Deus vingador, com um ódio que endurece sua postura de rebeldia. Deus é causa negativa ou permissiva dessa obstinação (RUIZ DE LA PEÑA, 1971, 27-28).

A tradição teológica mostrou que com a morte tem-se o fim da história de provação do ser humano. A vida é concebida como um período de provação, de decisões e de escolhas que se conclui com a morte. Na morte, se dá a fixação do destino eterno do ser humano como momento interno do próprio evento da morte e não como ação externa de Deus. Com a efetivação da morte, já não é possível haver mudança de posição e a ocorrência de novas decisões. O período peregrinante da vida é momento de escolhas, conversões e mudanças de posições.

Fundamentação no Magistério da Igreja

A tese da morte como fim do *status viae* da existência está indiretamente presente no Magistério da Igreja Católica quando se afirma a ocorrência da retribuição imediata, logo após a morte, e quando se condena a doutrina da apocatástase de Orígenes.

Orígenes (185-254) e seus seguidores (Evágrio Pôntico, Dídimo e Gregório de Nissa) afirmam que depois da morte existe ainda uma superação da separação de Deus e que, por isso, com o progredir do tempo, todos os seres humanos se tornariam participantes da salvação. Segundo Orígenes, os pecadores que, depois da morte, vão para o fogo purificador, e com eles todos os demônios, vão subindo de grau em grau até alcançar uma purificação total, ressurgindo com corpos etéreos. Os seres humanos, depois da morte, e os demônios estariam submetidos a um castigo temporário, e, assim, haveria uma conversão total. Nesse contexto, Deus seria tudo em todos. Segundo essa sentença, a redenção não seria perfeita se existissem seres humanos excluídos para sempre da salvação (SCHMAUS, 1964, 375).

A doutrina de Orígenes da definitiva redenção universal foi combatida pela fé da Igreja. O Sínodo de Constantinopla (543), pronunciando anatematismos contra as teses de Orígenes, declara: "Se alguém diz ou sustenta que o castigo dos demônios e dos homens ímpios é temporário e terá fim depois de certo tempo, isto é, que haverá uma restauração dos demônios ou dos homens ímpios, seja anátema" (DENZINGER, 2007, 151).

A tese da retribuição imediata da alma após a morte está presente na fé da Igreja. O II Concílio de Lião (1274) declara que

> as almas, pois, daqueles que, depois de terem recebido o santo batismo, jamais incorreram em nenhuma mancha, e também aqueles que depois de terem a mancha do pecado foram purificadas, que quando ainda nos seus corpos, seja quando já despojadas deles, são logo recebidas no céu. As almas, pois, daqueles que morreram em pecado mortal, ou só com o pecado original, descem logo ao inferno, sendo todavia punidas com penas diferenciadas (DENZINGER, 2007, 302).

De modo semelhante ao Concílio de Lião, expressa-se a carta *Nequaquam sine dolore* aos armênios, em 1321 (DENZINGER, 2007, 314).

A Constituição *Benedictus Deus* (1336) afirma que as almas daqueles que morreram depois de terem recebido o batismo,

> [...] nos quais nada havia a purificar quando morreram, nem haverá no mundo futuro, ou se neles tiver havido ou houver alguma coisa a purificar e tiverem sido purificados depois de sua morte [...] logo depois de sua morte e da purificação em relação aos que precisavam de tal purificação, mesmo antes de assumir os seus corpos e antes do juízo final [...] estiveram, estão e estarão no céu. [As almas] viram e veem a essência divina com uma visão intuitiva e, mais ainda, face a face — sem que haja a mediação de nenhuma criatura como objeto de visão, revelando-se ao invés sua essência divina de modo imediato, desnudo, claro e manifesto — e que aqueles que assim veem gozam plenamente da mesma essência divina e, assim, em virtude de tal visão e fruição, as almas dos que já faleceram são verdadeiramente bem-aventuradas e têm a vida e a paz eterna, como também as dos que mais tarde hão de falecer verão a essência divina e gozarão dela antes do juízo universal (DENZINGER, 2007, 323).

Essa Constituição afirma que

> as almas dos que morreram em pecado mortal atual logo depois de sua morte descem ao inferno, onde são atormentados com suplícios infernais, e que, todavia, no dia do juízo, todos os homens com seus corpos comparecerão diante do tribunal de Cristo (DENZINGER, 2007, 324).

Analogamente à Constituição *Benedictus Deus*, expressa a bula sobre a união com os gregos de 1439 (DENZINGER, 2007, 359).

O Concílio Vaticano II (1962-1965), na Constituição *Lumen Gentium* (n. 48), afirma que "vigiemos continuamente a fim de que ao termo da nossa vida sobre a terra, que é só uma (Hb 9,27), mereçamos entrar com ele [Cristo] para o banquete de núpcias e ser contados entre os eleitos" (DENZINGER, 2007, 963). O catecismo da Igreja Católica, n. 1013, define que

> a morte é o fim da peregrinação terrestre do homem, do tempo de graça e de misericórdia que Deus oferece para realizar sua vida terrestre segundo o projeto divino e para decidir seu destino último. Quando tiver terminado o único curso de nossa vida terrestre não voltaremos mais a outras vidas terrestres. "Os homens devem morrer uma vez só" (Hb 9,27). Não existe "reencarnação" depois da morte.

Pertence à fé cristã, como verdade implicitamente definida, que o ser humano não tem possibilidade de decidir sua sorte depois da morte. Durante a vida terrena, o ser humano tem a possibilidade de se posicionar de modo contrário ou favorável diante de Deus. Porém, uma vez ocorrida a morte, já não há possibilidade de decisão. Com a morte, chega ao fim o tempo das decisões e escolhas; a condição única do caráter peregrinante da vida do ser humano alcança sua conclusão.

Reflexão sistemática

O tempo da vida não pode ser percorrido uma segunda vez. O tempo da existência humana é único e irrepetível, assim como a vida. O símbolo da vida individual, como de toda história humana, não é um círculo, mas uma reta. A história humana é marcada por uma linearidade, cujo acabamento se dá com a morte. Não há eterno retorno de todas as coisas, pois a história é irrepetível e progressiva. A vida humana é uma história que vai progredindo, sem pausa nem interrupção, rumo a seu fim inexorável; ela é marcada por uma singularidade e uma unicidade que desembocam na morte. A vida e a morte são experiências únicas e irrevogáveis. Com a morte, a vida individual chega a uma decisão definitiva. A morte é a última possibilidade que torna a vida definitiva. Por isso, com a morte, a existência humana alcança seu epílogo, sua consagração e sua constituição definitiva. Assim, ocorre a "definição última daquilo que a livre responsabilidade do ser humano realizou no seu empenho histórico de realização do próprio projeto pessoal" (ANCONA, 2013, 290).

Na morte, a dinâmica dos projetos humanos chega ao seu termo e, como momento síntese de todas as determinações livres e realizadas durante a vida, a própria morte se manifesta como evento em que o projeto de personalização do ser humano chega a seu ápice e à sua plenitude (ANCONA, 2013, 290). A morte é a síntese dos projetos e da história das decisões humanas; trata-se de uma condensação e uma recapitulação da história do ser humano. Durante o curso da vida terrena, o ser humano vai progressivamente desenvolvendo sua personalidade, de modo que na morte ele conquista o apogeu de sua personalização. A "morte é o último momento de maturação da vida humana, pode-se considerá-la como a derradeira autorrealização do homem" (SCHMAUS, 1981, 205).

"Em sentido literal, a morte física é a extinção da vida, da existência, do tempo. Porém, a pessoa humana, por estar destinada à eternidade, é mais que vida, porque ultrapassa o espaço de tempo que transcorre desde seu nascimento até sua morte" (BOFF, 2009, 398). A morte não é somente o fim definitivo da linha reta da existência cronológica, mas é também o fim no sentido de uma fixação definitiva do destino humano. Com a morte, define-se o futuro eterno do ser humano, que não é fruto da decisão de um agente superior e externo à existência humana, mas uma experiência interna da própria morte. A "definitividade da decisão pessoal de toda a vida é um fato intrínseco à morte por ser ato espiritual-pessoal do próprio homem" (RAHNER, 1965a, 29). A decisão do futuro eterno do ser humano não é fruto de uma decisão tomada no momento pontual da morte, como queriam os defensores da hipótese da decisão final, mas resultado da história de decisões tomadas no curso da vida terrestre. Ninguém será salvo ou condenado por uma decisão pontual tomada no curso da vida terrena, mas pelo conjunto da história das decisões, ou seja, pela opção moral fundamental empreendida durante a vida. A proposição de fé acerca "da definitiva conclusão do *status viatoris* com a morte significa que a decisão moral fundamental, que o homem amadureceu livremente na temporalidade terrena da sua vida física, na morte se torna definitiva" (RAHNER, 1965a, 27). A "morte torna definitiva a orientação que o homem tomou durante sua vida e que confirmou definitivamente no evento de sua morte" (ZUCCARO, 2002, 158).

O momento presente da história humana individual é sempre um instante de decisividade. Existir é ter de decidir a todo momento. Por isso, com a morte, o ser humano, "como pessoa ético-espiritual, na vida física, alcança uma definitividade e completude que torna definitiva sua decisão de ir ao encontro de Deus ou de se distanciar dele" (RAHNER, 1965a, 26). A decisão tomada na direção da comunhão ou da recusa de relação com Deus se torna definitiva no momento da morte. Assim, já na vida presente, o ser humano experimenta, por antecipação, a salvação ou a condenação. No futuro escatológico, não haverá surpresa sobre o destino eterno do ser humano. A morte será o momento de confirmação daquilo que o ser humano decidiu e elegeu durante sua vida terrena. Na vida presente, se define o futuro escatológico do ser humano. O futuro eterno já é antecipado no presente terrestre. O futuro escatológico está ligado à futuridade do presente terreno. O ser humano caminha com os pés fixos no presente, porém com o olhar voltado para o futuro escatológico. "Toda a vida humana é um processo dialético entre o tempo e a eternidade. No fim se atualiza definitivamente o que amadureceu durante a vida" (SCHMAUS, 1981, 202). Por isso, "a morte não é nem o fim do seu ser, nem a pura passagem de uma forma de existência a outra", mas "é o início da eternidade" (RAHNER, 1965a, 28). A vida humana "é irrepetível, e as decisões tomadas no seu curso têm uma valência eterna" (NOCKE, 2006, 137).

A morte comporta uma dimensão moral e religiosa. A dimensão moral significa a consagração da decisão moral fundamentada, eleita e maturada durante a vida terrena e que no momento da morte se torna definitiva. A dimensão religiosa significa que durante a vida terrena o ser humano pode tomar decisões contrárias ou favoráveis a Deus que, no momento da morte, se tornam irreformáveis e irreversíveis. Assim, a morte é revestida de rosto moral e religioso. Com a morte, a existência humana conquista uma fisionomia definitiva (BORDONI; CIOLA, 2000, 216).

A morte é primeiramente um tema antropológico e depois escatológico

A definição clássica da morte com uma ênfase demasiadamente fisicista terminou por banalizá-la como evento humano. Na realidade, historicamente, o tema da morte não foi considerado seriamente como um objeto de reflexão antropológica e teológica. A morte foi ignorada como tema de relevância existencial. Isso se verifica porque, além da visão fisicista da morte, a preocupação da escatologia clássica (*novíssimos*) estava centrada no discurso sobre o pós-morte. A visão clássica não estava focada no evento da morte, mas nas consequências eternas de sua realização. A morte era vista como fim do *status viae* (estado peregrinante), "mas para saltar de imediato ao exame do estado correlativo (o *status termini*), sem se deter em pensar o que significaria para a existência terrena o fato de se encontrar diante de um limite insuperável" (RUIZ DE LA PEÑA, 1971,

375). O *status viae* não é visto como objeto de análise em si mesmo, mas por estar a serviço do *status termini* e dar acesso a ele.

Historicamente o discurso antropológico da morte foi "atropelado" e visto superficialmente em virtude das reflexões a respeito dos temas sobre o pós-morte, como o juízo, a imortalidade da alma, a retribuição imediata e outros. A morte era vista como um trampolim para o início das reflexões sobre o pós-morte. Rahner (1965b, 109-110, nota 13) afirma que "não se pode saltar a morte passando rapidamente àquilo que vem depois dela". Ou seja, o interesse reflexivo da escatologia clássica estava voltado para aquilo que se ocultava atrás da morte e não para tal evento em si mesmo. Em razão dessa constatação, é possível perceber uma ausência histórica de uma verdadeira reflexão antropológica e teológica sobre a morte. Segundo o teólogo italiano Bordoni (1967, 57),

> se olhamos para o passado, percebemos facilmente que o argumento da morte nunca foi objeto de uma verdadeira e profunda teologia. O tema da morte foi considerado ocasião de meditação e de uma meditação salutar pelo seu aspecto terrificante e repelente em sua relação com a culpa: *memorare novissima tua et in aeternum non peccabis* [cf. Sr 7,36].

O cenário escatológico era dominado pela preocupação com as realidades do pós-morte. A morte era tratada como um capítulo da escatologia individual. O tema da morte era visto em uma perspectiva escatológica e negligenciado antropologicamente. A morte não era pensada *em* e *por* si mesma, mas por ser via de acesso às realidades últimas. O discurso sobre a morte não gozava de autonomia, estava submetido aos temas escatológicos, principalmente ao da imortalidade. O tema da morte era visto rapidamente para, em seguida, se refletir abusadamente sobre os temas do pós-morte. Na realidade, a reflexão sobre a morte era uma reflexão sobre a imortalidade. Ruiz de la Peña (1997a, 802-804), refletindo sobre o binômio morte-imortalidade, propõe que é necessária uma ruptura com a ideia da imortalidade a fim de que o tema da morte alcance uma atenção especulativa.

Uma reflexão antropológica sobre a morte é possível por meio de sua desvinculação inicial das temáticas do pós-morte. A ruptura com a ideia de imortalidade propiciará uma libertação do tema da morte, que então conquistará autonomia e independência reflexivas, deixando de ser um argumento subserviente das reflexões sobre o pós-morte. O discurso sobre a morte tem uma dinâmica própria e não pode ser pensado como um preâmbulo nem exercer uma função propedêutica na reflexão sobre as realidades últimas. A morte é, em primeiro lugar, um tema da antropologia e, posteriormente, da escatologia. "A morte tem uma problemática própria, distinta da questão da imortalidade, com a qual somente ulteriormente deve ser relacionada" (RUIZ DE LA PEÑA, 1971, 114). A morte é primeiramente uma questão, por direito e de fato, da antropologia. A escatologia deve se ocupar das consequências eternas da realização da morte, e a antropologia com tal evento em si. A morte deve ser libertada de uma ótica escatologizada e ser considerada, primeiramente, um evento antropológico. Isso se justifica porque a morte está relacionada com a condição espaçotemporal, corpórea, pessoal, histórica, social, cósmica e contingente do ser humano.

A morte como unidade dialética de paixão e ação

O ser humano experimenta uma tensão entre aquilo que ele é e o que é chamado a ser. Ele é uma unidade tensional entre natureza e pessoa. Como natureza, o ser humano é uma realidade dada, imposta passivamente, referindo-se àquilo que ele é. Como pessoa, o ser humano é uma magnitude que envolve a vocação, a disposição e a liberdade. Ser pessoa é um chamado e uma decisão na direção de si mesmo. Trata-se de um projeto e de uma construção. É autopossessão. A condição de natureza refere-se à condição prévia e dada. Além de uma unidade dialética de pessoa e natureza, o ser humano é uma unidade entre atividade e passividade, liberdade e necessidade, matéria e espírito, imanência e transcendência. Essa unidade dialética que constitui o ser humano antropologicamente reflete no seu morrer. Assim, a morte é simultaneamente paixão e ação.

Do ponto de vista passivo, a morte é uma realidade imposta em razão da condição criatural dos seres vivos. A morte como paixão afeta igualmente os seres humanos e os animais. Trata-se de um denominador comum e uma herança de todos os viventes. Consiste em fato bruto e universal que atinge todos os seres vivos. A morte é vista como um evento biologicamente aceito. É um fato que o ser humano padece, colocando fim à existência física, temporal e histórica. Como paixão, a morte é padecimento, ruptura, destruição, decomposição e acontecimento que afeta o ser humano externamente. É uma experiência da morte como um fato estranho, anônimo e impessoal. O aspecto passivo se refere à dimensão captável fenomenologicamente. É o fim físico da condição humana. Como evento passivo, a morte do ser humano e a do animal não gozam de nenhuma diferença pessoal, qualitativa e axiológica; o morrer humano é como o findar de um animal.

A dimensão ativa do morrer é exclusiva do ser humano. Consiste na índole pessoal, axiológica e qualitativa da morte. Se, como natureza, a morte é uma paixão imposta que o ser humano sofre involuntariamente, como pessoa, a morte é um evento assumido livremente. Trata-se da dimensão interna do morrer, reservada unicamente ao ser humano. Com a morte, a pessoa alcança sua definitividade. É um momento de realização humana e pessoal. O ser humano na sua totalidade relacional chega à sua conclusão. No momento da morte, tem-se uma consagração daquilo que o ser humano elegeu ser autêntica ou inautenticamente. É um momento em que o ser humano toma posse de si mesmo e se realiza existencialmente. Na morte, a existência pessoal se consagra, sendo gerada para a definitividade. A liberdade, como capacidade de o ser humano dispor de si mesmo de modo definitivo, alcança sua possibilidade máxima e extrema. A seriedade da liberdade encontra, na morte, seu exercício definitivo. Na morte se dá o único ato verdadeiramente livre exercido pelo ser humano, realizando uma irrevogabilidade da história da liberdade humana. A morte é ao mesmo tempo autodeterminação definitiva e consagração irrevogável do ser humano como pessoa. A morte consiste no momento em que o ser humano alcança sua máxima personalização e autorrealização. "O término da condição peregrinante do ser humano tem de coincidir com sua cabal identificação, a morte tem de consistir na chegada do homem a si mesmo e, com isso, no começo de sua permanente forma de ser" (RUIZ DE LA PEÑA, 2002, 268).

Essa unidade dialética que constitui o morrer humano é compartilhada por vários autores (RAHNER, 1965a, 29-30, 37-38; GEFFRÉ, 2004, 1198; SCHMAUS, 1964, 385; VORGRIMLER, 1981, 78-85; TROISFONTAINES, 1960, 153-164). O ato único da morte não é composto de paixão *mais* ação, mas de paixão-ação. Na unicidade do morrer humano ocorre simultaneamente a unidade dialética de paixão-ação. A morte é, concomitantemente, um evento externo que sobrevém e afeta o ser humano e um acontecimento ativo e interno que o realiza. É a conclusão e o limite da vida física e a realização pessoal e a consagração existencial definitiva do ser humano. Essa unidade dialética de paixão e ação da morte humana encontra-se presente na morte de Jesus:

> A morte de Cristo teve um caráter escatológico, não somente porque foi o término final de sua existência no mundo, mas porque nela cumpriu a entrega definitiva de si mesmo ao Pai e viveu assim de modo supremo sua relação filial com Deus. Não se trata, por conseguinte, do mero *fato*

de morrer, de sofrer a morte violentamente imposta, mas do *ato de morrer* aceito livremente na entrega de sua vida ao Pai em favor da humanidade (ALFARO, 1989, 791).

A morte como consumação da liberdade

A morte é o fim da história da liberdade humana, que, por sua vez, ganha um caráter permanente e definitivo. Com a morte, a história humana individual chega à sua conclusão. A existência alcança um caráter irreformável, e a vida ganha sua fisionomia derradeira. A morte significa a realização da última possibilidade do humano. Com a morte, a existência pessoal adquire um caráter irreversível e definitivo. A história da liberdade chega ao seu ponto conclusivo. A liberdade é a faculdade fundamental por meio da qual o sujeito, em sua transcendentalidade, dispõe de si mesmo em ordem de sua realização definitiva. A liberdade funda a história como possibilidade de realizar algo realmente definitivo (RAHNER, 1978, 575-576). Com a morte, a existência pessoal alcança sua consagração ontológica e chega à sua identidade definitiva; logo, a liberdade, no sentido entitativo, conquista seu ponto máximo de realização. A história do ser chega a seu apogeu.

A essência da liberdade está na possibilidade de uma decisão irrepetível e definitiva do sujeito sobre si mesmo. Essa irrepetibilidade da autodecisão, em vista da definitividade e irrevogabilidade, se realiza ao longo de toda extensão temporal dos instantes concretos que constituem a vida histórica da pessoa. A irrepetibilidade da autodecisão acontece no tempo e não é suprimida pela multiplicidade dos instantes. A unicidade dessa decisão global do sujeito livre não pode ser entendida independentemente da vida histórica (RAHNER, 1978, 576-577). Na morte, a autodecisão do sujeito sobre si mesmo, que tem caráter definitivo, perpassa todos os momentos das decisões concretas da vida do sujeito e adquire caráter absoluto. Nas escolhas particulares da liberdade, durante a vida terrena, está presente de modo latente um desejo de irrevogabilidade e eternidade. A opção fundamental que está no subsolo das decisões tomadas no espaço e no tempo ganha uma fisionomia derradeira. Com a morte, cessam todas as possibilidades espaçotemporais. A morte é a última possibilidade espaçotemporal, que decreta o fim de todas as possibilidades finitas. Como a liberdade é a faculdade cujo exercício ocorre no espaço e no tempo, logo, com a morte, o escolhido pela liberdade permanece perpetuamente. A morte está atuando em todo campo existencial e biológico da vida humana como uma magnitude continuamente presente e "por isso a morte é de fato o ato da liberdade do homem. Em relação a isso podemos dizer: o homem deve morrer a sua morte na liberdade, não pode de modo algum evitar essa morte imposta como obra da sua liberdade" (RAHNER, 1965a, 78-79). O ser humano deve aceitar livremente a morte e existir numa liberdade para a morte. Com a morte, tem-se o fim da história das escolhas e das decisões. O que foi decidido pela liberdade, em sua opção fundamental, com a morte chega à sua consagração. A morte significa a cessação da história da liberdade. Depois da morte, entra em vigor o que foi decidido pela liberdade no tempo.

Não tem sentido pensar que a história da liberdade continua além da morte, que é concebida como fim da corporeidade histórica do ser humano. Isso suporia situar a autodecisão do ser humano fora de sua história espaçotemporal. Nesse sentido, a história seria reduzida à condição de mera aparência que encobre a verdadeira liberdade. Se a história da liberdade segue seu curso depois da morte como fim da história corpórea, isso significa que a autêntica história nunca esteve presente como tal nessa vida espaçotemporal (RAHNER, 1978, 576-577). Porém a história da liberdade desenvolve sua trama dentro da história, e não além dela. É dentro da história que a liberdade acontece. Com a morte, cessa a atividade corpórea e, considerando que a liberdade está ligada à historicidade do corpo, da finitude e do espaço-tempo, logo finda também a história do exercício da liberdade. A liberdade humana é faculdade exercida na finitude, dentro da história e das coordenadas do espaço e do tempo. Assim, cessando a finitude da corporeidade individual, finda também a liberdade individual.

É na morte que se dá a manifestação do caráter único e irrepetível da liberdade fundamental. Nesse momento, profundamente existencial, o ser humano faz uma dupla experiência: por um lado, o sujeito alcança a consumação do seu existir, chegando a seu apogeu ontológico; trata-se do momento em que a biografia do sujeito chega à sua plenificação. Por outro lado, é momento em que o sujeito se torna indisponível, tornando-se despossuído de si mesmo e de todo poder. Na morte, o sujeito já não tem domínio de sua existência, perdendo a posse de seu existir. A possessividade do existir se dá no âmbito do espaço e do tempo. A disponibilidade do ser e a construção ontológica se dão no campo histórico. A morte representa a expropriação do ser. Com a morte, cessa toda possibilidade de exercício da liberdade, e a existência se torna indisponível; é o momento do despojamento do ser. Essa dupla experiência se compõe de um momento ativo e outro passivo que ocorrem simultaneamente na experiência única do morrer: o ativo é o momento da autopossessão de si e da conclusão da história da liberdade; o passivo é o momento do despojamento e da expropriação de si mesmo. Na morte, cumpre-se a liberdade humana não simplesmente do exterior, "mas também do interior porque a morte se torna a condição pela qual a liberdade pode alcançar o próprio estatuto de definitividade" (ZUCCARO, 2002, 162). "Na morte, o homem parece ser despojado de tudo aquilo mediante o que pode dispor de si mesmo, e todos os resultados anteriores de seus atos livres concretos, como integrantes desta única e total autodisposição, parecem ficar apagados" (RAHNER, 1978, 580-581). Na realidade, junto com esse despojamento, está ocorrendo a dimensão ativa do morrer quando a liberdade em sua capacidade de autodisposição chega ao seu término. Ativamente, no momento da morte, a opção fundamental se torna definitiva.

A morte como ação da liberdade não consiste numa hipotética decisão que o ser humano tomaria no momento pontual da vida física. Os partidários da teoria da decisão final defendem que no instante da morte o ser humano conquistaria uma liberdade absoluta passível de decidir de modo irrevogável, sendo capaz de tomar uma decisão realmente livre. Desse modo, porque ele ontologicamente ainda não se possui, o ser humano não seria capaz de ato realmente livre durante da vida terrena, mas somente no momento da morte. Essa visão desconsidera a história e a seriedade da liberdade e considera somente um hipotético ato da liberdade no momento da morte. O ser humano não é livre somente no momento da morte, mas em todo o curso de sua existência. A liberdade é um patrimônio antropológico que age na vida humana desde a sua concepção. Assim, a liberdade é livre não somente no momento da morte, mas em todo o campo existencial da vida humana. A liberdade é uma liberdade para a morte. A autodeterminação da liberdade, visando um fim último, alcança na morte o seu termo. "Com a morte, a liberdade do homem se autodetermina em vista do seu fim último e não resta mais nenhum espaço ulterior para repensar a sua decisão de fundo, na qual ela atuou" (ZUCCARO, 2002, 159).

Dimensões da morte

O século XX pode ser denominado de século da morte. Esse século assistiu a um vertiginoso aumento, no âmbito prático, da brutalidade da morte nas duas guerras mundiais e à proliferação de sua imagem violenta. Essa constatação prática induziu a uma consideração da morte no âmbito teórico. A morte, como evento da condição humana, é a evidência física, empírica e brutalmente irrefutável da qualidade metafísica da realidade do ser humano denominada finitude. A finitude é um dado antropológico não suscetível a nenhuma manipulação ou camuflagem. A finitude representa a nota mais abarcadora e o distintivo mais infalsificável da condição humana. É propriamente o evento da morte, em sua dimensão física e metafísica, que impede a ocultação da finitude humana. A evidência reflexiva que a morte conquistou é o mérito indiscutível da reflexão contemporânea que reagiu saudavelmente contra a expansiva trivialização da morte procedente das antropologias idealistas (idealismo alemão e marxismo clássico).

Quais são precisamente as dimensões da morte? A pergunta pela morte não é um "problema setorial, mas global; não abordamos uma questão marginal, mas cardinal" (RUIZ DE LA PEÑA, 2002, 261). Essa interrogação não é uma curiosidade, visto que o ser humano pode ser definido como o "ser-questionante-pela morte" (ALFARO, 2002, 241). A pergunta pela morte incorre na interrogação das dimensões do sentido da vida e da história, da validade dos imperativos éticos absolutos (justiça, liberdade e dignidade), da dialética presente-futuro, do sujeito da esperança e da dimensão ontoaxiológica da pessoa. Todas essas dimensões da morte foram tocadas, com maior ou menor profundidade, pela atual literatura filosófica sobre o nosso tema. Convém analisá-las de forma detalhada.

A pergunta sobre a morte é a pergunta sobre o sentido da vida. Essa pergunta tem procedência porque o ser humano é visto como uma realidade detentora de um valor pessoal e de uma relevância ontológica. Em sua finitude constitutiva, ele é um ser-para-a-morte do ponto de vista biológico, como evidenciou Engels; e existencial-ontológico, como mostrou Heidegger. Considerando esse duplo ponto de vista, sua vida terá sentido se sua morte tiver sentido. Uma morte sem sentido torna a vida insensata. Assim, não é possível conceber uma antropologia que trate o problema da morte de modo tangencial. A trivialização da morte conduz a uma banalização do sentido da vida. "Parece, pois, que não se pode dar resposta à pergunta sobre o sentido da vida enquanto não se esclarece o sentido da morte" (RUIZ DE LA PEÑA, 2002, 261). Se a morte não confere sentido e não ilumina a vida, deve-se considerar a indagação do marxista humanista Schaff (1965, 58): "para que tudo isso, se, de todas as formas, se deve morrer?".

> Não se obtém automaticamente o sentido da morte com a obtenção do sentido da vida. Delinear a questão assim é invertê-la; tal delineamento nega, com efeito, a intrínseca ordenação da vida à morte, pois, se a vida se orienta para a morte e não se consegue descobrir o sentido desta, tampouco aquela o terá em definitivo (RUIZ DE LA PEÑA, 1978, 190).

Toda oferta de sentido da vida deve ser confrontada com a morte, pois nesta abriga o sem sentido. A questão da morte é, pois, uma questão sensata, dotada de sentido, porque é uma questão radical sobre o sentido último de minha vida. O sentido último da vida deve ser entendido no âmbito pessoal, coletivo e cósmico: "A descoberta de um sentido para o eu singular, mas não para a humanidade e o mundo, seria tão frustrante como a atribuição de sentido à história ou à sociedade às custas da significação do ser humano concreto nessa história" (RUIZ DE LA PEÑA, 1980, 29).

A pergunta sobre a morte é a pergunta sobre o significado da história. A pergunta sobre a morte, em princípio, revela uma preocupação com o sentido da história, porque o ser humano é uma realidade histórica. O ser humano, como ser histórico, espaçotemporal e contingente, está submetido à morte. No entanto, não se pode afirmar que a morte é uma realidade que afeta somente os indivíduos, porque a morte do indivíduo revela o índice de mortalidade da espécie. O indivíduo é mortal porque faz parte de uma espécie mortal. Os indivíduos são mortais, as culturas são mortais, a humanidade é mortal. A finitude do ser humano singular é a antecipação da finitude do humano, ou seja, da humanidade e do mundo humanizado pelo ser humano. "A mortalidade, por assim dizer, microscópica é mero reflexo localizado de uma mortalidade macroscópica que constitui a atmosfera em que se move e respira tudo o que vive" (RUIZ DE LA PEÑA, 2002, 262). Nesse contexto, a morte do indivíduo deve ser vista dentro de uma espécie de sistema mortal.

Diante dessa reflexão, pode-se perguntar: qual o sentido último da aventura humana? No término do processo histórico, o que prevalece: o ser humano dominando a natureza por meio da racionalidade dialética, ou a natureza engolindo o ser humano por meio da necessidade biológica? Caso não se encontre uma resposta para o tema da morte, o que prevalece é a natureza dominando o ser humano, o cosmos sobre o logos; seria o triunfo da matéria que reabsorveria o ser humano mediante uma lei biológica. Se a morte não ilumina e não dá sentido à história pessoal e coletiva, o ser humano se funde no universal, sendo devorado por um sistema panteísta.

A pergunta sobre a morte é a pergunta sobre os imperativos éticos de justiça, liberdade, dignidade.

É possível atribuir estes valores absolutos a sujeitos contingentes? Se um homem tratado injustamente morre para ficar morto, como lhe fazer justiça? E, se não se faz justiça a ele, com que direito posso exigir que se faça justiça a mim? Como restituir a liberdade e a dignidade aos tratados como escravos, que deixaram de existir total e irremediavelmente? (RUIZ DE LA PEÑA, 1997b, 293).

É possível fazer uma oferta de vida nova para um grupo restrito e excluir uma multidão? Caso essa possibilidade fosse possível, não seria um triunfo do carrasco sobre a vítima? Foram essas interrogações que levaram Garaudy a elaborar o postulado da ressurreição como pressuposto de uma opção revolucionária coerente e honesta. Como posso oferecer eticamente um mundo novo para todos, se não ofereço a todos a oportunidade de desfrutar desse mundo?

A pergunta sobre a morte é a pergunta sobre a dialética presente-futuro. O marxismo humanista demonstrou um primado do futuro sobre o presente. Como se constatou, para Bloch o ser humano vive em um presente pouco acolhedor, inóspito, repleto de contradições e, por isso, sonha com um futuro (pátria da identidade). Porém entre o presente sofrido e o futuro sonhado está o abismo da morte. No horizonte escatológico de Bloch, a ontologia do ainda-não não deixa sinal de presencialidade no já. A preocupação exclusiva com o ainda-não esvazia o conteúdo do já. Dessa forma, não existe uma relação de reciprocidade e continuidade entre o presente e o futuro. O presente é sacrificado e visto como meio para a realização do futuro. A ênfase no futuro sinaliza uma preocupação com a novidade. Por isso, na visão de Bloch, a morte deveria ser ultrapassada, caso contrário poderia introduzir um elemento de ruptura. No entanto, para ser autenticamente humano um futuro comporta um duplo elemento: continuidade e novidade.

A pergunta sobre a morte é a pergunta sobre o sujeito da esperança. O contingente é capaz de esperança? "Não seria mais realista contentar-se em adjudicar-lhe uma modesta taxa de expectativas, porém não uma esperança? O finito não parece sujeito apto de esperança" (RUIZ DE LA PEÑA, 2002, 263). Parece que sua fragilidade ontológica não lhe permite superar os limites de sua finitude e, tudo indica, que será engolido pelo nada. O indivíduo possui esperança, ou bem mais é a esperança da espécie? As gerações intermediárias têm esperança, ou isso é algo garantido e acessível somente às gerações futuras? Ser esperança para os outros não é o mesmo que ter esperança. Ou seja, há uma diferença entre ser sujeito da própria esperança e ser objeto da esperança alheia. A esperança blochiana tratou do que se espera (acesso à pátria da identidade), mas não disse propriamente quem ou para quem se espera. "Quem conjuga o verbo esperar? O eu singular que somos todos nós somente poderá fazê-lo se [...] está vigente para ele uma verdadeira promessa de vida" (RUIZ DE LA PEÑA, 2002, 263).

A pergunta sobre a morte é uma variante da pergunta sobre a pessoa. Ou seja, é uma interrogação sobre a densidade, irrepetibilidade e validade absoluta de quem padece a morte. O tema da morte coloca uma questão radical: a pessoa é ou não uma realidade única e insubstituível? Em caso afirmativo, a morte não pode fazê-la precipitar no nada. Mas, se a resposta é negativa, então o ser humano não tem um primado ontológico e axiológico sobre os demais seres vivos e, consequentemente, é reduzido a uma realidade entre as outras. Então, não há razão para tratar o ser humano com tanta atenção: "a realidade da pessoa é uma ficção especulativa e deve ser reabsorvida pela realidade onipresente que chamamos natureza" (RUIZ DE LA PEÑA, 2002, 263). No entanto, a morte é uma tragédia, porque o ser humano é mais do que um número de sua espécie, um dado que consta nas estatísticas sociodemográficas ou uma peça que compõe o panorama cósmico. A significação que se dá à morte está diretamente relacionada com a magnitude que se devota ao seu sujeito paciente. "A minimização da morte é o índice mais revelador da minimização do indivíduo mortal. E, ao contrário, uma ideologia que trivialize o indivíduo trivializará a morte" (RUIZ DE LA PEÑA, 1980, 149-150). Dessa forma, a negação do indivíduo e de sua singularidade conduz a uma negação da morte. Essa constatação foi verificada em Feuerbach e no marxismo clássico. "Se a morte é compreendida como problema é porque o homem é apreendido como um valor que transcende o puro fato bruto" (RUIZ DE LA PEÑA, 2002, 264). A morte do homem determina o fim de uma "singularidade determinada" (RUIZ DE LA PEÑA, 1978, 10), de uma magnitude de valor "absoluto relativo" (ZUBIRI, 1984, 52). Os marxistas humanistas também reconhecem o valor da morte da singularidade humana: "todo indivíduo é em si mesmo um microcosmo, e a morte de um indivíduo é o fim de um mundo particular" (SCHAFF, 1977, 149). A morte do indivíduo é o fim de um "valor intangível" (KOLAKOVSKI, 1970, 107).

Na visão de Ruiz de la Peña (2002, 264),

> é duvidoso que um discurso puramente racional esteja em condições de oferecer as correlativas respostas. Entre os pensadores interessados no tema, os que optam por respostas positivas (Jaspers e Marcel, Bloch e Garaudy) o fazem graças a opções transracionais de um discurso mais metarreligioso do que científico ou filosófico.

Segundo esses filósofos, a questão parece se delinear do seguinte modo: a morte é necessária por via de fato e parece impossível (como última palavra) por via de razão, pois conduz ao absurdo (a ausência de resposta para as perguntas antes formuladas), e a razão recusa o absurdo. Nesse contexto, uma vitória sobre a morte seria necessária por via de razão ainda que não seja evidente por via de fato. A questão oscila entre dois polos: necessidade da morte e necessidade de uma vitória sobre a morte. A razão por si mesma não é capaz de solucionar essa torturante ambiguidade.

Como a razão não é capaz de oferecer uma resposta satisfatória para a problemática morte-imortalidade, os referidos filósofos se fundamentam nas ideias de esperança e transcendência. A esperança seria impossível se a aniquilação ou a sobrevivência fossem certezas racionais. A esperança é possível justamente porque nenhuma das alternativas se impõe categoricamente à sua contrária. A ideia de transcendência evocada por esses quatro filósofos não tem o mesmo significado atribuído pela tradição filosófico-teológica, mas consiste numa realidade mais fluida e genérica. Com essa ideia de transcendência, se expressa, no horizonte de Bloch, "o desejo de um *non omnis confundar*, o anseio de que o núcleo autêntico do humano ultrapasse a bruta faticidade da realidade em sua figura atual e não se volatilize para sempre com a morte de seu sujeito; a confiança de que, por fim, o Ser prevalecerá sobre o Nada" (RUIZ DE LA PEÑA, 2002, 265).

Os sujeitos de uma suposta vitória sobre a morte têm um rosto e um nome. E esse é o ponto mais obscuro dos modernos discursos sobre a morte. Ou seja, os sujeitos destinados à imortalidade não se constituem de uma massa impessoal e sem identidade. A imortalidade se refere a um evento pessoal que está ligado com a identidade do sujeito. Os filósofos que sustentam um discurso transracional sobre a morte "parecem ter medo de dar o passo na direção de uma clara afirmação da imortalidade pessoal porque pensam que dita afirmação entranharia a subjetividade desencarnada da alma imortal" (RUIZ DE LA PEÑA, 1997b, 295). Uma reflexão sobre um modelo de imortalidade espiritualista e desencarnada inibe os filósofos transracionais. Entre esses filósofos, a exceção é Gabriel Marcel, que, como cristão confessante, soube captar que a vitória do eu pessoal sobre a morte se funda numa comunhão de vida interpessoal, e, portanto, se liberta do solipsismo egocêntrico das antigas teorias da imortalidade da alma.

O instante da morte: a hipótese da decisão final

A hipótese da decisão final ou última trata do que aconteceria com a pessoa no momento pontual da morte. Trata-se de um instante que goza de uma profunda concentração antropológica, psicológica e espiritual em que o ser humano seria chamado a tomar uma decisão final a favor ou contra Deus, definindo seu destino eterno. A hipótese será vista nas suas origens, com a tese da iluminação final, e no seu desenvolvimento e elaboração teológica em diálogo com seus principais defensores. Também serão apresentadas as reações críticas, e, por último, será feita uma avaliação metodológica, antropológica e teológica da hipótese.

As origens da hipótese da decisão final: a iluminação final

As origens da teoria da iluminação final aludem a um autor anônimo do século XIV que defende que todo ser humano, no momento precedente à morte, teria uma visão intuitiva de Deus por meio da qual assumiria uma posição favorável ou contrária ao próprio Deus (RUIZ DE LA PEÑA, 1971, 54, nota 122). No século XVI, o cardeal Caetano (1469-1534), comentarista de Tomás de Aquino, desejando explicar a condição dos condenados ao inferno, se baseava em uma decisão que teriam tomado no primeiro instante do pós-morte (POZO, 1982, 95). Para Caetano, a condenação humana ocorreria por um ato de resistência à graça, emitido no primeiro instante do pós-morte, quando o ser humano teria concluído o *status viae* e iniciado o *status termini*[6]. Ou seja, a decisão seria tomada na coincidência entre o último instante em que a alma estaria unida ao corpo e o primeiro instante de sua condição de separada do corpo. Nessa condição, a alma teria adquirido um estado espiritual profundo, capacitando-a a tomar decisões imutáveis que definiriam o destino eterno da pessoa (POZO, 1982, 95).

A posição de Caetano foi refutada por Silvestre de Ferrara (1474-1528) e pelos carmelitas de Salamanca como inconsistente. Para Silvestre, o sujeito do mérito ou demérito seria o ser humano na sua totalidade ontológica e não na condição de alma separada do corpo[7]. Para os carmelitas, a

---

6. "Ed dico quod anima obstinata redditur per primum actum quem elicit in statu separationis; et quod anima tunc demeretur, non ut in via, sed ut in termino" [E digo que a alma é determinada pelo primeiro ato que escolhe em estado de separação, e que a alma então obtém mérito, não como estando a caminho, mas como tendo já chegado ao término] (TOMÁS DE AQUINO, *Summae Theologiae*: a quaestione L ad quaestionem CXIX cum commentariis Cardinalis Caietani, t. V, Romae, 1889, I, q. 64, a. 2, n. 18. Trad. do autor).

7. "Licet anima in instanti separationis habeat immobilem apprehensionem, et tunc primo incipiat esse obstinata, tamen in illo habet demeritum, ut quidam dicunt, quia meritum et demeritum non est animae solius, sed compositi, scilicet hominis; in illo autem instanti homo non est, sed est primum instans sui non-esse, et primum instans in quo anima primo ponitur et est obstinata. Remanet enim in illo instanti anima, propter quod non repugnat sibi aliquam habere operationem, sed homo non remanet ut mereri possit"

tese de Caetano seria inconciliável com os testemunhos bíblicos para os quais o ser humano seria sujeito do mérito ou demérito somente antes, na sua condição de *status viae*, e não depois da morte, no *status termini*[8]. Comentando sobre a posição de Silvestre, Michel (1953, 17-18) observa que "o mérito ou o demérito pertencem ao *homem* ainda 'viateur' e no primeiro instante da separação a alma já se encontra obstinada no mal no qual ela estava fixada antes por uma escolha que não poderia então ser modificada, mas que se tornou imutável pelo estado do termo".

Depois de três séculos, o teólogo alemão H. Klee (1800-1840), com o intento de solucionar o problema da salvação das crianças que morrem sem o batismo, propõe uma ideia semelhante à de Caetano. Para Klee, a criança que morre sem ser batizada emitiria um voto de batismo no momento em que a alma se separasse do corpo. A alma separada, libertada das ataduras do corpo e das leis que regem a matéria, alcançaria um elevado grau de espiritualização. A alma descorporalizada ascenderia de modo imediato à plena intelectualidade e à liberdade, de modo semelhante à natureza dos espíritos puros. Assim, ela seria auxiliada pela graça divina, sendo capaz de um ato de fé e amor que a salvaria (RUIZ DE LA PEÑA, 1971, 54-55).

No século XX, a teoria da iluminação continua a suscitar partidários e se torna tema de calorosos debates. Segundo Démaret, no momento da morte, o Cristo crucificado se apresentaria a toda alma, justa ou pecadora, e lhe concederia uma graça divina para que, em plena liberdade e consciência, possa escolher seu fim último: salvação ou condenação (DÉMARET, 1923, 8-9)[9].

[Mesmo que a alma, no instante da separação, tenha uma apreensão imóvel, e, assim, antes do mais, comece a ser obstinada, tem, todavia, demérito nisso, como dizem alguns, pois o mérito e o demérito não é da alma sozinha, mas do composto, isto é, do homem. Naquele instante não existe o homem, mas o primeiro instante do seu não-ser, e está dado não só o primeiro instante no qual a alma é colocada por primeiro, mas também o seu ser obstinada. Permanece, como quer que seja, a alma naquele primeiro instante, pois não repugna a si mesma ter alguma operação, mas o homem não permanece para que possa merecer.] (FRANCISCO SILVESTRE DE FERRARA, *Commentaria in libros quatuor Contra Gentiles S. Thomae de Aquino*, vol. IV, Romae, 1901, c. 95. Trad. do autor).

8. "Hic dicendi modus non admittitur propter testimonia Scripturae, n. 26, 32, adducta. In quibus expresse dicitur, homines solum posse mereri, vel demereri ante mortem, non vero in morte" [Este modo de dizer não é admitido por causa dos testemunhos da Escritura, n. 26,32, aduzidos, nos quais se diz expressamente que os homens somente podem merecer ou desmerecer antes da morte, não, porém, na morte.] (SALMANTICENSIS, *Cursus Theologicus*: *De gratia, de merito*, disp. I, dub. IV, n. 36. Trad. do autor).

9. Démaret fundamenta sua hipótese em uma crença difundida no período medieval, defendida pelo papa Inocêncio III (1198-1216) e, na modernidade, pelo cardeal Billot

Alguns anos depois, Valéty escreveu um artigo no qual trata da iluminação final em função do problema da condenação e não da vontade salvífica divina, como fez Démaret. Valéty (1928) interroga sobre a situação do crente que no momento da morte estivesse em estado de pecado, não obstante mantivesse a sua fé sobrenatural que não desapareceria em virtude do pecado grave. Daqui procederia a situação paradoxal da existência do crente pecador. Seria possível supor que Deus, no final da existência do crente pecador, ordenasse que fosse desfeito o paradoxo, exigindo do crente uma decisão pela fidelidade ou pela apostasia? Assim, nos últimos instantes que antecedem a morte, Deus ofereceria ao pecador uma graça final como última oportunidade de conversão. Se o pecador a aceitasse, então se reconciliaria com Deus e se salvaria, mas se a rejeitasse perderia o *habitus fidei* e se tornaria um condenado. Dessa forma, "o último pecado do crente seria um pecado contra sua fé" (VALÉTY, 1928, 50). Essa situação ocorreria na morte, que "é o momento decisivo que põe fim a todos os equívocos mantidos durante a vida" (VALÉTY, 1928, 53). Nesse contexto, a morte seria um momento de consciência e liberdade. As condições em que se daria a resposta do crente culpado à oferta da graça concorreriam para um resultado positivo, visto que as funções corporais são atenuadas e "assim haveria um retorno do domínio da alma sobre a carne. Nesse movimento de retorno para Deus, toda a alma seria envolvida e o equívoco desapareceria a favor da fé e contra o pecado" (VALÉTY, 1928, 53-54). O corpo atuaria como agente de dispersão das faculdades espirituais. Ele seria responsável pela fragmentação do pensamento, da vontade e da coexistência entre fé e pecado. Porém no momento da morte se daria "a etapa-limite deste *modus vivendi*. As representações fragmentárias e os desejos parciais cessam automaticamente e, no último ato que a alma executará em seguida, estarão presentes por sua vez toda a clarividência da mente e todo o impulso da vontade" (VALÉTY, 1928, 55).

A teoria da iluminação final migrou do campo da teologia para o da medicina. Para o médico L. Chèvrier, enquanto não se detectasse a morte total, a alma se encontraria unida ao corpo: enquanto existe "vida celular, mesmo alterada, enquanto a última célula do corpo não morre definitivamente, o princípio espiritual não pode se separar do corpo" (CHÈVRIER,

---

(1846-1931), segundo a qual Cristo crucificado apareceria como Juiz para a alma na iminência da morte. A hipótese de Démaret e suas fundamentações são arduamente refutadas por Michel (1923, 725-728).

1931, 1049). Considerando o momento da agonia, em virtude da progressiva debilidade física do corpo, a alma se concentraria sobre si mesma e seu destino eterno; haveria um domínio da alma sobre o corpo. A alma seria iluminada por Deus, sendo capaz de ver e compreender a verdade. Deus concederia à alma a visão beatífica, possibilitando-lhe contemplar a verdade e decidir pelo Infinito (CHÈVRIER, 1931, 1049). Enquanto a alma se encontrasse unida ao corpo e às paixões, não estaria em condições de decidir seu destino eterno, porque estaria submetida ao regime do provisório, da obscuridade e da cegueira (CHÈVRIER, 1931, 1050). O corpo representaria um obstáculo para uma decisão definitiva da alma. Livre do peso do corpo e iluminada pela graça divina, ela conquistaria um estado de consciência, lucidez e liberdade, podendo "escolher definitivamente seu caminho e ser inteiramente responsável por sua escolha" (CHÈVRIER, 1931, 1050). Esse contexto da alma desencarnada e iluminada pela graça seria favorável para uma decisão na direção da salvação. Para Chèvrier, diante da possibilidade de escolher entre a salvação e a condenação, dificilmente a alma escolheria esta última opção. Por isso, seria pouco provável que existisse alguma alma no inferno (CHÈVRIER, 1931, 1051). Assim, pode-se interrogar: qual a finalidade de proceder com uma retidão ético-religiosa durante a vida se, na realidade, é uma decisão da alma tomada depois da morte que definirá o destino eterno do "ser humano"? Segundo Chèvrier (1931, 1054), "é mais prudente ser bom católico durante toda a vida e acumular um tesouro de méritos pessoais ao longo da vida" porque assim se asseguraria a justificação e se evitaria uma longa expiação depois da morte.

A tese de Chèvrier[10] foi duramente criticada por Michel (1932, 130-140), que afirmava, referindo-se à tese Chèvrier, que essas teorias procuram "diminuir nos cristãos a preocupação com uma preparação séria para a morte, provocar um verdadeiro relaxamento na prática da virtude e ampliar notavelmente o caminho da perdição" (MICHEL, 1932, 130). Para Michel, a teoria de Chèvrier ignoraria algumas questões relevantes: a) desconsideraria as admoestações evangélicas sobre a vigilância que visam o arrependimento; b) a Igreja admite que o inferno não seria somente um lugar destinado aos demônios, mas também aos condenados; c) a Igreja, quando trata da perseverança final, não estaria referindo-se a uma graça que deve ser obrigatoriamente acolhida, induzindo o sujeito a fazer uma

---

10. A tese de Chèvrier contou com a adesão de um outro médico (BON, 1931, 1056-1074), que ilustra essa tese com exemplos.

opção pela salvação (MICHEL, 1932, 134-135). A tese de Chèvrier estaria em desacordo com o pensamento da Igreja, porque afirmaria a impossibilidade de alguém refutar a graça da iluminação (MICHEL, 1932, 134-135). No contexto da tese de Chèvrier, a possibilidade de a alma no momento da agonia recusar a oferta da graça iluminadora "é mínima pois ele mesmo confessa que de fato todos serão salvos" (MICHEL, 1932, 136). A exortação de Chèvrier para uma boa conduta cristã não seria "para assegurar a justificação — que é certa — mas para diminuir a expiação. Esse é precisamente o grave perigo moral deste sistema" (MICHEL, 1932, 136). Por fim, Michel critica a argumentação físico-psicológica de Chèvrier. Considerando que o ser humano é constituído por uma unidade substancial de corpo e de alma, o exercício das funções da alma estaria diretamente ligado à vitalidade das faculdades sensíveis do corpo. Logo, como compreender que a alma pudesse ter uma atividade plena no momento da morte se com a agonia ocorreria a "desaparição da inteligência e da consciência, a abolição da sensibilidade e a cessação de todas as funções vitais inconscientes?" (MICHEL, 1932, 136)[11].

O mesmo otimismo salvífico do médico Chèvrier também está presente no teólogo espanhol Getino, que trata da teoria da iluminação final ligada à vontade salvífica divina. Getino, superando a posição de Klee, argumenta que a possibilidade da decisão final seria extensiva a todas as pessoas e não somente às crianças não batizadas. A alma, depois da separação do corpo, com a morte, receberia de Deus uma iluminação especial, se converteria e se salvaria. Assim, a salvação seria um dom conquistado por todos os homens.

Já Laurenge, aproximando-se da teoria de Klee e distanciando-se de Getino, esclarece que a decisão final diria respeito às crianças não batizadas e se daria depois da morte (LAURENGE, 1952, 182-183). Laurenge, como os apoiadores anteriores da teoria da iluminação final, sustenta que "a ideia da iluminação em questão deveria colocar-se necessariamente ou antes ou depois da morte" (LAURENGE, 1952, 182). O ser humano, em sua condição temporal, contingente e finita, seria capaz de uma decisão contrária à ação da graça de Deus de modo que na vida pós-mortal essa mesma decisão se tornasse definitiva? Uma suposta decisão tomada na vida pós-mortal, em vista do destino último (salvação ou perdição), não estaria em contradição com a visão do Magistério, para o qual com a morte cessa o período das decisões humanas?

---

11. Esta crítica de Michel também é compartilhada por D'Alès (1933, 316).

A hipótese da decisão final: nem antes nem depois, mas na morte

Pierre Glorieux

A evolução da teoria da iluminação, que enfatizava a decisão definitiva e última no momento anterior ou posterior à morte, culminou na "hipótese da decisão última", que põe a ênfase no instante da própria morte[12]. Essa mudança de perspectiva ocorreu a partir das contribuições do teólogo dominicano P. Glorieux, que baseia sua versão da teoria da decisão última em Tomás de Aquino.

Em 1932, Glorieux publicou o artigo "Endurcissement final et grâces dernières", em que trata da possibilidade da condenação humana e da concessão de uma graça final por parte de Deus. Em linhas gerais, o pensamento de Glorieux expresso nesse artigo está fundamentado em dois princípios tomistas: paridade absoluta entre a obstinação da alma e do anjo, e o modo como se produzem as mudanças instantâneas.

Segundo Glorieux, Tomás de Aquino estabeleceria uma equivalência absoluta entre a morte do ser humano e a queda do anjo (*hoc enim est hominibus mors quod angelis casus*). Haveria uma equivalência entre as causas da obstinação da sorte da alma na morte e no anjo decaído em seu pecado (GLORIEUX, 1932, 874)[13]. Tanto a alma, no momento da morte, quanto o anjo pecador seriam capazes de decisões irrevogáveis. Considerando a influência da vida pregressa na decisão do destino eterno, a alma de um ser humano que, durante sua vida terrena, tivesse recusado a ação da graça de Deus no momento da morte poderia decidir pela condenação eterna, ainda que se ofereça uma graça especial na hora da morte. A vida pecaminosa do ser humano na esfera espaçotemporal já, de certo modo, condicionaria a decisão última da

---

12. Para Glorieux e outros defensores da hipótese da decisão última, esta se daria no instante pontual da morte propriamente dita (GLORIEUX, 1933, 819; BOROS, 1979, 40; GLEASON, 1958, 71; RUIZ DE LA PEÑA, 1971, 333).

13. Glorieux fundamenta essa tese no pensamento de Tomás de Aquino (1992, q. 19, a. 1). Abordando o problema da danação, Tomás de Aquino trata da fixação da vontade humana para o bem ou o mal, durante o curso da existência, que no momento da morte se torna definitiva. A vontade do anjo, quando adere ao bem ou ao mal, o faz de modo irrevogável. Já a vontade humana está sujeita à mutabilidade antes da morte, mas na hora da morte se torna definitiva (TOMÁS DE AQUINO, *Suma Teológica*, I, q. 64, a. 2, resp.). Tomás fundamenta sua reflexão na tese de Damasceno: "a morte é para os homens o que a queda foi para os anjos" ("Hoc enim est hominibus mors, quod angelis casus") (IOHANNES DAMASCENUS, 1998, l. II, c. 4). Tomás de Aquino argumenta ainda que, na morte, a alma se separa do corpo e, segundo os fins de suas ações, conquista imediatamente o prêmio ou o castigo.

alma, no sentido da perdição eterna, no momento da morte. De modo análogo, o anjo poderia livremente pecar contra a soberania de Deus, autodeterminando seu fim último de condenação eterna (GLORIEUX, 1932, 869-871).

A semelhança ontológica entre a alma e o anjo só poderia ocorrer estando a alma em sua condição de separada do corpo. A alma desencarnada conquistaria uma situação espiritual semelhante à angélica. Nessa situação, a alma seria capaz de decidir de modo definitivo e irrevogável. Enquanto a alma estivesse unida ao corpo, as decisões humanas seriam mutáveis e relativas (GLORIEUX, 1932, 876-877)[14]. A morte introduziria a alma numa experiência psicológica profunda e provocaria uma revolução total de modo que ampliaria seu conhecimento, sua consciência e sua liberdade, sendo capaz de rever e de refazer suas decisões anteriores, tomadas quando estava unida ao corpo (GLORIEUX, 1932, 877). Glorieux indaga se uma decisão final e definitiva tomada pela alma quando se inaugurou o *status termini* não estaria em contradição com o ensinamento da tradição da Igreja Católica segundo o qual com a morte se conclui o estado de provação (GLORIEUX, 1932, 880). Apoiando-se em Tomás de Aquino, para quem o separar-se e estar separado são momentos que ocorrem num mesmo instante, Glorieux afirma que em toda mudança instantânea "não se pode determinar um último instante em que o estado precedente existiria e um primeiro em que começaria o estado novo; simplesmente, o primeiro instante do novo estado termina por si mesmo o tempo precedente que agora cessa" (GLORIEUX, 1932, 882). Dessa forma, "a morte será exatamente o primeiro momento em que a alma se encontra separada com o último em que está unida" ao corpo (GLORIEUX, 1932, 882). "O termo da vida humana, a morte, e o começo da vida da alma separada formam uma mesma realidade complexa" (GLORIEUX, 1932, 884). A morte pertenceria, ao mesmo tempo, ao *status viae* e ao *status termini*, seria a passagem instantânea de um estado (separar-se da alma, *status viae*) ao outro (ser separado da alma, *status termini*). Não haveria um estado intermediário entre o separar-se e ser separado da alma (GLORIEUX, 1932, 882)[15]. Esse momento de profunda densidade espi-

---

14. Glorieux baseia essa reflexão no seguinte pensamento tomista: "Ad septimum dicendum quod anima post mortem transit in alium statum angelis conformem" [Ao sétimo (ou sétima), deve-se dizer que a alma depois da morte passa para outro estado, parecido com o estado dos anjos.] (TOMÁS DE AQUINO, 1993, v. 3, q. 7, a. 11, ad 7. Trad. do autor).

15. Essa concepção da morte como passagem instantânea é defendida por outros partidários da hipótese da decisão final (BOROS, 1979, 41-42; BORDONI, 1969, 103).

ritual e psicológica consistiria num instante único, invisível e indivisível. A alma seria iluminada por Deus, sendo capaz de julgar e decidir o seu destino eterno. Essa decisão não seria tomada em total descontinuidade com a vida anterior, ou seja, com o período em que a alma estava unida ao corpo. A vida anterior seria considerada ("as paixões cessam", "mas os hábitos subsistem" na alma) no momento em que a alma separada tomaria a decisão última. Haveria um influxo da vida passada na decisão do futuro eterno (GLORIEUX, 1932, 885)[16].

Segundo Glorieux, sua tese iluminaria alguns problemas teológicos, como, por exemplo, a imagem da morte como uma emboscada que Deus prepararia para o pecador que o recusou durante a vida. Deus aproveitaria do momento de fragilidade do pecador, se vingaria das ofensas de que foi objeto, fixando-o para sempre no mal. O pecador padeceria uma morte imprevista, preparada por Deus. A tese de Glorieux (1932, 886-887) seria a última oportunidade de uma oferta de graça que Deus concederia à alma para que decida seu destino eterno. A tese também seria iluminadora para compreender a situação daqueles que morrem sem conhecer a revelação de Deus, e para as crianças que morrem sem batismo antes do uso da razão (GLORIEUX, 1932, 890-891).

Em 1938, Glorieux publicou um novo artigo intitulado "*Fieri est factum esse*" com o escopo de explicar o princípio tomista: "in his quae subito flunt, fieri est factum esse" ("em toda produção instantânea o *fazer-se* e o *ser feito* é uma coisa só") (GLORIEUX, 1938, 254-278)[17]. Não se trataria de afirmar que os dois momentos (fazer-se e ser feito; separar-se e ser separado), na realidade, se comporiam de um único momento nem que "os dois termos do movimento são em um só e mesmo instante" (GLORIEUX, 1938, 262). Para um movimento, uma mudança e uma passagem instantânea, ou seja, um movimento em que não se constataria um terceiro instante, o que seria um momento intermediário, entre o momento anterior e o posterior, não haveria uma distinção entre o *fieri*

---

16. A ideia de que as decisões da vida anterior, em sua fase histórica, seriam consideradas no momento da decisão final estaria baseada no princípio tomista de que os hábitos (tendências, inclinações) permanecem na alma depois da morte (TOMÁS DE AQUINO, 1993, q. 24, a. 10, resp.). Essa visão de que as decisões anteriores seriam consideradas no momento da decisão final é condividida por outros partidários da hipótese (MERSCH, 1946, 317-318; TROISFONTAINES, 1960, 118; BOROS, 1979, 154-155; SCHMAUS, 1981, 205; BORDONI, 1969, 112; BOFF, 1973, 52).

17. Glorieux baseia sua tese nas seguintes passagens do pensamento tomista (TOMÁS DE AQUINO, 1993, q. 28, a. 9, ad 10; TOMÁS DE AQUINO, *Suma teológica*, I, q. 45, a. 2, ad 3).

e o *factum esse* (GLORIEUX, 1938, 263)[18]. Esse princípio tomista poderia parecer estranho para nós, visto que nossa experiência tem conhecimento e acesso às mudanças e aos movimentos temporais e quantitativos que comportam um momento de sucessividade entre o anterior e o posterior (GLORIEUX, 1938, 263). A cronologia mostra a existência de pontos intermediários entre o antes e o depois. A eliminação dos pontos intermediários entre o fazer-se e ser feito provocaria uma mudança instantânea (GLORIEUX, 1938, 264). Ocorreria a passagem de um estado ao outro de modo imediato. "Entre os dois extremos de um movimento instantâneo, não se verifica nenhum ponto intermediário, a passagem de um a outro não pode ser comparada à sucessão de dois instantes (pois entre dois instantes há um tempo mediano)" (GLORIEUX, 1938, 268)[19];

---

18. Para Tomás de Aquino, "nas coisas que acontecem sucessivamente, o fazer é antes do ser feito; por sua vez, nas coisas que acontecem instantaneamente o fazer é simultâneo ao ser feito, assim como é simultâneo o ar iluminador e o ar iluminado, a coisa que vem a ser criada e a coisa criada" (TOMÁS DE AQUINO, 2003c, *Quodlibet*, 9, q. 4, a. 3, resp.: "In his autem quae successive fiunt, prius est fieri quam factum esse; in his vero quae fiunt subito, simul est fieri et factum esse, sicut simul aer illuminatur et illuminatus est, et simul res creatur et creata est"; TOMÁS DE AQUINO, *Suma Teológica*, I, q. 45, a. 2, ad 3). Para mudanças que ocorressem no plano da sucessividade, haveria um momento intermediário entre o antes e o depois. Tomás de Aquino explicita que a verificação do caráter simultâneo da instantaneidade da mudança ou da passagem dos dois termos do processo se referiria somente ao primeiro instante do fazer e do ser feito, do tornar-se e do tornado, do antes e do depois (TOMÁS DE AQUINO, 2003c, *Quodlibet*, 9, q. 4, a. 3, resp.: "Et, quamvis in his quae per modum sucessivum fiunt, fieri attribuatur tempori praecedenti, in momentaneis tamen factionibus non potest fieri attribui nisi ipsi instanti primo quod dividit inter esse et non esse rei"). O aspecto instantâneo da passagem significa que o último instante do fazer, do tornar-se, do antes coincidiria com o início do ser feito, do tornado, do depois. Nesse sentido, o fazer, na simultaneidade da passagem, certamente conservaria alguma propriedade de sua condição e, enquanto se identificasse e participasse do surgimento do ser feito, possuiria as qualidades do novo estado inaugurado. Assim, entre o fazer e o ser feito existiria uma participação simultânea e recíproca nas propriedades de ambos os estados. Já em relação aos instantes seguintes ao primeiro, o ser feito conquistaria uma condição de existência original.

19. Essa reflexão se apoia no pensamento tomista (TOMÁS DE AQUINO, 1993, q. 28, a. 9, resp.: "Quandocumque vero inter duos terminos motus vel mutationis non potest esse medium aliquo praedictorum, tunc transitus de uno termino in alterum non est in tempore sed in instanti. Hoc autem contingit quandocumque duo tremini motus vel sunt affirmatio et negatio, sive privatio et forma. Nam inter affirmationem et negationem nullo modo est medium, nec inter privationem et formam circa proprium susceptibile" [Quando, na verdade, entre dois termos de movimento ou de mutação não pode haver meio termo, então a passagem de um ao outro não se faz no tempo, mas no instante. Isso, na verdade, acontece quando dois termos de movimento são afirmação e negação ou privação e forma, pois entre afirmação e negação não há de modo algum meio termo, nem entre privação e forma a respeito do próprio suscetível.] Trad. do autor).

a instantaneidade seria sinônimo de ausência de sucessividade, ou seja, ausência de temporalidade.

Em 1949, Glorieux publicou o último artigo, intitulado "*In hora mortis*", que consiste numa síntese dos dois anteriores. O autor aplica o princípio tomista da identificação do fazer-se e do ser feito para uma mudança instantânea ao separar-se e ao ser separado da alma, na sua relação com o corpo, no momento da morte (GLORIEUX, 1949, 185-216).

Segundo Glorieux (1949, 191), a morte seria uma passagem do *status viae* ao *status termini*. Na realidade, a morte seria a própria "separação". Ela não pertenceria nem ao estado peregrino e histórico (alma unida ao corpo) nem ao estado definitivo (alma separada do corpo), mas seria a passagem e a separação de ambos os estados. A morte-separação incluiria também o *status viae*. Essa separação, que é propriamente a morte, teria um "caráter de instantaneidade" (GLORIEUX, 1949, 192), ou seja, consistiria na cessação da relação vital e da função informante da alma sobre o corpo, sendo algo que ocorreria de modo imediato, invisível, indivisível e sem nenhuma sucessão temporal. A instantaneidade sem sucessividade, que ocorreria na morte, suporia uma coincidência entre o separar e o ser separado da alma (GLORIEUX, 1949, 194). No horizonte de Glorieux, estes não seriam dois termos de um movimento que coexistiriam num único e mesmo instante, mas seria uma mudança instantânea na qual o separar (o tornar, fazer) e o ser separado (ser tornado, ser feito) seriam uma mesma realidade (GLORIEUX, 1949, 194). Desse modo, o estado de separar e o de ser separado da alma coincidiriam, constituindo um único evento. Na morte, haveria uma identificação entre dois estados ontológicos opostos: o separar-se e o ser separado.

A coincidência entre o *status viae* e o *status termini* se daria somente no momento da morte. Esse momento seria o último instante da alma unida ao corpo e o primeiro instante da alma separada do corpo. Depois desse momento seguiria o *status termini*. Nesse estado prevaleceria o que foi decidido no momento da morte: perdição ou salvação.

O instante preciso da morte seria o momento de uma riquíssima atividade espiritual, de um profundo conhecimento, de um intenso apetite e de uma liberdade plena para a alma. Nesse instante, a alma adquiriria características próprias das inteligências espirituais separadas (GLORIEUX, 1949, 199-200). Nesse contexto de novas condições espirituais e psicológicas, que seria qualitativamente superior em relação à condição espaçotemporal do ser humano, a alma seria capaz de uma decisão última e irreformável. Seriam possíveis uma revisão das atividades (decisões e escolhas) do sujeito em seu estado peregrino e uma modificação da impostação espiritual e moral da existência (GLORIEUX, 1949, 201, 211). A forte densidade espiritual e psicológica presente no momento da morte poderia provocar uma tomada de decisão final que estivesse em descontinuidade com a vida presente. Seria na morte que se decidiria o destino eterno do ser humano. Apesar de defender a possibilidade de uma revisão das ações anteriores, Glorieux sustenta que haveria uma influência da vida passada no momento da decisão última. A mudança provocada no momento preciso da morte estaria em "continuidade com a vida precedente, com as ideias adquiridas e com os hábitos contraídos" (GLORIEUX, 1949, 212).

Para Glorieux (1949, 205), o protagonista da decisão final seria a alma separada, sob o influxo da graça divina. No entanto, essa ação pertenceria também ao *status viae*. Não seria uma ação exclusiva do *status termini*. A morte seria somente o fim do *status viae* — como tradicionalmente se definiu —, mas também o incluiria.

Segundo Glorieux (1949, 202-208), sua "hipótese"[20] ofereceria uma explicação para problemas teológicos como a fixação do condenado no mal, a perda da fé do condenado e a situação de quem morre com pecado venial.

Émile Mersch

Mersch (1890-1940), jesuíta belga, conservando alguns traços apresentados por Glorieux, confere um aspecto mais antropológico à hipótese da decisão última: "a filosofia da morte é uma parte da filosofia do homem, da antropologia racional" (MERSCH, 1946, 315). A morte seria um evento que pertenceria à história pessoal do ser humano.

Segundo Mersch (1946, 314), "a morte é um evento da vida do corpo, um evento capital da vida da alma. Nós cremos que, sobre o que é a morte em si mesma, a ciência da observação e as constatações sensíveis não dizem nada". As ciências empíricas não teriam um acesso à constituição interna da morte, em sua dimensão pessoal e metafísica. Elas captariam sua dimensão física e objetiva: a cessação do funcionamento dos órgãos, a decomposição do corpo etc. A dimensão existencial, metafísica e subjetiva da morte não poderia ser percebida do lado externo. A morte seria um

---

20. Glorieux (1949, 202) admite o caráter hipotético da decisão última, que também é admitido por outros teólogos (TROISFONTAINES, 1960, 128; BOROS, 1979, 40; BORDONI, 1969, 85).

evento "essencialmente interior para que se possa ver do exterior. É a ciência que considera o interior dos seres, a filosofia, que pode interrogar o seu sujeito" (MERSCH, 1946, 315)[21]. Assim, uma reflexão sobre o aspecto interno da morte estaria reservada à filosofia, que se ocupa da interioridade do ser humano.

No plano filosófico, a morte seria a separação da alma e do corpo. A morte seria o fim da relação informante entre ambos os princípios: a desconstrução ontológica do sujeito. Da parte do corpo, a morte seria desagregação e fim; da parte da alma, seria fim da união com o corpo e fim do período de formação (MERSCH, 1946, 315). No que concerne à alma, a morte seria "a passagem do estado de formação ao estado definitivo" (MERSCH, 1946, 316).

A morte seria mais temível para a alma do que para o corpo. Enquanto, na morte, o corpo mergulharia num estado sombrio e inconsciente, a alma, ao contrário, acordaria estraçalhada no estado definitivo. A morte seria, para a alma, uma "catástrofe interior" (MERSCH, 1946, 316). No entanto, o ato último que se daria na morte seria, para a alma, um ato consciente e livre. Seria um ato único, especial e em sintonia com os atos da vida cotidiana. Esses atos são constitutivos da vida terrena, do período de formação e da condição espaçotemporal do sujeito. Já o ato último e irrevogável é um ato conclusivo da vida terrena e decreta o fim da união entre o corpo e a alma.

O corpo, princípio mortal, provisório e frágil do composto humano, seria abandonado, enquanto a alma, princípio imortal e espiritual, subsistiria no estado definitivo.

> Este ato não consiste num estado novo: ele é a chegada a este estado, considerado do lado em que ela se vincula ao estado anterior; ele é um ato desta vida e da união com o corpo, porém enquanto eles cessam. É um ato do homem completo, corpo e alma, não um ato só da alma, mas um ato em que a atividade do corpo cessa e a atividade da alma se liberta; é a passagem, a passagem do lado de cá para o outro lado. (MERSCH, 1946, 317).

A vida anterior seria uma preparação para esse ato livre e definitivo que se daria no momento da morte. A vida terrena seria reduzida a uma fase propedêutica da vida definitiva. Os atos livres e conscientes da vida terrena estariam orientados para o ato final (MERSCH, 1946, 317). A morte

---

21. Aqui, possivelmente, o autor está criticando uma aproximação experimental da hipótese feita pelos médicos Chèvrier e Bon.

seria uma consumação dos atos livres e conscientes. "É um ato que realiza a série dos atos humanos e a fixa" (MERSCH, 1946, 318). Se o momento da morte não fosse um instante de liberdade e consciência, não seria um ato propriamente humano.

Para Mersch, o âmago da liberdade consistiria em doar-se a si mesma em sua atitude. Todas as ações humanas estariam orientadas para essa finalidade. No entanto, o ser humano em sua condição terrena, como estaria em uma fase de formação de seu ser, não seria capaz de atos absolutos. Como o ser humano estaria num período de constituição de sua personalidade, ou seja, ele não "é" plenamente, estando submetido ao regime do provisório, logo seus atos livres teriam um caráter relativo e finito. O ser humano, em sua condição terrena, seria um "ainda não", não se possuindo totalmente. Por isso, seus atos livres não seriam plenos nem definitivos (MERSCH, 1946, 318). Não obstante a provisoriedade, os atos humanos já iriam contribuindo para a formação da feição do ato definitivo que se daria na morte.

Na morte, a alma, separando-se do corpo, se libertaria do regime do provisório e entraria no estado definitivo, em que os atos são absolutos. Separada do corpo, a alma seria capaz de atos livres irrevogáveis. Considerando que, para Mersch (1946, 320), "a liberdade é o poder de chegar por si mesma ao fim", um ato que cumpra esse objetivo "deve ser totalmente livre". Esse ato último, único e livre não consistiria na negação dos atos anteriores, mas seria a "recapitulação de todos os outros" (MERSCH, 1946, 320). Os atos anteriores conservariam sua importância. O ato irrevogável e último, que se daria na morte, não seria um começo absoluto, ignorando os anteriores, mas sua "totalização" (MERSCH, 1946, 320). Não seria um ato inicial, mas final; seria fruto da condensação do conjunto dos anteriores.

Nesse contexto do ato último, o ser humano se realizaria totalmente como ser que estaria orientado para um fim. O ser humano permaneceria nesse fim. Dessa forma, a morte seria a "restauração do homem" (MERSCH, 1946, 321).

Roger Troisfontaines

A visão do jesuíta belga Roger Troisfontaines (1916-2007) sobre a hipótese da opção final tem uma proximidade com as ideias de seu compatriota Émile Mersch. Para Troisfontaines, o sentido da morte deveria ser deduzido a partir de duas curvas vitais que estariam orientadas para a própria morte. A primeira curva, referente à energia corporal ou biológica, iria do máximo ao mínimo, do nascimento até a morte. Com o tempo essa energia diminuiria e não poderia ser recuperada; isso se verificaria com o envelhecimento pela perda da energia corporal. A segunda curva, inversamente, iria do mínimo ao máximo, referindo-se à participação ativa, livre e consciente. Desde o nascimento, o ser humano estaria inserido num tecido de relações espaçotemporais, afetivas, pessoais, políticas, religiosas etc. O nível de participação nesse tecido de relações aumentaria gradativamente até chegar a um engajamento ativo. Essa curva simbolizaria um aumento da energia psíquica e espiritual (TROISFONTAINES, 1960, 99-100)[22].

Troisfontaines faz uma analogia entre a morte e o nascimento: "A morte não é um nascimento? Não é o corpo, cuja energia decresce, uma matriz indispensável, porém provisória? Não deve ser abandonado para que nasça a pessoa que, graças a ele, se formou?" (TROISFONTAINES, 1960, 108)[23]. Na morte se daria o verdadeiro nascimento da pessoa, que, libertando-se da materialidade do corpo, entraria no seu estado definitivo.

> O abandono do corpo material seria a condição indispensável para a plena atividade. Ou esse abandono não é o que aparece com mais evidência em toda morte? Assim como a borboleta abandona o casulo onde estava confinada para se desenvolver; como o embrião no nascimento rompe a bolsa amniótica também para entrar em nosso estado definitivo (TROISFONTAINES, 1960, 112).

A cessação do devir, do regime do provisório e do corpo material seria a condição necessária para o surgimento do ser, a pessoa espiritual. Para quem crê que com a morte a pessoa tem acesso à imortalidade, "a hipótese da atividade interna do fenômeno 'morte' se impõe quase como uma certeza" (TROISFONTAINES, 1960, 108).

Em que momento, propriamente, se daria a cessação do devir e o nascimento do ser? Não seria nem na "morte aparente" nem na "morte real relativa" (caracterizada por uma suspensão total e prolongada de toda função biológica, porém quando ainda seria possível uma intervenção extraordinária), mas na "morte absoluta" (caracterizada pela impossibilidade total de vida após a alteração definitiva do organismo) na qual ocorreria

---

22. Essa imagem de Troisfontaines sobre as duas curvas vitais será retomada por outros teólogos defensores da hipótese da decisão final (BOROS, 1979, 93-109; BOFF, 1973, 35-37).

23. Essa analogia entre a morte e o nascimento está presente em outros teólogos (BORDONI, 1969, 57-58; BOROS, 1965, 107-108; BOFF, 1973, 40-41; SÖLLE, 2009, 81-87).

a separação da alma e do corpo (TROISFONTAINES, 1960, 110-111)[24]. No momento da morte total ocorreria a libertação da pessoa espiritual do seu corpo material. A morte não seria a aniquilação da pessoa, mas sua "promoção ontológica, ela é a condição de seu ser" (TROISFONTAINES, 1960, 63-64). A morte seria o ato capital da existência terrestre "em que o *devir* cessa para dar lugar ao *ser*" (TROISFONTAINES, 1948, 42). A morte seria a passagem do devir (provisório e temporal) ao ser (definitivo e espiritual). "O homem é uma pessoa espiritual que, diante do *ser* pleno, *se torna*" (TROISFONTAINES, 1960, 148). A vida terrena seria uma existência pré-natal (regime do devir) em relação ao verdadeiro nascimento (regime do ser) que se daria na morte (TROISFONTAINES, 1960, 118). A pessoa espiritual, uma vez separada de sua condição material, que era um obstáculo à sua atividade, estaria mais livre e consciente para exercer sua atividade (TROISFONTAINES, 1960, 111).

Segundo Troisfontaines (1960, 112), "o último momento do devir biológico e o começo de um novo estado" consistiriam um "estado único". A separação do corpo e da alma se daria nesse momento, em que se constataria a morte total. O instante da morte, em que se daria a opção final, seria caracterizado por um momento imutável e atemporal (TROISFONTAINES, 1960, 120)[25]. Esse instante seria marcado por uma ampliação do conhecimento, um aprofundamento da consciência e uma libertação dos determinismos materiais, hereditários, familiares e sociais. As decisões e escolhas feitas na condição de vida terrena seriam "exercícios preparatórios" em vista da "opção definitiva". Durante a vida encarnada, o ser humano não seria totalmente livre, por causa de suas determinações e de sua submissão ao regime do provisório. Nesse período, o exercício da liberdade seria precário. Os atos livres seriam uma preparação para o verdadeiro ato livre que se daria na morte com a opção definitiva. "Eu me torno livre, ainda não sou livre no sentido pleno do termo" (TROISFONTAINES, 1960, 118). Apesar de terem um caráter preparatório, as decisões anteriores à opção final não perderiam sua importância. Elas progressivamente comporiam a "minha atitude definitiva" (TROISFONTAINES, 1960, 144).

---

24. Essa distinção dos vários tipos de morte está presente em outros teólogos (BORDONI, 1969, 96-98; GLORIEUX, 1949, 185; BOROS, 1979, 37, nota 2; CHAUCHARD, 1962, 35-37).

25. Essa visão de Troisfontaines sobre a morte como momento único, sem sucessão e atemporal, já estava presente em Glorieux e também se verificará em outros autores: Boros (1979, 41); Winklhofer, citado por Ruiz de la Peña (1971, 334, nota 16).

Nessa perspectiva, a morte se converteria em um natal (*dies natalis*), "o dia do autêntico nascimento, aquele em que serei eu mesmo tal como desejei ser todo dia [...] A morte, bem mais do que um nascimento corporal, considerado um ato de autopossessão, é um evento único, estritamente imprevisível" (TROISFONTAINES, 1960, 119). O ser humano nasce para morrer e morre para viver. A vida é o que acontece entre o nascimento biológico e o espiritual. "A morte é o verdadeiro nascimento do homem, seu nascimento para a vida eterna" (TROISFONTAINES, 1960, 149).

Na morte, a vida do ser humano conquistaria um rosto definitivo: "se nosso destino eterno é fixado na morte, devemos crer que não seremos fixados passivamente do exterior, nem por um resultado quase mecânico dos atos anteriores [...] É ativamente que nós fixaremos nosso destino eterno" (TROISFONTAINES, 1960, 138). O destino irrevogável, que se daria na morte, não seria fruto de uma ação externa, mas pertenceria ao momento interno da morte. No instante ativo da morte, o ser humano definiria seu destino eterno, mediante sua opção final.

Segundo Troisfontaines (1960, 119-124), o momento da morte seria um instante de isolamento ou de comunhão, dependendo da atitude que o ser humano tivesse tido na relação com os outros, no curso de sua vida terrena[26]. Uma pessoa cuja vida tivesse sido pautada pela identificação com o ter, expressão de posse, cujo relacionamento com os outros não ultrapassasse o nível da materialidade corporal, fazendo do outro um instrumento de satisfação dos desejos pessoais, veria a morte "como o fim absoluto, o mal em si" (TROISFONTAINES, 1948, 29-30); haveria um predomínio do ter sobre o ser. A morte declararia o desaparecimento do ter, dos afetos e seria expressão de isolamento. Já um amor espiritualizado, no plano da amizade, orientado para uma predominância do ser, capaz de gerar comunhão (ser-com), de ser um "nós" indestrutível que busca um objetivo comum, estando aberto a toda realidade, subsistiria após a morte (TROISFONTAINES, 1948, 30). A eternidade seria o ser, que significa "participação consciente e livre [...] comunhão intersubjetiva" com o mundo, com Deus e com os outros (TROISFONTAINES, 1948, 43). Aqui haveria um predomínio do ser, e a morte seria ocasião de comunhão.

Na visão de Troisfontaines (1960, 132), a hipótese da opção final teria um caráter funcional porque "resolve muitas dificuldades". A hipótese

---

26. Esse tema foi explorado de forma mais detalhada pelo autor em seu artigo anterior "La mort, épreuve de l'amour, condition de la liberté", de 1948. Essa reflexão sobre a morte relacionada com o ser e o ter, gerando uma postura de comunhão ou egoísmo, é uma influência do filósofo Gabriel Marcel.

daria uma explicação para a fixação irrevogável depois da morte e para as situações que estariam na contramão da vontade salvífica universal de Deus: os dementes, as crianças mortas sem o batismo, os adultos que não tiveram contato com a Igreja e os pecadores que foram vítimas do contexto em que viveram, seja porque receberam uma educação completamente racional seja por condições não humanas de trabalho e santidade (TROISFONTAINES, 1960, 132-145).

Troisfontaines (1960, 145) conclui sua reflexão a respeito da hipótese da opção final respondendo à questão sobre o motivo pelo qual Deus teria destinado o ser humano à imortalidade mas o teria criado mortal: "A fim de que, mais favorecidos do que os anjos, tenhamos a ocasião de nos preparar para a opção definitiva". O sentido da vida do ser humano estaria orientado para a opção final, que se daria na morte. Viver seria preparar-se para morrer. A vida seria um ensaio em vista da opção definitiva. Assim, seria necessário educar a vida para morrer. O "sentido da aventura terrestre" seria a "educação do espírito em vista do ato livre" (TROISFONTAINES, 1960, 148).

Alois Winklhofer[27]

Segundo o teólogo alemão Alois Winklhofer (1907-1971), a opção final não ocorreria nem antes nem depois, mas na morte. Para o autor, à luz da visão apresentada por Ruiz de la Peña, a morte não seria um fato que ocorreria quando a pessoa já tivesse determinado sua opção definitiva. Como as decisões terrenas são mutáveis e provisórias, logo elas não seriam suficientes para conferir um caráter definitivo e irreformável à vida do ser humano. Desse modo, um justo pode ter uma recaída na fé, e um pecador pode se converter. Como conciliar a opção final com uma visão da morte como fato imprevisto e acidental que ocorreria, por exemplo, por acidente de trânsito e por infarto fulminante? A opção final que teria uma validade seria aquela amadurecida durante a vida? A opção final não se daria no curso da vida temporal nem no último instante da vida terrena, mas seria resultado de uma última oferta de graça, da parte de Deus, no momento da morte (RUIZ DE LA PEÑA, 1971, 334).

Segundo Winklhofer, a experiência de algumas pessoas que já estiveram próximas da morte parece apontar na direção da existência de uma

---

27. Devido à impossibilidade de ter acesso aos escritos de A. Winklhofer, será apresentada a leitura que J. L. Ruiz de la Peña, em sua obra *El hombre y su muerte*, faz do autor a respeito da hipótese da decisão final.

opção final, de modo que num instante se reviveria toda a vida com riqueza de detalhes (RUIZ DE LA PEÑA, 1971, 334).

O processo de fragilização física da vida humana, em virtude do envelhecimento e de doenças, não afetaria a credibilidade da hipótese da opção final. A destruição dos órgãos cerebrais não atingiria a hipótese. O autor argumenta que a atividade espiritual dos grandes homens seria independente do cérebro. Assim, nada impediria que Deus, por um ato de graça, outorgasse a todo ser humano a possibilidade de uma atividade espiritual inteiramente livre no momento de sua morte (RUIZ DE LA PEÑA, 1971, 335). Na visão de Winklhofer, a atividade espiritual da alma passaria incólume pelo processo de deterioração do cérebro.

Para Winklhofer, a opção final seria possível por motivos teológicos e não antropológicos; seria fruto de uma intervenção gratuita e miraculosa de Deus. Essa posição coloca Winklhofer mais próximo da teoria da iluminação do que propriamente da decisão final.

Ladislaus Boros

Com Ladislaus Boros (1927-1981), jesuíta húngaro, a hipótese da decisão final conquistou sua máxima notoriedade. O autor se destacou como representante dessa hipótese não propriamente pela apresentação de elementos novos, mas por sua sistematização e articulação. Boros dá à hipótese uma dimensão insólita, que não se verificou nos autores anteriores: uma fundamentação filosófica. A elaboração de Boros a respeito da hipótese segue o seguinte percurso: observações metodológicas preliminares sobre a análise da morte, fundamentação filosófica e teológica.

Boros (1979, 30) primeiramente anuncia a hipótese que deseja demonstrar: "na morte se abre para o homem a possibilidade de seu primeiro ato plenamente pessoal; ela constitui o lugar verdadeiramente privilegiado da tomada de consciência, da liberdade, do encontro com Deus e da decisão sobre seu destino eterno". Inicialmente, Boros faz algumas observações metodológicas sobre sua análise do evento da morte. O ponto de partida da sua hipótese consiste em uma análise metafísica do evento da morte. Ele indaga: o que ocorreria metafisicamente com "todo homem no instante da morte?" (BOROS, 1979, 39). Seria possível precisar o instante próprio da morte? Esse instante seria temporal ou atemporal? Poder-se-ia especular sobre a possibilidade de tomar uma decisão temporal em um momento de revolução atemporal? Para Boros (1979, 37, nota 2), o evento "metafísico da morte", separação do corpo e da alma, se referiria à "morte absoluta", quando a existência conclui seu estado provisório e inicia seu estado definitivo. A especulação em torno de uma decisão final se daria precisamente nesse instante. Ou seja, tal decisão não ocorreria "nem antes nem depois, mas na própria morte" (BOROS, 1979, 62). "O instante da morte é uma revolução atemporal, cuja atemporalidade permite, porém, uma passagem temporal" (BOROS, 1979, 62). A atemporalidade significa que o instante da morte seria um evento único, instantâneo, privado de extensão e sucessão, de forma que o "antes" e o "depois" estariam entrelaçados. A morte seria uma passagem instantânea e um instante atemporal. O "último instante antes da morte e o primeiro depois da morte" coincidiriam (BOROS, 1979, 41). No momento da morte, o anterior (separar-se, o temporal) e o posterior (ser separado, o definitivo) se fundiriam. "O momento da morte, da própria passagem", seria o "último instante do estado precedente" e "o primeiro instante do estado sucessivo" (BOROS, 1979, 41-42). A morte seria uma passagem atemporal, sem sucessividade, de um estado ao outro. Desse modo, na morte a alma se encontraria inserida num instante *sui generis* e espiritualmente denso no qual deveria tomar sua decisão plenamente pessoal que definiria o futuro de seu ser (BOROS, 1979, 62).

Na visão de Boros, a morte teria um caráter metempírico: "o homem não tem uma experiência imediata da morte. Observando um morrente, não temos acesso à realidade interna da morte, mas só a seu aspecto externo" (BOROS, 1979, 35). Como seria possível fazer alguma especulação sobre um instante que escaparia de toda experiência fenomênica? Apoiado em Heidegger, Boros verifica que "a morte é uma dimensão constitutiva fundamental da existência vivente. Nossa existência carrega a morte em seu seio" (BOROS, 1979, 46). A morte seria uma realidade radicada no íntimo da estrutura da existência, uma possibilidade presente em cada instante do existir. O ser humano estaria ordenado para o seu morrer. No início — no nascimento —, o fim — a morte — já estaria presente e atuando. A morte gozaria de uma onipresença na vida. Seria uma possibilidade iminente presente na existência passível de realização a qualquer momento. A vida estaria constantemente ameaçada pela morte. No entanto, a morte, como constitutivo essencial da existência, não seria percebida pelas pessoas nas experiências da vida cotidiana: de uma possibilidade próxima e iminente, ela seria vista como um fato distante, em razão das preocupações cotidianas (BOROS, 1979, 48-49). O autor acredita que seria possível resgatar a percepção da morte como possibilidade atuante na vida por meio do método transcendental. Com esse método, seria possível encontrar, "nos nexos superficiais dos conteúdos da existência, o ser-para-a-morte que os condiciona e os funda e que está na própria raiz desses conteúdos" (BOROS, 1979, 51-52).

Uma vez expostos os dados preliminares para uma análise da morte, Boros inicia a apresentação dos fundamentos filosófico-existenciais que, a seu juízo, estão a serviço da hipótese da decisão última. Ele fundamenta filosoficamente a hipótese da decisão final em M. Blondel, J. Maréchal, H. Bergson e G. Marcel. Segundo a análise de Boros, Blondel (1861-1949), filósofo francês, teria mostrado uma inadequação permanente entre o desejado e o alcançado no querer humano, entre o desejado de modo consciente e as aspirações inconscientes e atemáticas da vontade (BOROS, 1979, 68-69). No fundo, a vontade estaria orientada, expressa ou tacitamente, para Deus. O encontro com Deus determinaria o desaparecimento daquela inadequação do querer e, por consequência, a realização do ser humano (BOROS, 1979, 71). Os movimentos da aspiração inconsciente para Deus e a realização consciente não coincidiriam durante a vida terrena. O encontro dos dois movimentos se daria na morte, quando o ser humano alcançaria a si mesmo, a vontade se identificaria consigo mesma e a liberdade se tornaria integral (BOROS, 1979, 72-73). No momento da morte, a pessoa conquistaria seu apogeu ontológico, em termos de liberdade, vontade e realização. "Antes da morte o querer é sempre embrionário. A morte constitui o nascimento da vontade [...] é o ato da vontade tal e qual" (BOROS, 1979, 73-74).

A mesma ambiguidade presente na investigação do querer em Blondel estaria na análise do conhecimento em Maréchal (1878-1944), filósofo jesuíta belga. O conhecimento humano teria uma dimensão imanente, mundana e outra metempírica, transcendente (BOROS, 1979, 75). Mediante o conhecimento do criado, o ser humano captaria, por antecipação, a presença de Deus, que "é um 'dado' em cada ato do conhecimento" (BOROS, 1979, 76). Ou seja, Deus seria uma realidade atemática, irreflexa e *a priori* presente no conhecimento humano. O ser humano só poderia chegar a si mesmo autopossuindo-se, mediante uma atualização do dinamismo que o conduziria para Deus (BOROS, 1979, 78). Para que o ser humano pudesse alcançar esse objetivo, seria necessária uma libertação do mundo material, o qual seria um obstáculo. Enquanto o ser humano não se autopossuísse de modo pleno, permaneceria como um ser "estranho a si mesmo e não realizaria nunca aquela plena presença na qual deveria consistir a essência do conhecimento espiritual" (BOROS, 1979, 78). O ser humano "não é ainda", mas "continuamente *se torna*" (BOROS, 1969, 29). Ele estaria em um permanente movimento de vir-a-ser, em vista de uma autoconsciência e de uma autopercepção plenas. Depois dessas reflexões, Boros (1971, 164) deduz que só na morte o ser humano poderia "abandonar o alheamento da sua existência" e ser "dono de si mesmo". O "primeiro ato total de conhecimento se dá somente no momento da morte, quando o espírito se liberta do princípio material [...] A morte é realmente um *dies natalis*, um dia de nascimento para o espírito, pelo primeiro ato pessoal" (BOROS, 1979, 79).

Fundamentando-se nas reflexões de Bergson (1859-1941), filósofo francês, sobre a percepção e a memória, Boros (1979, 80) detecta que o ser humano teria uma "capacidade perceptiva ilimitada que porém pode realizar-se somente como percepção limitada". A capacidade ilimitada da percepção seria limitada por motivos práticos. Diante da totalidade das percepções oferecidas ao ser humano durante sua existência, ele selecionaria aquelas que seriam úteis à sua vida cotidiana (BOROS, 1979, 81). Já a memória, em sua função seletiva, reteria na consciência somente as recordações passadas úteis para o futuro e eliminaria as inúteis (BOROS, 1979, 83). A memória defenderia o ser humano do passado, filtrando as recordações, e o faria precipitar no futuro. "O homem age concentrado em seu futuro. Do seu passado, ele deseja recordar somente aquilo que lhe serve para iluminar o futuro" (BOROS, 1979, 83). Desse modo, o passado pareceria irreal, e o presente seria esvaziado, tornando-se um hiato, uma sombra. "A libertação total, a cessação radical da nossa orientação para o futuro a cada dia [...] a doação ao presente, podem ser somente um 'evento de morte'" (BOROS, 1979, 85). Diante dessas observações, o autor conclui que a "morte é o lugar da presença total", da percepção da totalidade da realidade ("morte como lugar da percepção total") e da "penetração da nossa existência (morte como lugar de se tornar um com o passado)" (BOROS, 1979, 85). A morte seria o lugar da concentração total da existência, por meio da qual se daria uma unidade entre o passado, o presente e o futuro. Nesse instante, o ser humano estaria em condição de "tomar a sua decisão absoluta" (BOROS, 1979, 86).

Apoiando-se nas ideias do filósofo francês G. Marcel (1889-1973) sobre o amor como aprofundamento da existência na morte, Boros salienta que o ser do homem "é" quando alcança a comunhão com o ser do outro no amor, renunciando à degradação possessiva do ter (BOROS, 1979, 87-88). O ser humano seria tentado a amar e a relacionar-se com os outros, assumindo uma postura egoísta. Também seria instigado, por meio de seu corpo, símbolo do "ter-absoluto", a converter suas relações em posse, transformando o ser em ter. Diante dessas reflexões, Boros (1979, 91) conclui que "somente no momento da morte se oferece a primeira possibilidade de transformar a situação de ter numa situação de ser". O abandono do corpo, na morte, seria a condição necessária para que o ser conquistasse o seu apogeu. "Sem o corpo cessa a 'proteção' que atinge a alma espiritual", de modo que, na morte, ela estaria totalmente entregue e livre (BOROS, 1979, 91). Devido à cessação da provisoriedade do ter, "no momento da morte a alma está em condições de fazer algo definitivo" (BOROS, 1979, 92).

Depois de utilizar argumentos de procedência filosófica, Boros se baseia na reflexão sobre a morte como o ponto de convergência das duas curvas existenciais[28]. A primeira curva representaria o "homem exterior" (nascimento, crescimento, desenvolvimento) que se consumaria nas aras da edificação da segunda, do "homem interior" (amadurecimento pessoal). Ambas as curvas, depois de passarem por sucessivas crises de crescimento, teriam como ponto de intersecção o instante da morte: momento em que a transformação das energias exteriores (corporais) em interiores (pessoal e espiritual) atingiria seu grau máximo (BOROS, 1979, 93-109). Essa imagem da morte coincidiria "perfeitamente com aquela suposta da nossa hipótese da decisão final" (BOROS, 1979, 109). Pela primeira vez e de modo definitivo, o ser humano, na morte, alcançaria sua constituição pessoal de forma plena como um centro autônomo, espiritual e livre. A morte seria o momento em que o ser humano se autopossuiria, alcançaria sua plenitude ontológica. Essa reflexão de Boros (1979, 93) teria o escopo de "iluminar a hipótese da decisão final a partir de uma ambivalência de ordem histórica".

Em seguida, para fundamentar sua hipótese, o autor trata da experiência poética como antecipação de morte. Para ele, a poesia consistiria numa forma ambivalente de relação do ser humano com o mundo: proximidade e distanciamento. Por meio da poesia, o ser humano criaria uma "proximidade essencial" com a realidade (BOROS, 1979, 135). Por outro lado, a poesia inseriria o ser humano numa situação de "solidão radical" e num "distanciamento do mundo" (BOROS, 1979, 135). O momento culminante da solidão seria a morte. "Por isso, a morte constitui o lugar da nossa presença absoluta com o mundo"; a poesia seria uma "invocação de transcendência" cuja realização se daria mediante um "encontro total com Deus" (BOROS, 1979, 135), que se efetivaria na morte.

---

28. Essa reflexão tem uma proximidade com a ideia das duas curvas vitais, já elaborada por Troisfontaines (1960, 99-100). Mas, na realidade, a reflexão de Boros se baseia em 2 Coríntios 4,16, que trata do ser humano exterior e interior.

Seguindo seu objetivo, Boros (1979, 117) trata da "kênosis da existência" como prefiguração da morte. A existência possuiria uma estrutura kenótica, cujas funções essenciais (consciência, amor, conhecimento e liberdade) passariam por um processo dialético: "do ser, ao não-ser, para ser novamente" (BOROS, 1979, 135-136). No plano da consciência, o movimento começaria quando o "existir abandona o seu ser-em-si para se lançar na direção daquilo que é diferente de si"; "a consciência chega ao eu somente por meio do não-eu. Nós conhecemos a nós mesmos somente quando abandonamos nós mesmos" (BOROS, 1979, 118). No âmbito do amor, consistiria em esvaziar-se de si mesmo para se entregar ao outro com o intento de plenificar-se pessoalmente (BOROS, 1979, 119). No nível cognitivo, o conhecimento se realizaria quando a pessoa se abrisse para o mundo; o ser humano "deve transferir para o exterior o próprio centro de gravidade" (BOROS, 1979, 120). Em relação à liberdade, "ser livre coincide com ser para o próprio destino", o que por sua vez significaria "ser 'estranho' a si mesmo, já não possuir si mesmo, em síntese, ser disposto" (BOROS, 1979, 121). Ser livre seria não se possuir, fazendo-se disponível para os outros. Em outras palavras, ser livre seria ser pessoa. Partindo dessa reflexão, Boros (1979, 122) conclui que, se "a morte constitui a aniquilação total, ela deve oferecer a possibilidade para um cumprimento absoluto que corresponde à lei geral da kênosis". O ser humano se autopossuiria plenamente se aniquilando. Seria na morte que a existência alcançaria sua plenitude de consciência, conhecimento e liberdade, sendo capaz de tomar uma decisão absoluta que definiria seu desfecho eterno de perdição ou salvação.

Por fim, Boros conclui a exposição dos pressupostos filosóficos da hipótese da decisão última, fazendo uma reflexão crítica sobre a definição clássica da morte (separação de corpo e de alma). Para ele, a morte não afetaria somente o corpo, mas também a alma; na morte, a alma seria atingida de modo profundo e aniquilante (BOROS, 1979, 123-124). Na morte, ocorreriam dois movimentos que constituem um único processo: o aniquilamento e a descida da alma até o coração do universo (BOROS, 1979, 129-131)[29]. Nesse processo, adentrando na profundidade da matéria, a alma se encontraria consigo mesma e se abriria para um encontro pleno com Deus (BOROS, 1979, 132). Nesse contexto metafísico, o ser humano estaria apto para tomar uma decisão última e definitiva.

---

29. Para explicar a nova condição da alma depois da morte, Boros se apoia na teoria da pancosmicidade da alma. Antes de Boros, essa teoria já era defendida por outros autores (TROISFONTAINES, 1960, 234-235; SCHMAUS, 1964, 319-320; RAHNER, 1965a, 19-26).

Depois de lançar os pressupostos filosófico-existenciais a serviço da hipótese da decisão última, na morte, Boros apresenta a discussão teológica em torno de tal hipótese.

Ele inicia essa discussão observando que a morte seria a conclusão do período de prova, da condição espaçotemporal, e início da condição definitiva e absoluta da existência. "Na morte, o homem assume a sua forma definitiva, e o seu destino se torna irrevogável. Depois da morte, já não é possível uma mudança de decisão" (BOROS, 1979, 140-141). Com a morte, a existência daria início a uma condição definitiva. O ser humano receberia sua fisionomia última e uma plenitude definitiva. Com a morte, "surge uma dimensão fundamentalmente nova da existência: a irrevogabilidade e a definitividade da sua disposição absoluta" (BOROS, 1979, 141). Essa definitividade alcançada não viria do exterior, atingindo o ser humano de modo impessoal, mas pertenceria à interioridade da morte (BOROS, 1979, 144-145). A definitividade que se daria na morte seria fruto de uma decisão final absoluta, um "momento intrínseco da liberdade" (BOROS, 1979, 243)[30]. A passagem ao estado definitivo da existência seria possível em virtude de uma decisão absoluta. A "alma humana na morte decide diante de Deus na plena posse das suas capacidades, em plena clareza e liberdade, então encontramos a possibilidade de conceber o devir definitivo do estado depois da morte como alguma coisa de natureza decisional" (BOROS, 1979, 149-150). A alma, separada do corpo, alcançaria um estado espiritual semelhante à condição angélica, sendo capaz de decisões definitivas. As decisões tomadas durante a existência terrena não seriam desvalorizadas, mas seriam propedêuticas e estariam orientadas para a decisão final (BOROS, 1979, 154-155), que estaria em unidade com as decisões anteriores. "A decisão final estaria condicionada pelas decisões da vida precedente, que a prepararam" (BOROS, 1979, 154).

Seguindo seu propósito, Boros relaciona a hipótese da decisão última com a doutrina do encontro pessoal com Cristo e da salvação como oferta universal. A salvação seria um caminho de divinização da pessoa pela mediação da graça divina. O evento da salvação seria uma ocasião de encontro e posicionamento pessoal diante de Cristo (BOROS, 1979, 157). "A hipótese da decisão final nos dá a possibilidade de assegurar a todos os homens uma tomada de posição totalmente consciente e absolutamente

---

30. Essa visão de que a definitividade da existência seria um momento interno da morte é defendida por vários teólogos (RAHNER, 1965a, 29; SCHMAUS, 1964, 385; TROISFONTAINES, 1960, 138; VOLK, 1967, 422-423; BORDONI, 1969, 74-75; RUIZ DE LA PEÑA, 2002, 268-269; KEHL, 2003, 260).

livre diante do Salvador conhecido pessoalmente" (BOROS, 1979, 244). No momento da morte, Cristo se tornaria conhecido por todos os seres humanos (aqueles que não conheciam Deus ou não o nomeiam como tal, as crianças não batizadas e mortas antes do uso da razão, os dementes, os pagãos), que poderiam decidir pessoalmente o seu futuro eterno (perdição ou salvação) diante dele (BOROS, 1979, 161-162). Essa doutrina gera como consequência a concepção da salvação como um dom que seria oferecido, da parte de Deus, a todas as pessoas, sem exceção (BOROS, 1979, 244-245). Deus, em sua vontade salvífica universal, ofereceria a todos os seres humanos, no momento da morte, a possibilidade de uma decisão livre e cabal diante dele.

Relacionando sua hipótese com a doutrina do pecado original, Boros sustenta que na morte se daria uma "bivalência histórico-salvífica": força opressora da humanidade e sinal de salvação e predileção misericordiosa de Deus (BOROS, 1979, 172, 194). A consequência do pecado original é a morte entendida como "separação, ruptura, aniquilação" (BOROS, 1979, 175). O pecado original determinaria a "constituição ontológica do espaço existencial" em que o ser humano estaria inserido (BOROS, 1979, 178). Segundo Boros, a doutrina do pecado original reuniria três elementos: 1) o pecado original viria de fora e afetaria a existência do ser humano; 2) essa pecaminosidade que viria do exterior se tornaria uma determinação ontológica da constituição do ser humano; o pecado original, radicado no plano comunitário do ser, se tornaria um constitutivo essencial e interior da existência individual do ser humano; 3) essa pecaminosidade pertenceria à natureza humana; seria uma determinação ontológica da natureza humana, anterior a qualquer decisão pessoal e livre do ser humano (BOROS, 1979, 178-179). O momento da morte seria a ocasião em que o ser humano seria retirado do espaço existencial determinado pelo pecado original, estando distante de qualquer vínculo com a comunidade pecadora (BOROS, 1979, 245). No instante da morte, o ser humano, liberto da esfera da influência do pecado original, alcançaria sua completa personalização e seria capaz de uma decisão plena, isenta das determinações externas. Dessa forma, a morte poderia ser vista não somente como consequência do pecado original e separação de corpo e alma, mas também como evento salvífico autêntico.

Tratando do purgatório, com o escopo de fundamentar a hipótese que deseja demonstrar, Boros (1979, 200-201) propõe uma desconstrução de uma imagem física, coisificante e objetivista do purgatório, em função de outra, interiorizada e espiritualizada. À luz da decisão última, o purgatório ganharia uma dimensão pessoal como encontro purificador com Cristo; seria "a passagem que se cumpre na decisão final através do fogo do amor divino. O encontro com Cristo seria o nosso purgatório" (BOROS, 1979, 205). Para Boros (1974, 23), o purgatório seria concebido "como um evento de um instante, com a qualidade e intensidade da decisão que se cumpre na morte". Nesse contexto, a purificação definitiva seria o encontro com Cristo, a imersão em seu fogo amoroso que queimaria os resíduos do egoísmo humano (BOROS, 1979, 202). O ser humano, convertendo-se aos sentimentos mais nobres (altruísmo, desprendimento, compaixão), faria a experiência do purgatório. O purgatório "é o encontro do homem com seu autêntico ser, a condensação de toda a sua existência, o fenômeno instantâneo de autorrealização diante do abismo da morte" (BOROS, 1972, 520). "Deus mesmo, nosso encontro com ele, é o nosso purgatório" (BOROS, 1979, 202). No fundo, na ótica da hipótese da decisão final, a morte seria, ao mesmo tempo, evento de salvação e extinção dos pecados veniais não perdoados antes da morte (BOROS, 1979, 209).

Prosseguindo em seu objetivo, Boros elabora os fundamentos cristológicos da hipótese da decisão última. A hipótese ofereceria uma resposta sobre a razão pela qual Cristo redimiria a humanidade precisamente na sua morte. "A humanidade de Cristo, causa instrumental da nossa salvação, alcança só na morte a plenitude da sua instrumentalidade" (BOROS, 1979, 246). Tudo propriamente humano conquistaria na morte a totalidade de sua realidade. Seria na morte que Cristo atingiria o cume de suas possibilidades operativas em função da salvação. Na morte do ser humano, sua alma seria inserida no âmago do universo, determinando uma relação ontológico-real com a totalidade do mundo. A morte do ser humano não seria afastamento, mas proximidade radical e essencial com a matéria e o mundo (BOROS, 1979, 219). Algo análogo ao que ocorreria no plano antropológico-metafísico sucederia no plano cristológico[31]: Cristo, morrendo, desceria até o coração da matéria, se abriria para uma relação ontológico-real com a totalidade do mundo e se tornaria o fundamento ontológico de uma nova situação universal de salvação para todo o gênero humano (BOROS, 1979, 219-221). Esse ingresso de Cristo no íntimo do universo seria identificado com a sua descida aos infernos. O mundo transformado no seu íntimo pela morte de Cristo encontraria sua perfeita expressão no

---

31. Antes de Boros, essa aplicação da antropologia metafísica à morte e à descida de Cristo aos infernos já fora feita por Rahner (1965a, 59-62). Nesse aspecto, Boros é influenciado por Rahner, que não é um defensor da hipótese da decisão final.

corpo de Cristo liberto de sua situação carnal e imerso em uma condição gloriosa. "O corpo ressuscitado de Cristo é o arquétipo do universo já colocado no estado da transfiguração e da humanidade permeada do espírito e tornada escatologicamente una. Isso é a expressão ontológica e formal da descida de Cristo aos infernos" (BOROS, 1979, 229). A glorificação ocorreria na ressurreição e seria o ingresso de Cristo na luminosidade e abertura do ser, portanto um evento salvífico. A ressurreição e a descida aos infernos estariam em íntima conexão com a ascensão de Cristo: "a presença universal de Cristo no cosmo" ocorrida na morte (BOROS, 1979, 233). A ascensão seria o cumprimento último do cosmo, o ponto ômega de uma evolução que na força de Deus tenderia à esfera do divino (BOROS, 1979, 236). Na interpretação da morte de Cristo, os quatro momentos de sua passagem para o Pai (morte, descida aos infernos, ressurreição e ascensão) seriam compreendidos como um único evento (BOROS, 1979, 246).

A apresentação da hipótese da decisão última, segundo Boros, se conclui com uma consideração sobre o caráter sacramental da morte. A morte humana como "situação sacramental" seria uma síntese das dimensões antropológica (encontro da alma consigo mesma, presença da alma no mundo, determinação ontológica da matéria etc.) e cristológica (morte, descida aos infernos, ressurreição e ascensão de Cristo) da decisão última (BOROS, 1979, 237). Os sacramentos seriam sinais humanos por meio dos quais se daria o encontro com Cristo, resultado de elementos formais-pessoais e materiais-cósmicos. "A morte é uma situação eminentemente sacramental" (BOROS, 1979, 241). Ela seria uma realidade sacramental presente, misteriosamente, nos sete sacramentos; seria um sacramento fundamental "presente na estrutura última dos sacramentos, que são sinais antecipadores e eficazes de graça do encontro supremo com Cristo na morte" (BOROS, 1979, 246). Os sacramentos seriam eficazes porque permitiriam um encontro com o "sacramento primordial", a realidade humana de Cristo (BOROS, 1979, 242).

Reações à hipótese da decisão final

A hipótese da decisão final teve muitos partidários e simpatizantes. Além daqueles cujas ideias já foram apresentadas, é possível elencar outros, como J. B. Manyá, R. W. Gleason, M. Schmaus, M. Bordoni, L. Boff etc. O período áureo da hipótese foi o início da segunda metade do século XX.

A hipótese da decisão final foi, também, objeto de muitas discussões e críticas. Glorieux e Boros, os defensores mais expressivos dessa teoria, foram os autores que receberam as críticas mais contundentes.

Primeiramente, serão apresentadas as críticas relativas ao primeiro artigo publicado por Glorieux sobre a hipótese da decisão final ("Endurcissement final et grâces dernières"). Adhémar D'Alès (1933, 316) observa que especular sobre a possibilidade de um ato supremo que se daria no mais além desqualifica a hipótese, pois no *status termini* já se concluiu o período do mérito e do demérito, isto é, o estado de formação[32]. Se o tempo de provação corresponde ao período da existência da vida terrena, então já não faria sentido falar da lucidez dos mortos como princípio de decisão em vista de seu futuro eterno (D'ALÈS, 1933, 317). O momento da agonia que antecede a morte seria marcado por uma atenuação da atividade corporal e intelectual, o que impediria especular sobre a possibilidade de um ato supremo no instante da morte (D'ALÈS, 1933, 316).

Étienne Hugueny critica a fundamentação da hipótese no pensamento de Tomás de Aquino. Para Hugueny (1933, 540), a tese de Glorieux não teria fundamentação no pensamento de Tomás de Aquino, pois seria oposta ao seu ensinamento. Na visão de Tomás de Aquino, "não é a alma separada que decide a sorte do homem completo; é o homem completo, vivo em seu corpo, que decide a sorte da alma separada" (HUGUENY, 1933, 541)[33]. Se a realização da alma está na sua união com o corpo, no seu estado encarnado, como uma alma descorporalizada, ou seja, em uma situação ontologicamente precária, poderia, no estado definitivo — que já não comporta decisões e escolhas —, tomar uma decisão irreformável que teria uma validade para a pessoa na sua inteireza ontológica?

Albert Michel também critica a interpretação de Glorieux sobre o pensamento de Tomás de Aquino. A identificação do *status viae* com o *status termini* em um único instante seria contraditória. Quando Tomás de Aquino trata das mudanças instantâneas, referindo-se à passagem de um estado anterior a um posterior do movimento, estaria tratando de mudan-

---

32. Essa crítica de D'Alès tem uma semelhança com a que Silvestre de Ferrara fez a Caetano, como se verificou acima. Corroborando a crítica de D'Alès, Lombardi (1943, 270) observa que o ponto crítico da hipótese de Glorieux "consiste em considerar como instante de prova suprema do homem um instante que parecia sucessivo à morte. O estado da alma separada é precisamente aquele que segue à morte". Atribuir uma decisão à alma separada depois da morte estaria em contradição com a tradição católica.

33. Essa crítica de Hugueny tem uma proximidade com a crítica que os carmelitas de Salamanca fizeram a Caetano. Segundo Bordoni, em sintonia com Hugueny, no momento da morte, nas condições defendidas pela hipótese, faltaria ao ser humano a sua totalidade ontológica (BORDONI; CIOLA, 2000, 200). A crítica tem fundamentação, porque Tomás de Aquino, em algumas passagens, defende que a alma separada não é pessoa (TOMÁS DE AQUINO, *Suma Teológica*, I, q. 75, a. 4, ad 2; I, q. 118, a. 3, resp.; 2001a, l. IV, c. 79).

ças que ocorreriam no mesmo plano de duração. Essa sua tese não poderia ser aplicada à passagem que ocorreria na morte. O estado de duração anterior à morte, o *status viae* (temporal, histórico etc.), e o estado de duração posterior à morte, o *status termini* (definitivo, permanente), não teriam nenhum ponto em comum. Na realidade, os dois estados possuiriam durações diferentes e contraditórias (MICHEL, 1933, 760). Logo, seria paradoxal conjecturar que em um único instante houvesse uma coincidência entre o tempo (estado de prova, homem vivo) e a eternidade (estado definitivo, homem morto).

Segundo Michel, ainda que se defenda, como admitem Glorieux e outros partidários da hipótese da decisão final, que as decisões terrenas teriam uma influência na decisão final, no entanto a decisão que teria validade decisiva e absoluta seria somente a final. As decisões anteriores seriam reduzidas à condição de simples preparação para a tomada de decisão que se daria no momento da morte (MICHEL, 1933, 758).

Héris, também, em sua recensão sobre o primeiro artigo de Glorieux, critica a fundamentação da hipótese da decisão final no pensamento de Tomás de Aquino. Para Héris, o paralelo estabelecido por Tomás entre o ser humano e o anjo seria referente apenas ao problema da irrevogabilidade da condenação eterna. Ampliar essa analogia para outros campos seria ultrapassar o pensamento de Tomás de Aquino e correr o risco de desviar-se dele (HÉRIS, 1933, 921). Héris salienta, em sintonia com outros críticos anteriores, que o mérito e o demérito pertenceriam ao *status viae*, ou seja, ao ser humano em sua condição histórica e temporal. Como o período do mérito e do mérito se conclui com a morte, logo no primeiro instante da existência da alma separada seria demasiado tarde para decidir sua sorte eterna (HÉRIS, 1933, 920). Não seria possível especular sobre uma decisão da alma separada quando se iniciou o *status termini*. Ainda que fosse possível hipotetizar sobre uma decisão da alma separada no *status termini*, ela não responderia pela totalidade do ser humano. O protagonista da história humana é o ser humano todo e não sua alma separada. Mas, para Glorieux, a alma separada, que teria uma semelhança com a condição angélica em termos de conhecimento e indivisibilidade do apetite, seria a protagonista da decisão final. "Não somos anjos: o estado da alma separada é um estado anormal e transitório" (HÉRIS, 1933, 922).

O segundo artigo publicado por Glorieux sobre a hipótese da decisão final (*"Fieri est factum esse"*) também foi alvo de críticas. Ruiz de la Peña, comentando as críticas de V. Jankélévitch à teoria de Glorieux, em sua obra *La mort*, observa que, admitindo que o instante no qual se produziria a mutação seria *um e não dois*, e que nesse instante não coexistiriam os dois termos do movimento, como Glorieux reconheceu, pouco importaria se não houvesse entre os extremos uma sucessividade, isto é, um ponto intermediário (RUIZ DE LA PEÑA, 1971, 325). A morte seria um instante indivisível, porém a instantaneidade não cancelaria a sucessão entre os dois estados: a) o estado de união, de temporalidade, de prova, que é o do ser humano vivo; b) o estado de separação, de eternidade, que é o do ser humano morto. Cada estado tem características próprias, de modo que os elementos de um seriam incompatíveis com os do outro. Afirmar os elementos de um estado implicaria a exclusão dos elementos do outro. Não seria possível admitir a coexistência, em um único instante, de elementos de estados tão heterogêneos em termos de duração e características ontológicas. Nesse contexto, a morte seria uma passagem instantânea de um estado para o outro; não pertenceria nem a um estado nem a outro, mas seria uma situação híbrida dos dois estados (RUIZ DE LA PEÑA, 1971, 325).

Outro crítico, Henri Rondet, ataca um dos elementos centrais da hipótese: a tese de Glorieux "parece tratar o homem como um puro espírito", de modo que o "corpo seria uma prisão para a alma", "um instrumento de ação, uma forma de conquista e de libertação espiritual" (RONDET, 1940, 422). O ser humano seria identificado com o princípio espiritual da constituição ontológica, ou seja, com a alma. A hipótese teria uma visão espiritualista do ser humano. O corpo seria visto de forma depreciativa e pejorativa: um empecilho para a atividade da alma. É como se o corpo não participasse da identidade e da constituição humana. Mas Rondet (1940, 423) salienta que "o homem é espírito, mas espírito encarnado. É lentamente, e por seus atos impregnados de materialidade, que o homem toma consciência de sua natureza espiritual". A pessoa é um composto humano, constituída de corpo e alma, que vai lentamente se formando.

Qual seria o interesse oculto em defender uma hipótese que especula sobre a possibilidade de uma alma separada tomar uma decisão irreformável no primeiro instante do *status termini*? Segundo Rondet (1940, 422),

> se a opção definitiva se situa no momento da morte, de duas coisas uma: ou as opções anteriores da vida moral do homem durante sua peregrinação exerceriam um peso sobre essa decisão última [...] ou, ao contrário, essa opção definitiva é completamente independente da vida de graça ou de pecado que se realizou até aqui.

Na realidade, se as opções terrenas de fato exercessem uma influência na opção final, logo esta última seria uma síntese daquelas. Dessa forma, a existência encarnada seria realmente tomada na consistência de suas ações; assim, se consideraria a seriedade das decisões da vida terrena. Para Rondet (1940, 422), "se a opção final depende de uma vida anterior que a prepara [...], então em todo ato livre não deveria estar instaurada e esboçada a opção final?".

Analisando os dois artigos escritos por Glorieux, Lombardi afirma que, na ótica da hipótese, as ações da decisão final seriam da alma separada. "A morte é um fato do homem e não da alma, é o momento em que o homem cessa de ser e depois do qual já não há corpo e alma" (LOMBARDI, 1943, 273-274). Se a morte é identificada com o primeiro instante em que a alma se encontra separada do corpo, logo os atos desta última já não pertenceriam ao homem morrente. Quem permaneceria depois da morte seria a alma separada e não o ser humano todo (LOMBARDI, 1943, 274). Assim, não seria possível admitir uma ação suprema da alma separada que pudesse pertencer ainda ao *status viae* (LOMBARDI, 1943, 275).

O terceiro artigo de Glorieux não apresentou, propriamente, uma novidade em termos de conteúdo, mas foi uma síntese das ideias expostas nos dois primeiros sobre a hipótese da decisão final. Assim, o terceiro artigo não despertou a reação dos críticos, como os dois primeiros. As críticas feitas aos dois primeiros artigos podem ser aplicadas, também, ao terceiro.

Um dos primeiros críticos da sistematização da hipótese da decisão final apresentada por Boros foi R. Mengis. O autor interpela: poderia ocorrer algo atemporal no temporal? O atemporal e o temporal não seriam durações contraditórias? Dessa forma, a representação do instante da morte apresentada por Boros seria inadmissível. Seria possível que a alma separada tomasse uma decisão final quando já tivesse concluído o estado de prova? Certamente não seria possível que a alma unida ao corpo tomasse uma decisão quando já iniciado o *status termini*. Para Mengis, a fundamentação filosófica apresentada por Boros mostrou que durante a vida terrena o ser humano ainda não "é", logo não seria capaz de tomar uma decisão plenamente pessoal. Desse modo, foi necessário situar o momento da decisão final no primeiro instante do pós-morte. Caso contrário, a hipótese seria desprovida de interesse especulativo (RUIZ DE LA PEÑA, 1971, 343-344).

A fundamentação filosófica da hipótese apresentada por Boros foi objeto de críticas (SCHELTENS, 1965, 33-34; LUYTEN, 1981, 212). Recorrer a Heidegger, como fez Boros, para fundamentar a decisão final seria inadequado. A reflexão ontológica de Heidegger sobre a morte não se refere ao instante pontual da morte, mas a seu caráter de possibilidade iminente que reside no existir humano. A morte é tratada por Heidegger como uma possibilidade que estaria atuando no existir desde sua concepção. Ele não se ocupou da metafísica, mas da ontologia da morte. Os outros filósofos usados por Boros para apoiar sua hipótese não tratam do instante pontual da morte, nem suas ideias poderiam ser utilizadas para sustentar tal hipótese. Boros usou elementos de procedência muito díspar para basear sua hipótese (filosofia, poesia, teologia etc.), tornando-se exposto às críticas (SCHELTENS, 1965, 33).

Segundo M. J. O'Connell, a hipótese da decisão final poria em jogo a seriedade da vida humana. O fato de defender a possibilidade de uma revisão das decisões tomadas durante a vida terrena no momento pontual da morte mostraria a inconsistência do caráter decisivo das opções temporais. A decisão final, diante dessa possibilidade de revisão das decisões terrenas, poderia ser tomada em descontinuidade com as decisões anteriores. Isso colocaria em questão a autonomia, a capacidade decisória, o exercício da liberdade e a seriedade da vida humana (O'CONNELL, 1966, 439-440; GRESHAKE, 1974, 691; BORDONI; CIOLA, 2000, 220). Se as escolhas anteriores não são consideradas, logo a decisão final seria uma decisão angélica. Mas, se as decisões terrenas fossem realmente consideradas na sua autonomia e liberdade pessoais, então seria desnecessário conjecturar uma decisão final (O'CONNELL, 1966, 440).

O'Connell (1966, 440) indaga: "o homem age de maneira totalmente pessoal somente quando é libertado do corpo mortal? A temporalidade e a historicidade são um tipo de 'queda' do homem ou, mais propriamente, do espírito humano?". "O homem seria plenamente livre em seus atos durante sua vida terrena?" No fundo, para Boros, o modelo de liberdade seria a liberdade angélica. O ser humano que não foi livre durante a vida terrena se tornaria, no momento em que a alma se separa do corpo, adquirindo uma condição ontológica semelhante à angélica (O'CONNELL, 1966, 441). Na realidade, Boros parece ter uma "visão anti-humana da liberdade da pessoa humana [...] mais do que uma teoria da opção final para salvar o homem, precisa-se de uma reflexão sobre a temporalidade e a historicidade do homem, como contexto no qual atua uma liberdade pessoal genuína" (O'CONNELL, 1966, 442).

Segundo Cándido Pozo (2008, 486), a necessidade de explicar a hipótese da decisão final em sintonia com a vida precedente seria uma forma de incluir o *status viae* no momento da morte, evitando entrar em contradição com a escritura e a tradição teológica, para as quais a morte seria a conclusão do período de provação. "Para que a teoria seja aceitável teologicamente, deve-se afirmar um peso preponderante da vida anterior na preparação do sentido e da direção da decisão final" (POZO, 2008, 486). Conjecturar que a decisão final possa ser tomada desconsiderando a vida precedente seria não levar em conta os estudos sobre a psicologia da liberdade. A liberdade não poderia ser concebida como um leque de opções possíveis, mas no sentido ontoaxiológico como uma ação limitada por uma ordem de valores que a pessoa concreta possuiria. Essa ordem de valores vai sendo formada pelas decisões livres anteriores que vão condicionando a liberdade enquanto lhe abrem portas numa direção e fecham em outra (POZO, 2008, 486-487). Na visão de Pozo, resulta surpreendente que Boros tenha recolhido as considerações da filosofia existencialista, em função da decisão final, quando, na realidade, ela faria "algo tão antiexistencialista como esvaziar a importância da existência terrestre" (POZO, 2008, 487). Concluindo suas observações, Pozo declara que "uma séria valorização da morte não se consegue pelo caminho de uma infravalorização da vida. É a vida inteira que deve dar sentido à morte" (POZO, 1982, 101).

Na ótica de outro crítico da hipótese da decisão final, G. Greshake, o fato de a hipótese se ocupar do que possivelmente ocorreria no momento transempírico da morte é problemático. A preocupação metafísica da hipótese a situaria em um "terreno inseguro e incerto", desconsiderando "a realidade concreta do morrer em todas as suas diversas formas. Essa teoria não acolhe de modo algum o homem que morre e não pode ser por isso uma verdadeira ajuda nem para ele nem para aqueles que cuidam dele" (GRESHAKE, 1974, 690). Para Greshake, a morte seria uma unidade dialética de atividade (ato pessoal, espiritual, consumador) e passividade (decesso físico, involuntário, padecimento). Boros teria dado muita atenção à dimensão ativa do morrer em detrimento da passiva, provocando um desequilíbrio na unidade dialética (GRESHAKE, 1974, 691).

Avaliando a hipótese da decisão final

A hipótese da decisão final tem o mérito de colocar em discussão o problema da morte humana. Historicamente, no plano teológico, a morte foi ignorada em sua dimensão antropológico-existencial. A preocupação da teologia clássica não era com a morte em si mesma, como um evento antropológico-existencial, mas com as consequências geradas por sua ocorrência. A morte era vista como um trampolim para discutir sobre a vida após a morte (imortalidade da alma, céu, inferno, purgatório etc.). A preocupação com a vida definitiva fez com que o problema da morte fosse atropelado. A morte era vista como consequência do pecado original (origem) e separação do binômio corpo-alma (definição). Nesse sentido, a hipótese da decisão final, de certa forma, deu visibilidade antropológica e teológica ao tema da morte.

A hipótese trata do tema da morte desejando solucionar algumas questões teológico-pastorais, como a situação das crianças que morrem sem serem batizadas, das pessoas que morrem com pecados veniais não perdoados, das pessoas que morrem sem ter alcançado o uso da razão, da condenação humana, da vontade salvífica universal de Deus e outras. A maioria dos defensores da hipótese tinha essas questões no subterrâneo da reflexão sobre a morte como um momento decisivo.

Apesar de seus méritos e preocupações, a hipótese foi alvo de várias discussões e críticas. As críticas aqui apresentadas possuem fundamentação e procedência. Mas, ainda, é possível apresentar outras críticas que se encontram, principalmente, nos planos metodológico, antropológico e teológico.

Primeiramente, a hipótese apresenta limites metodológicos. A decisão final parte de uma hipótese que procura uma fundamentação nas autoridades teológicas de Tomás de Aquino e do Magistério eclesiástico. A acomodação da hipótese ao pensamento dessas autoridades teológicas tem como escopo dar-lhe credibilidade. O fato de a hipótese defender que o *status viae* pertence ao momento da morte, o qual é identificado com o primeiro instante do pós-morte, seria uma estratégia para não entrar em conflito com o Magistério nem com a tradição teológica para os quais a morte é o epílogo do estado terreno (*Lumen Gentium* [*LG*], 48; *GS*, 18) (GEFFRÉ, 2004, 1198). No entanto, essa inclusão gera um paradoxo, porque o *status viae* termina com o último instante da condição terrena da existência, logo é contraditório introduzi-lo, abruptamente, no primeiro instante da condição definitiva. A hipótese termina por identificar a morte ("passagem", "separação", "mudança") com o primeiro instante do pós-morte, no qual, segundo a hipótese, haveria uma coincidência das condições terrena e definitiva, momento apto para tomar uma decisão irrevogável.

A fundamentação da hipótese no pensamento de Tomás de Aquino, que já foi objeto de críticas, é imprópria. Inicialmente, é importante ressaltar que Tomás de Aquino não trata de modo direto do problema da morte, mas de forma indireta, refletindo sobre temas como a alma separada, o mérito, o *status viae* e a condição dos anjos. Ele trata do antes (*status viae*) e do depois (*status termini*), mas não do instante metafísico da morte. O Angélico não trata do momento metafísico da morte nem oferece argumentos contundentes para que os partidários da decisão final possam acomodar a sua hipótese. Tomás de Aquino, tratando de movimentos que ocorrem no mesmo plano de duração, afirma que, quando se detecta um ponto intermediário na passagem de um ponto extremo ao outro de um processo, significa que a mudança se deu de forma sucessiva. A ausência de um ponto intermediário, ou seja, de sucessividade, significa que a mudança é instantânea. A mudança instantânea é marcada pela afirmação de um termo extremo e pela negação do outro termo. Para Tomás, no instante propriamente da passagem, há uma coincidência entre o fazer-se e o ser feito, entre o separar-se e o ser separado. Essa coincidência ocorre entre o último instante do separar-se e o primeiro instante do ser separado. Apenas nesse instante há uma participação recíproca de elementos de um termo no outro.

Aplicando o princípio tomista ao instante metafísico da morte, como fazem os defensores da hipótese da decisão final, a morte seria a separação instantânea entre o corpo e a alma. Nessa separação haveria uma coincidência entre o separar-se (*status viae*, homem vivo, alma unida ao corpo) e o ser separado (*status termini*, homem morto, alma separada do corpo).

Essa transposição do princípio tomista da coincidência do separar-se e do ser separado para um movimento que ocorre no mesmo plano de duração (físico) para o instante metafísico da morte é inadequada (RUIZ DE LA PEÑA, 1975, 322, nota 109; DE DOMINICIS, 1989, 108-110). Para os defensores da hipótese, o instante da morte suporia uma coincidência entre o separar-se e o ser separado da alma, porém esses dois estados possuem durações diferentes e condições ontológicas heterogêneas. Os elementos de um estado excluem automaticamente os do outro. Como é possível conjecturar um instante qualificado para uma decisão definitiva em que o homem está simultaneamente vivo e morto? Como é possível haver uma relação recíproca de elementos de um estado e outro, no instante da morte, se ambos são caracterizados por situações tão díspares? Se nesse instante há coincidência entre ambos os estados, por que a decisão definitiva deve ser tomada necessariamente pela alma separada? Conjecturar que o momento da morte seja *um* e *não dois* com a identificação simultânea, e não a coexistência, dos dois termos extremos do processo é uma afirmação inadequada, ainda que se admita a inexistência de um termo médio no interior dessa passagem.

A hipótese apresenta alguns limites antropológicos. A fundamentação antropológica da hipótese da decisão final em Tomás de Aquino é problemática. Se a alma separada, por suas condições espirituais, é a protagonista da decisão final, como compreender essa tese com a passagem em que ele, tratando da natural e substancial união entre o corpo e a alma, defende que a alma unida ao corpo se encontra em uma condição mais perfeita em relação à sua condição de separada? (TOMÁS DE AQUINO, 2003b, q. 5, a. 10, resp.). Como entender que, para a hipótese, a alma separada conquistaria um estado espiritual semelhante à angélica, o qual seria a condição ideal para tomar uma decisão definitiva, se, na visão de Tomás de Aquino, antropologicamente, essa condição da alma é inferior em relação à unida ao corpo? Para ele, o estado de união da alma com o corpo é natural e mais perfeito porque ela não representa a natureza humana de modo completo, mas é apenas parte dela (TOMÁS DE AQUINO, *Suma Teológica*, I, q. 90, a. 4, resp.). No entanto, ele também admite que a alma separada tem uma semelhança com o anjo quanto à forma de inteligência e à indivisibilidade do apetite (TOMÁS DE AQUINO, 1993, q. 24, a. 11, resp.). Mas essa forma de inteligência da alma separada é vista por ele com dificuldade porque se trata de um conhecimento confuso e imperfeito (TOMÁS DE AQUINO, *Suma Teológica*, I, q. 89, a. 1, resp. e a. 4, resp.). Fazendo uma análise crítica da fundamentação antropológica da hipótese em Tomás de Aquino, De Dominicis (1989, 188) indaga:

> [...] se é verdade que o homem é uma unidade substancial de alma e corpo, se é verdade que o homem não é nem alma, nem anjo e que a alma não é nem o homem nem o anjo, como se pode pensar que no tomismo haja lugar para uma escolha que a um só tempo é apenas da alma, operada pela alma em condições semelhantes àquelas do anjo e decide a sorte eterna do homem? E como se pode pensar que no outro lado, quando *"eadem anima eidem numero corpori coniungitur"* [A mesma alma está unida ao corpo numericamente o mesmo (trad. do autor)], o corpo toma parte da glória ou da condenação, que são eternas, quando por si mesmo não participou de fato da decisão definitiva colocada no ato somente da alma em condições semelhantes àquelas do anjo, como deseja a teoria da opção final?

Outro ponto decisivo que coloca em questão o ajustamento da hipótese da decisão final ao pensamento de Tomás de Aquino refere-se à situação da alma no momento da morte. Para tal hipótese, no instante da morte a alma se encontraria em um estado separado do corpo que lhe ofereceria as condições necessárias para emitir uma decisão final capaz de definir o destino eterno do ser humano. Na realidade, para Tomás, a alma, separando-se do corpo, torna-se imutável, em sua vontade e liberdade, logo o que permanece de modo definitivo é a decisão assumida e mantida no curso da existência (TOMÁS DE AQUINO, 2001a, l. IV, c. 93). A alma, em sua condição de separada, já não está sujeita ao tempo de prova: "depois desta vida não existe o estado do mérito" (TOMÁS DE AQUINO, 2003a, q. 7, a. 11, resp.). Assim, "se a alma separada do corpo é substancialmente imutável, não há lugar para a opção final: permanece a *dispositio* escolha na vida terrena" (DE DOMINICIS, 1989, 113). Se a alma separada encontra-se em um estado imutável, como será capaz de fazer uma revisão das decisões assumidas no período de sua união com o corpo? Dessa forma, no horizonte de Tomás de Aquino, não é uma hipotética decisão última que define o destino eterno do ser humano, mas a posição moral e religiosa conservada ao longo da condição terrena da existência.

Há ainda outras observações e críticas que podem ser feitas à hipótese da decisão final. Essa hipótese está baseada em um pessimismo antropológico, de modo que o ser humano, para ser plenamente livre e realizado, deverá ser algo semelhante a um anjo. Até que ponto uma liberdade depois da morte do ser humano, sem as determinações corporais e materiais, pode tomar uma decisão que seja realmente "humana"? Na realidade, o contexto metafísico da morte exige que o ser humano tome uma decisão não humana, mas angélica. Para Bruno Forte (1991, 327), se a opção final é algo "verdadeiramente humano, deve se situar na história, e então não pode ser caracterizada por uma definitividade absoluta". Nesse sentido, a decisão final, para ser humana e histórica, não pode ocorrer depois da morte.

A visão antropológica condiciona a concepção que se tem da morte. Uma antropologia dualista conduz a uma visão dicotômica da morte (morre o corpo e a alma sobrevive) e uma antropologia unitária leva a uma percepção monista da morte (morre o homem todo). Diante desse quadro, a hipótese da decisão final é perpassada por um crônico dualismo antropológico. Na constituição ontológica, segundo a hipótese, a alma seria vista como a parte imortal e espiritual; e o corpo, a mortal, finita e provisória. A hipótese tem uma visão pejorativa do corpo, o qual deve ser descartado para que a alma separada tome uma decisão irreformável. O sujeito que sofre a morte é o corpo e não o ser humano na sua totalidade anímico-corpórea. Uma suposta alma separada do corpo está em um estado ontológico insuficiente e contrário à sua vocação relacional e essencial com o corpo. O corpo é visto como obstáculo, algo perecível e destinado à morte. Na prática, ele não é concebido como um elemento constitutivo da unidade e da totalidade antropológica do ser humano, mas como sua dimensão heterogênea e vulnerável. Nesse sentido, referir-se ao ser humano é referir-se à alma. No cenário da decisão final, a alma é o principal protagonista. Essa visão antropológica faz com que o evento da morte seja visto de modo docetista. A hipótese é uma versão radicalizada da definição clássica da morte: separação da alma do corpo. Enquanto o corpo é lançado ao sacrifício da morte, a alma passa por ela incólume.

No horizonte da hipótese da decisão final, independentemente da presença da morte no interior da existência, a morte é um evento que se realiza no instante preciso do decesso físico. Nesse sentido, a hipótese termina por desconsiderar e ignorar as conquistas da filosofia contemporânea (Jaspers, Heidegger etc.) sobre a morte como realidade presente no interior da existência e com a qual o ser humano se confronta no cotidiano[34]. Uma reflexão que considera seriamente o tema da morte não pode se reduzir a um exame do instante pontual da morte, em seu aspecto físico. Uma consideração reflexiva sobre a morte não é uma exaltação do instante físico ou metafísico da morte; deve ser, também, uma meditação sobre a existência mortal, a morte como limite último da existência e como possibilidade iminente do existir. A hipótese se constitui de uma espécie de psicologia do pontual momento metafísico da morte. Ela mostra uma obsessão em detectar esse instante como consequência de uma exaltação do êxito médico. Um estudo sobre a morte que se limita a uma meditação a respeito do instante metafísico da morte termina por banalizá-la.

A maioria dos adeptos da hipótese defende uma influência das decisões terrenas no momento da decisão final. Como alguns críticos já observaram, se houvesse uma verdadeira consideração das decisões anteriores, não seria necessário conjecturar uma decisão final. A definitividade da existência não seria fruto de uma decisão pontual no momento da morte, mas de uma síntese histórica das decisões. Destarte, a morte é um momento de condensação e recapitulação da história pessoal do sujeito, é uma confirmação daquilo que o ser humano decidiu ser durante sua vida inteira. O ser humano, durante sua existência, mediante suas escolhas e decisões, já vai dando um caráter definitivo à sua vida. Caso não se valorizem, de fato, as decisões anteriores da vida terrena, em sua historicidade, liberdade e autonomia, a existência é destituída de seriedade e significado. Na reali-

---

34. A morte conquistou relevância existencial primeiramente com a filosofia, principalmente a contemporânea. Os filósofos que contribuíram para uma impostação existencial da morte foram M. Heidegger, J.-P. Sartre, G. Marcel, L. Lavelle, P. Landsberg, K. Jaspers. No plano teológico, a morte alcançou uma importância antropológico-existencial primeiramente com a teologia protestante (P. Althaus, H. Thielicke, E. Brunner, K. Barth, E. Jüngel etc.) e depois com a católica (L. Boros, K. Rahner, J. L. Ruiz de la Peña, M. Bordoni etc.). Para uma visão panorâmica dessa situação, cf. Oliveira (2013, 11-25).

dade, para os defensores da hipótese, as decisões passadas são usadas apenas para compor o cenário da única decisão que tem validade definitiva: a final. A vida terrena é reduzida à condição de uma preparação para jogar sua sorte no momento da decisão final. "No fundo, para esta hipótese tudo que o homem não conseguiu realizar durante sua existência terrena ele o faz no momento da morte: ser uma pessoa livre, autônoma, consciente, realizada, adulta na fé" (OLIVEIRA, 2013, 32). A morte é a realização daquilo que a vida não pôde oferecer ao homem.

A hipótese da decisão última apresenta alguns limites teológicos. Ela padece de um dualismo antropológico que banaliza o evento da morte, resumindo-o ao naufrágio do corpo e à permanência da alma numa condição de separada. Essa situação antropológica tem graves consequências escatológicas. Se somente o corpo morre, como entender a ressurreição como um evento que abraça a pessoa toda? Se a alma separada é considerada "pessoa", como compreender a unidade e a identidade entre a pessoa em sua condição terrena e definitiva? Como a hipótese da decisão final tem uma visão do mundo definitivo, dominada pela alma separada, logo a ressurreição é compreendida como um evento secundário e marginal. Assim, a vitória sobre a morte é entendida em termos de salvação da alma e não de ressurreição da carne. Considerando que a alma é indestrutível mas, a seu modo, padece a morte, a tese da imortalidade da alma deve ser vista no horizonte da ressurreição (SCHMAUS, 1964, 315; RUIZ DE LA PEÑA, 1988, 150; COMISSÃO INTERNACIONAL DE TEOLOGIA, 1994, 35). A imortalidade da alma é um estado provisório que está orientado para a recomposição escatológica da pessoa toda na ressurreição.

Alguns autores da iluminação e da decisão finais defendem a concessão de uma graça especial no momento da morte como auxílio à decisão definitiva. Recorre-se à graça divina como uma última tentativa de conversão e salvação do ser humano. A oferta de uma graça final na hora da morte consiste em instrumentalizá-la, denunciando um falimento da liberdade humana que não conseguiu salvar o ser humano. Nesse contexto, a graça surge inesperadamente do externo com o objetivo de socorrer e salvar o ser humano. Se a fisionomia definitiva que a existência adquire pertence à dimensão interna da morte, então por que recorrer a um auxílio externo da graça? Se a definitividade da existência é um momento exclusivamente antropológico e interno do morrer, logo a salvação ou perdição será uma conquista puramente pessoal. Isso tiraria a gratuidade da oferta salvífica de Deus. No fundo, a função de Deus seria simplesmente a de confirmar o destino eterno (salvação ou perdição) eleito pelo próprio ser humano. A figura de Deus aparece de forma repentina e gratuita somente para compor o cenário da definitividade da existência. O que está no subsolo da hipótese foi um dos pontos de discussão entre Agostinho e Pelágio: a relação entre a graça divina e a natureza humana.

Depois de fazer um percurso histórico pela hipótese da decisão final, pode-se afirmar que ela não passa de seu caráter hipotético. Considerando as observações e críticas expostas acima, a hipótese não tem consistência metodológica, antropológica nem teológica.

Dimensão cristológica da morte

O mistério da morte humana é iluminado pela luz proveniente da morte de Cristo, que ocupa um lugar singular na mensagem pascal cristã. Nascido na linhagem de Adão e se solidarizando com o destino mortal dos seres humanos, Cristo assumiu as consequências do pecado, entre as quais a morte, com a sua carga de angústia e seus efeitos devastadores, como causa penal imposta. No entanto, Cristo transformou a morte de uma paixão imposta em uma ação livre e libertadora, superando sua negatividade por meio da ressurreição. A redenção da morte humana foi possível porque Cristo, encarnando-se, não tangenciou, mas assumiu a natureza humana na sua profundidade. A morte, como realidade inerente à natureza humana, é assumida por Cristo, que deveria necessariamente padecer a morte, caso contrário a encarnação não teria realmente se realizado. Na encarnação, se Cristo não tivesse realmente assumido a morte humana, não poderia redimi-la. Em sua morte, Cristo penetrou a profundidade do tecido da vida e mudou o sentido espiritual da morte humana. O Novo Testamento é testemunho da renovação escatológica operada na história humana a partir da morte e ressurreição de Cristo: o crente experimenta, realmente, estar coenvolvido em um processo de regeneração pelo qual não vive por si mesmo, mas para aquele que por nós "morreu e ressuscitou" (2Cor 5,15). A participação na morte e na ressurreição de Cristo já ocorre no batismo (Rm 6,4). Pelo batismo, o morrer na morte com Cristo é uma exigência escatológica para passar à verdadeira vida (Rm 8,13; Cl 3,10). É o Espírito que habita no batizado (Rm 8,9) e o orienta até a eternidade (Rm 8,14-17).

A perspectiva cristã da morte humana tem uma centralidade cristológica. O fato de Cristo ter padecido a morte é um acontecimento de suma importância teológica e antropológica. As perspectivas antropológicas e hamartiológica estão sujeitas à realidade da morte de Cristo e aos efeitos historicamente operados por ela. Cristo, padecendo a morte na sua totalidade antropológica, transformou seu sentido, libertou-a de sua concepção veterotestamentária de corrupção física e moral e lhe deu um significado salvífico, de vida nova, um valor de definitividade particular. Dessa forma, a morte, de sinal de destruição, transgressão e símbolo tangível do pecado, torna-se passagem à vida, sinal doloroso de salvação mediante o qual se realiza uma transformação do ser humano inteiro. Cristo deu um sentido novo à ausência de sentido da morte. Em Cristo, "a morte foi absorvida na vitória" (1Cor 15,54). À luz da fé cristã, a morte se tornou, em si mesma, sinal e passagem a uma vida nova em Cristo (BORDONI; CIOLA, 2000, 203-204).

A mudança no significado da morte humana foi possível porque Cristo, encarnando-se, não assumiu uma forma aparentemente humana, mas penetrou radicalmente na fragilidade da carne. Fazendo-se "um" com a natureza humana assumida, ele viveu a morte humana em toda sua dimensão de obscuridade e fragilidade por solidariedade com a nossa condição humana. Cristo padeceu a morte como todos os seres humanos e a experimentou como abandono existencial, "como afastamento de Deus, como juízo, como maldição, como exclusão da vida da promessa, como reprovação e danação" (MOLTMANN, 1971, 216). Jesus Cristo não morreu reprimindo as emoções, dissimulando as paixões, em total serenidade e sem dor, mas sob grandes tormentos e gritando como um abandonado por Deus. Em Cristo, Deus experimentou a dor e a morte. Como um Deus, por essência imortal, pode padecer a morte? É possível que a onipotência se mostre como impotência diante da morte? No entanto, é Deus que nós reconhecemos no Cristo que morre, porque ele se fez totalmente nosso. Cristo adentrou no âmago da morte humana e converteu a desobediência e o afastamento de Deus (Rm 5,19), provocados pelo pecado, em proximidade absoluta, obediência (Fl 2,8; Rm 5,19) e fonte de vida (Rm 5,10.17-21). Em Cristo, a morte passou de sinal de castigo e "expiação, a símbolo de seu sacrifício interior; nele, a paixão se tornou o sacramento do único sacrifício" (MALEVEZ, 1965, 355). "A morte do homem não aparece mais como um obstáculo a ser superado, mas uma passagem obrigatória para ter acesso àquele futuro que não é só uma realidade que acontece depois da morte, mas uma realidade que acontece propriamente na morte" (BORDONI; CIOLA, 2000, 20). Cristo morreu a morte com a angústia que lhe é própria no que ela tem de necessidade imposta, porém, por sua vez, na fé no Deus vivo e na esperança da ressurreição. "Desde então podemos com toda confiança supor que não morremos para uma obscuridade, um vazio, um nada, mas morremos para um novo ser, para a plenitude, o pleroma" (KÜNG, 2011, 284). Na morte de Cristo se dão uma continuidade e uma descontinuidade: continuidade existencial (o mesmo Cristo morre e ressuscita) e descontinuidade em termos de duração (conclusão da vida histórica e início da vida definitiva).

Cristo experimentou a profundidade da morte humana, descendo até os infernos. A descida de Cristo até a mansão dos mortos (*Sheol*) constata a realidade-verdade do estado de morte que ele experimentou. O Filho de Deus partilha totalmente a experiência da morte humana, solidariza-se com os seres humanos dentro da morte. Ou seja, ele não somente morreu, mas experimentou também o estado de morte, entrou no reino dos mortos, no destino comum dos seres humanos. Assumiu a dureza e a solidão, a frieza da experiência da morte e nela todas as experiências de absurdo e abandono no ser humano. Jesus experimentou o nosso estado de morte. Desceu até as profundezas no abismo incomensurável da morte e tocou no fundo do nosso ser. E, porque se deixou levar até lá, abandonando-se nas mãos do seu Pai, experimentou o ingresso no mistério infinito desse amor eterno como um aprofundar-se de maneira autônoma nas trevas da morte, no verdadeiro estado de morte. Descendo até o *Sheol*, Jesus realizou toda sua experiência kenótica, que implica a solidariedade com os seres humanos que quer salvar, pois nos infernos o abaixamento é extremo. Jesus foi até o fim fazendo a experiência do que não condiz com Deus como condição de ruptura, de escuridão, de ameaça, de ausência de relação (ANCONA, 2013, 284-285).

> A "passagem" de Cristo pela morte humana foi um caminho que se cumpriu com absoluta liberdade, amor e obediência à vontade do Pai. Essa obediência se torna particularmente visível no momento da cruz (Fl 2,6-8), como perfeita submissão até à morte. Jesus, enquanto se entregou voluntariamente à morte, recapitulou nela a obediência que durante toda sua vida havia tributado ao Pai. Com isso, Cristo conseguiu sua própria plenitude humana, pois, nesse supremo ato recapitulador de sua obediência, ele se ultrapassou a si mesmo em direção a Deus numa forma incondicional e, assim, alcançou a perfeição de seu ser, o qual se manifestou na ressurreição (SCHMAUS, 1981, 202).

A morte de Cristo, como amor que se entrega no lugar do e para o ser humano, revela a situação-limite da morte humana como forma fundamental de realização do existir humano na liberdade. Cristo, em sua kênosis, mostrou a radicalidade de sua liberdade e de seu amor a ponto de esvaziar-se de si mesmo e assumir os abismos profundos da carne vulnerável, "semelhante à do pecado" (Rm 8,3), fazendo da morte o lugar da suprema revelação do rosto de Deus. Assumindo em si o drama de uma carne pecadora, Cristo fez da dor e da morte uma manifestação de sua fidelidade filial de amor para com o Pai. Nesse sentido, a morte de Cristo é um paradoxo: aniquilação e revelação do rosto amoroso de Deus. O mistério desse paradoxo é a expressão da magnitude do amor de Deus pela humanidade. "A morte de Cristo se tornou a maior manifestação do amor de Deus capaz de oferecer um significado novo à realidade da morte humana" (BORDONI, 1972, 437). A morte de Cristo na cruz revoluciona a compreensão de Deus. A cruz passa de sinal de maldição a símbolo de salvação. À luz da morte e ressurreição de Cristo, a cruz já não é considerada um instrumento de suplício e ignomínia, mas símbolo fundamental do cristianismo. O Cristo morto na cruz não é símbolo de um Deus apático, fracassado e derrotado diante da morte, mas expressão de um esvaziamento como sinal de um amor desmedido e de uma oblação livre pela humanidade. É um Deus que se dispõe de si sem deixar de ser Deus, sem macular sua essência divina. Aqui, a visão de Deus não é em primeiro lugar potência absoluta, mas amor absoluto, cuja soberania não se manifesta no ter para si aquilo que lhe pertence, mas no seu abandono. Em Cristo, Deus é pregado na cruz. O abandono extremo da cruz, como drama vivido pelo próprio Deus, proclama o triunfo do amor sobre a morte, ou seja, a ressurreição.

Na perspectiva cristã, a ressurreição, que nasce da morte como entrega livre e amorosa de Cristo, é fruto de glória e esplendor. Cristo penetrou na condição carnal, adentrou no reino da morte, mas a morte não o dominou, porque ressuscitou no terceiro dia (1Cor 15,4; At 10,40). A ressurreição é um evento que abarca toda a pessoa, e não somente a carne, e significa a certeza escatológica do triunfo sobre a morte, na própria morte. Outra forma de exprimir o triunfo de Cristo sobre a morte é a descida ao Hades (At 2,24; Rm 10,6; Ef 4,9), cujo significado é: Cristo conheceu a morte em toda a sua profundidade humana, mas penetrando em tal realidade saiu vencedor. Na sexta-feira santa, Cristo adentrou no estado de morte humana, como cadáver, para superar no terceiro dia a sujeição universal à própria morte, transformando-a em uma passagem vencedora de ressurreição. Porque o Cristo ressuscitou, no Cristo Ressuscitado sua morte é salutar. Em Cristo, a morte humana não é um ponto-final, mas um lugar de passagem para adentrar em uma condição de vida que já não comporta a morte. Cristo penetrou no fundo mais profundo da morte para, a partir da própria morte, libertá-la. A morte formou com Cristo uma unidade sintética misteriosamente carregada de salvação e de ressurreição. "Na obediência de Jesus, a ressurreição, como plenitude que brota de sua própria morte, constitui um todo unitário com esta" (SCHMAUS, 1981, 202). A morte-ressurreição constitui um único processo na vida de Cristo. No duelo com a morte, Cristo irrompe vitoriosamente. A morte, para aqueles que creem em Cristo, já não é um estado de pertencimento a uma condição de existência sombria, mas se torna o cumprimento do hoje da vida. Aquele que acolhe o Cristo se torna partícipe com ele da vida eterna. Em Cristo, ocorre uma antecipação escatológica, porque ele próprio é uma personificação do *eschaton*. A mudança operada por Cristo, que dá à morte humana um novo estatuto espiritual, é destinada àqueles que morrem com ele. Desse modo, a mudança do sentido da morte humana não acontece em seguida à morte de Cristo de forma, por assim dizer, automática. A morte não é despida de seu caráter ambíguo: não deixa de ser um momento decisivo de perdição para aquele que fez um percurso existencial de rejeição a Deus e aos outros, e ingresso na beatitude eterna para aquele que adere à vontade de Deus e morre em Cristo (BORDONI; CIOLA, 2000, 205-207).

A morte foi o ato supremo da história temporal de Cristo. A assimilação desse ato na própria existência é uma tarefa substantiva do cristão desde a experiência do morrer com Cristo no batismo. "O morrer em Cristo não é um ato que ocorre unicamente no instante da morte, mas um ato que continua ao longo de todo o curso da existência" (ANCONA, 1993, 66). O cristão, aquele que modela e conforma sua vida com Cristo, traz em si, pela mediação do Espírito, o germe da ressurreição, que o faz aberto ao futuro, à novidade de vida que consiste na antecipação no hoje (primícias) do seu futuro com Cristo na glória. Por isso, o crente é o ser humano do futuro e da esperança. Em Cristo, a morte já não é causa de temor, mas fonte de esperança. A esperança religiosa faz da morte o lugar em que o ser humano acolhe o amor fiel de Deus que o salva do abismo do seu nada. "A esperança cristã é a resposta do homem ao ato salvífico de Deus por Cristo em favor de toda a humanidade" (ALFARO, 1972, 201-121). O cristão, diante da impotência radical da morte, é chamado a colocar sua confiança integralmente em um Outro, cujo amor é mais forte do que a morte. À luz da fé cristã, aquele que espera sabe que não será decepcionado. O cristão não contempla a morte como um desfecho final, mas dá um passo à frente e espera a ressurreição. Para o cristão, a adesão à fé é um caminho que passa pela morte e termina na ressurreição. "Amando, Deus compartilha a dor da morte, para assim estabelecer um relacionamento novo entre a vida e a morte, relacionamento este que merece ser chamado de ressurreição dos mortos" (JÜNGEL, 1980, 76). Na perspectiva cristã, a morte não consiste somente em um instante final da existência física, mas também no momento em que se experimenta a existência como comunhão no mistério da morte de Cristo. A "fé não confere à morte um poder mágico; não arranca a condição histórica em que a morte demarca o termo. Ela faz da morte, que é humanamente ruptura de toda ligação, acesso a uma comunhão" (DUQUOC, 1964, 75).

Dimensão eclesiológica da morte

O pensamento existencialista deu uma importante contribuição para o desenvolvimento antropológico da morte e reforçou seu aspecto pessoal no âmbito teológico. O tema da morte não pode ser visto de uma perspectiva puramente individual, uma vez que o ser humano não pode ser tratado separado de sua dimensão social e eclesial. A morte humana tem também uma dimensão comunitária, social e eclesial. Assim, também a escatologia não pode tratar do ser humano prescindindo do seu contexto global, porque ele consiste em um tecido de relações. O ser humano possui simultaneamente uma dimensão individual e social. Ele não apenas existe, mas coexiste e convive. É um ser em situação de relação.

> Não existe, de fato, um momento escatológico puramente individual, abstraído da vida da Igreja. O momento da morte, em que o aspecto individual escatológico parece dominante, deve ser considerado um momento da vida de toda a Igreja em que os crentes aprofundam definitivamente a comunhão com Cristo e entre eles (BORDONI, 1988, 91).

Por isso, não faz sentido dividir a escatologia em dois departamentos: individual e social. Todo aspecto individual da escatologia tem um impacto social.

> Se toda existência cristã é existência eclesial, posta sob o signo da escatologia, fica difícil, com efeito, pensar a morte como uma condição em nítida descontinuidade (evasão) com todo ambiente vital comunitário que marca tal existência. O crente que morre *em* e *com* Cristo mantém-se sempre numa comunidade que está a caminho da parusia (ANCONA, 2013, 294).

O fundamento cristológico da morte, na qualidade de morrer com Cristo, se coloca como instância crítica diante de um discurso individualista sobre a morte. A ligação entre a existência cristã, como ser em Cristo, e sua inserção na Igreja consiste numa instância de superação da divisão no interior da escatologia clássica como se fossem momentos sucessivos. Nesse sentido, é necessário recuperar o valor cristológico do "morrer com Cristo" dentro de uma perspectiva eclesiológica, com particular referência à doutrina da purificação. Dessa forma, o cristão, na dimensão pessoal de sua morte, não pode de modo algum ser visto isoladamente da relação de comunhão com Cristo, na Igreja, e na comunhão dos "mortos em Cristo". "Na morte de um membro da comunidade eclesial é a Igreja mesma que faz a sua páscoa, seu trânsito para o reino e para Cristo" (SUSIN, 2018, 109). O cristão, além de morrer com Cristo e para Cristo, morre também na Igreja e com a Igreja. Aparentemente, o que se verifica na morte do cristão é o aspecto individual do morrer, porém ele morre em comunhão com Cristo e com a Igreja. O aspecto teológico do morrer cristão concebe a morte como uma ocasião de comunhão eclesial. "O crente que morre *em* e *com* Cristo, realmente permanece sempre no ambiente vital e comunitário que caracteriza sua existência teologal. Portanto, a existência cristã na morte é um ser na única Igreja, que vive o seu caminho rumo ao cumprimento parúsico" (ANCONA, 2006, 703).

Embora o ser humano pareça naufragar solitariamente na morte, é preciso dizer que nenhum ser humano morre sozinho. A morte é uma experiência de comunhão e de relação. O ser humano, na qualidade de pessoa, morre em comunhão com toda a humanidade. A humanidade também é sepultada na morte de cada ser humano. Meu corpo mortal não é somente meu corpo individual, mas é ao mesmo tempo o corpo da humanidade exposta à sua ruína mortal.

> Eu sei que a "minha" não é somente uma questão privada, meu destino individual, mas é uma parte da morte da humanidade: não como simples participação do indivíduo na lei mortal da espécie, como fato biológico natural, mas como fato da história da humanidade, que não é uma categoria biológica (BRUNNER, 1973, 147).

Por isso todo morrer do ser humano é um comorrer humano. Na morte do ser humano, a história da humanidade faz a experiência da morte. A humanidade também experimenta a morte por meio do morrer de cada um de seus membros.

> Todos morremos um pouco com quem morre, todos passamos no passamento de outros [...] Mas em termos eclesiológicos é a participação teologal, fundada na graça e na fé, que transcende nossos afetos, a nos fazer participar na morte uns dos outros. Podemos fazer a experiência de morrer-com-a-comunidade (SUSIN, 2018, 109).

O texto de Lucas 23,43 mostra que o ladrão arrependido, na proximidade de sua morte, deposita sua confiança em Cristo e estabelece uma comunhão com ele. Essa comunhão pela fé instaurada na iminência de sua morte se consuma na morte com Cristo. Por isso, o ladrão foi acolhido e vive com Cristo. O ladrão arrependido não se confinou em um ostracismo existencial, mas viveu pessoalmente sua condição de morte na expansão da comunhão interpessoal com seu redentor. Essa perspectiva da morte como comunhão com Cristo está presente na escatologia de Paulo (Fl 1,21-23; 2Cor 5,8). Sentindo a proximidade de sua morte (Fl 1,23), Paulo não a percebe como destruição ou aniquilamento, mas realização de sua comunhão com Cristo. O ardente anseio do apóstolo pela morte se refere ao desejo de uma comunhão superior com Cristo em relação à condição atual de sua existência. Por isso, o "morrer é lucro" e o que "me é muito melhor" (Fl 1,21.23). A permanência na atual condição de imperfeição e provisoriedade carnal é justificada pelo objetivo da missão de Paulo: aumentar "a vossa glória em Cristo Jesus" (Fl 1,26). As expressões "morrer" e "permanecer na carne" não aludem a um ideal místico de orientação platônica, pautado na evasão do corpo. Esses termos não estabelecem um confronto entre dois estados antropológicos de existência (sem ou no corpo), mas entre duas condições da existência cristã: da vida presente "em Cristo" e da vida futura "com Cristo" na morte. A questão se centra mais na linha escatológica do que na antropológica. O desejo de Paulo não é de fato aquele de ser sem corpo, mas de ser com Cristo, que é vida. A comunhão com Cristo não será interrompida pela morte, mas intensificada. O processo de conformação com Cristo, na existência presente, atinge seu ápice na morte, quando a comunhão com Cristo se torna plena participação na vida da graça. O morrer em Cristo e com Cristo é o momento supremo da mística cristã, da expansão mística de uma amizade. No horizonte cristão, a morte não comporta um momento escatológico individualista, visto que a difusão da amizade entre o crente e o Cristo indica comunhão, relação e encontro interpessoal. Como o conceito de "pessoa" designa abertura, comunhão e amizade, é possível afirmar que em Cristo a pessoa não é anulada, mas conquista sua máxima realização e personalização humanas. O encontro entre o crente e o Cristo, que se consuma na morte, é também o momento culminante do diálogo entre a liberdade e a graça. É a liberdade que dá sua resposta definitiva ao convite da graça (BORDONI; CIOLA, 2000, 207-208).

A amizade estabelecida com Cristo por meio do batismo e pela vivência da fé, durante a condição peregrina do cristão, tem como objetivo a existência celeste descrita por Paulo como "morar junto do Senhor" (2Cor 5,8). A existência celeste é considerada condição de vida sublime e perfeita em relação à peregrina, que provoca um distanciamento do Senhor em razão do confinamento no corpo mortal (2Cor 5,6). A morte é a condição necessária para a superação da provisoriedade da carne e o ingresso no estado supremo e excelso da existência cristã, entendida como comunhão com Cristo: participação na sua ressurreição. Morrer significa sair do exílio do corpo (2Cor 5,8), terminar o estado contingente da existência carnal e ir para a habitação escatológica junto do Senhor. A comunhão com o Cristo ressuscitado significa a superação da condição carnal, princípio de morte e corrupção (1Cor 15,50; Rm 8,12).

A experiência de comunhão entre Cristo e o cristão, iniciada no batismo e plenificada na morte, não pode ser vista em uma perspectiva puramente individual, visto que tem também uma dimensão comunitária que se refere à relação com os outros e a Igreja. Em 1 Tessalonicences 4,14, Paulo, advertindo sobre a parusia do Senhor, trata do morrer em Cristo usando um termo coletivo: "os que morreram em Cristo". Aqui, comporta uma dimensão pessoal e comunitária. A comunhão estabelecida pessoalmente com Cristo, na vida terrena, leva o cristão a gozar da felicidade de estar junto com Cristo e fazer parte de sua comunidade celeste. Os "mortos em Cristo" constituem uma comunidade que caminha na direção da parusia do Senhor. Na visão do Concílio Vaticano II, na Constituição *Lumen Gentium* (*LG*), aqueles que já morreram em Cristo e aqueles que ainda vivem na condição terrena, pela mediação cristológica e pneumatológica, formam uma comunhão eclesiológica:

> Todos os que são de Cristo e têm o seu Espírito estão unidos numa só Igreja e ligados uns aos outros nele (Ef 4,16). E assim, de modo nenhum se interrompe a união dos que ainda caminham sobre a terra com os irmãos que já adormeceram na paz de Cristo, mas antes, segundo a constante fé da Igreja, é corroborada pela comunicação dos bens espirituais (DENZINGER, 2007, 963).

A passagem pela morte não consiste em uma ruptura, mas em uma consolidação da unidade da Igreja em seu aspecto terrestre e celeste. A consolidação dessa unidade se dá por meio da comunhão dos santos: "os bem-aventurados, estando mais intimamente unidos com Cristo, consolidam mais firmemente a Igreja na santidade, enobrecem o culto que ela presta a Deus na terra e contribuem de muitas maneiras para sua mais ampla edificação em Cristo (1Cor 12,12-27)" (DENZINGER, 2007, 963-964).

Assim, a Igreja, em sua índole e orientação escatológica, consiste em um grande corpo peregrinante orientado em vista de uma participação mais plena de seus diversos membros no dom da comunhão da vida eterna. A morte, para cada cristão, consiste em um momento de crescimento na comunidade eclesial peregrinante em direção ao *eschaton* parúsico: passa de uma participação provisória ao presente escatológico da salvação. A parusia simboliza o momento conclusivo dessa peregrinação da Igreja, em Cristo e pela ação do Espírito, que encontrará seu pleno cumprimento na participação na vida eterna e na *sanctorum communio*. "A comunhão dos santos inclui uma responsabilidade eminente: somos responsáveis pela morte uns dos outros, somos pastores e guardiães dos outros em sua morte" (SUSIN, 2018, 110). No entanto, a distância entre os peregrinos da condição terrestre e aqueles que já estão na glória ou em processo de purificação cria uma tensão que mostra a existência de um estado de imperfeição na plena concretização social do princípio eclesiológico da comunhão com Cristo. O corpo eclesial não alcançou ainda socialmente a plenitude da comunicação de todos os membros com o Cristo ressuscitado.

    A perspectiva eclesiológica do morrer cristão na comunhão com Cristo é confirmada pela doutrina dogmática da purificação. A crença da Igreja na existência de um estado de purificação pós-mortal se fundamenta na oração pelo sufrágio dos defuntos, nas implícitas indicações bíblicas sobre a necessidade da purificação para um caminho de fé (Is 35,8; 52,1; Mt 5,8; Ap 21,27) e na relação de unidade e de caridade dos crentes com seus irmãos defuntos (sufrágios). A união que o crente estabelece com Cristo já o introduz misticamente na comunhão eclesial que se consolida na participação nos bens espirituais: orações e sacrifícios oferecidos pelos irmãos na mesma fé. O Concílio Vaticano II, na *LG* (n. 51), em unidade com a Tradição, reitera a doutrina do purgatório e afirma a existência de uma união vital entre aqueles que vivem no *status viatoris* e os irmãos que já estão na glória celeste ou que, após a morte, estão ainda em purificação (DENZINGER, 2007, 966).

    A purificação evidencia o caráter dinâmico do *status viatoris* da vida cristã que, inserida na Igreja, como comunidade a caminho, continua sua trajetória em direção a Deus junto com o dinamismo já inserido na existência terrestre na comunhão com Cristo e com os irmãos que condividem a mesma fé. A purificação manifesta a existência de um vínculo essencial entre a morte em Cristo e a vida cristã de cada pessoa. Nesse sentido, se considera a vida pregressa de cada pessoa (justa ou pecadora) com toda a sua carga histórica de pecado e desordem impressa na sua constituição ôntica. Considerando o peso do pecado, a Igreja confessa que qualquer mancha é um impedimento para o encontro íntimo com Deus e com Cristo. Em virtude do passado histórico de pecado do ser humano, além do juízo divino que ocorre na morte, o próprio momento da morte se constitui de um autojuízo humano. Desse modo, em razão da postura e das decisões tomadas no curso de sua existência, o juízo na morte se torna um autojuízo para o ser humano. O passado e o presente da vida pecaminosa de uma pessoa são um obstáculo para que ela tome uma decisão livre cuja amplitude contemple a pluridimensionalidade de sua totalidade ôntica. Pode-se dizer que na morte a pessoa conquista uma consumação do processo de libertação das suas raízes ônticas que derivam de sua condição pecadora presente e constituem o impedimento de um crescimento espiritual que permite a realização de sua absoluta comunhão com Cristo e com os irmãos na mesma fé. Ou seja, o pecado consiste em um obstáculo à realização da plena comunhão com Cristo e com os outros. Dessa forma, é necessária uma purgação do pecado para a concretização da comunhão. Essa exposição consiste na visão retrospectiva da teologia latina sobre o purgatório. É uma concepção mais jurídica, formal e penalista. Nesse cenário, o purgatório é visto como um estado de detenção e um inferno abreviado. O purgatório não pode ser entendido como um estado pós-mortal em que se "paga o preço" dos próprios pecados como forma de indenizar a dignidade divina que foi ofendida pelo pecado, mas como abertura para o amor e a reconciliação com Deus (BORDONI; CIOLA, 2000, 209-212). A teologia oriental tem uma visão prospectiva positiva e espiritual da purificação. No horizonte oriental, "a purificação ultraterrena, na morte, conduz à consumação o caminho da vida mística do crente na direção de Deus, no qual o sofrimento se insere propriamente na dinâmica de proximidade com ele" (BORDONI; CIOLA, 2000, 212). Assim, o sofrimento purificatório, na morte, não significa uma espécie de ressarcimento imposto pela justiça divina em relação às culpas cometidas na vida terrena e ainda não expiadas. Trata-se de uma compreensão ativa do sofrimento como consumação da capacidade do coração humano de abrir-se à superação, pela mediação da força do amor divino, libertando-o das passividades e dos atos de desamor. É importante insistir sobre a primazia do amor no purgatório: "o amor procrastinado na posse da Pessoa amada produz sofrimento, e nesse sofrimento se purifica. Pensemos no purgatório, antes de tudo, como purificação no amor" (POZO, 2008, 531). Se a conformação ao Cristo crucificado, na morte, é vivida pelo crente como uma oferta suprema de amor pela ação transformante e santificante do Espírito, pode constituir o momento mais elevado da purificação, pelo qual todo seu ser é transfigurado e libertado de toda ação impermeabilizante à graça.

A doutrina do purgatório, vista no horizonte da comunhão e da amizade com Cristo, enfatiza eclesiologicamente a unidade e a solidariedade entre aqueles que já morreram em Cristo e os que ainda peregrinam terrenamente na fé. As orações litúrgicas pelo sufrágio dos defuntos é uma prática eclesial que manifesta a verdadeira e profunda comunhão entre os membros de uma única Igreja, em sua dimensão terrestre e celeste. Essas orações não visam mudar o destino eterno do falecido, mas se somam às orações da Igreja, que acompanha diante do rosto do Pai aqueles que partiram deste mundo.

A morte e os sacramentos

O cristão participa espiritualmente da vida e da morte de Cristo. A assimilação da morte de Cristo transfigura a morte do cristão não somente como processo pontual que ocorre no fim da vida, mas que opera durante toda a vida cristã. O morrer com Cristo se opera misticamente no curso da vida cristã. A assimilação espiritual do morrer com Cristo ocorre de forma visível nos sacramentos e se dá no curso da vida cristã. Como os sacramentos perfazem toda a vida do cristão, desde o nascimento até a morte, logo a experiência da vida, da paixão, da morte e da ressurreição de Cristo ocorre durante toda a vida espiritual do crente. Os sacramentos, como sinais visíveis e sensíveis da graça de Deus, manifestam o valor e a eficácia da morte redentora de Cristo à qual o crente está unido. Porém os três sacramentos que proporcionam participação mais direta e eficaz do cristão na morte de Cristo são o batismo, a eucaristia e a unção dos enfermos.

Pelo batismo, o fiel é imerso na morte de Cristo, é batizado e sepultado na morte de Cristo (Rm 6,3-4). Por meio do batismo, o crente é conformado com Cristo na morte (Fl 3,10). Com o batismo, o crente decreta a morte para o pecado e assume o compromisso de caminhar numa vida pautada pela santidade. O batismo significa morrer misticamente a morte de Cristo. O batizado padece uma morte; morre por ser afetado pela morte de Cristo, a qual exerce um poder sobre ele. A morte de Cristo goza de uma presença sacramental e dinâmica na vida do crente. O batizado não vê na morte a angustiante cessação de seu ser, mas o processo de assimilação de Cristo. O batismo amortece o impacto negativo da morte como obstáculo, separação e ruptura, abrindo-se para uma perspectiva positiva, como aceitação e assimilação do morrer.

O cristão morre com Cristo no batismo e na esperança confiante de ser ressuscitado por ocasião da sua vinda gloriosa. O batismo faz com que a morte deixe de ser manifestação e expressão do pecado para se tornar trânsito para a eternidade. A morte do cristão ganha um caráter de passagem pascal, porque ele sabe que só pode ressuscitar com Cristo quem fez a experiência da morte dele. No batismo, a angústia da morte é substituída pela confiança. O ser-para-a-morte se torna ser-para-a-vida. A morte deixa de ser simplesmente o fim físico da vida terrena e ganha uma dimensão escatológica: morrer para ressuscitar com Cristo. O "batismo tira toda a pena devida pelo pecado; ainda que subsista a morte física, modificaram-se radicalmente seu conteúdo objetivo e a atitude subjetiva com que o homem a afronta" (RUIZ DE LA PEÑA, 1971, 373). A morte para o cristão deixa de ser pena de pecado e passa a ser vista como a experiência de morrer com Cristo para ressuscitar com ele. O cristão experimenta o morrer com Cristo, uma experiência de graça, e não o morrer com Adão, uma experiência de pecado. O batismo já é uma experiência de vitória com Cristo sobre a morte.

O processo de assimilação do ato de morrer com Cristo que perdura a vida toda alcança seu apogeu no momento da morte real do cristão. A participação na morte de Cristo não é no sentido figurativo e metafórico, mas místico e real. O cristão é realmente imerso na experiência do morrer com Cristo, cujo ápice é conquistado na morte física. "Na morte corporal do homem ocorre aquilo que estava presente no batismo desde o início. A morte corporal é a realização da morte que o homem padece no batismo" (SCHMAUS, 1964, 370). Com o batismo, tem-se o início de uma vida na graça, que, para o cristão, consiste num processo que perdura toda a vida e penetra na sua morte como um morrer com Cristo. Esse processo, que atravessa toda a vida cristã, é uma experiência da morte como fonte de salvação em Cristo. "O batismo é o início sacramentalmente visível daquela morte que não é cume do pecado, mas cume da assimilação de salvação que vence o pecado. O batismo é o início da morte cristã como princípio da vida de graça, em virtude do qual a morte se torna cristã" (RAHNER, 1965a, 69). O início da vida cristã com o batismo é também o começo sacramental do morrer cristão. Junto com a comunhão na morte com Cristo, pelo batismo, tornando a morte presente em toda a vida, ocorre também uma comunhão de sofrimento. Por isso, a comunhão de sofrimento desde o batismo é a atuação realística da comunhão de morte na vida.

A morte mística do batismo tem de ser ratificada diariamente na mortificação e na participação na eucaristia, memorial da vida e da morte de Cristo.

A forma suprema de dinamismo da morte de Cristo na morte de cada homem se antecipa em graus menores durante toda a vida do cristão. Esse dinamismo não alcança subitamente o ápice, mas vai crescendo progressivamente. O primeiro passo é a participação na morte de Jesus Cristo obtida pela fé e pelo batismo. Essa participação se intensifica através dos demais sacramentos e particularmente através da eucaristia (SCHMAUS, 1981, 202).

A eucaristia é celebração da renovação e atualização da morte de Cristo. O cristão, que experimenta a morte mística por meio do batismo, é nutrido pela participação eucarística na morte de Cristo. Na eucaristia, ocorre o anúncio sempre novo da morte de Cristo, de cuja vida e morte o cristão participa, até que ele venha e se manifeste gloriosamente. Na morte de Cristo, a morte do crente experimenta a vitória da vida.

> Se, porém, aquilo que celebramos neste mistério é a atuação sacramental da morte de Cristo e aquilo que neste mistério recebemos é a graça que na sua morte se torna nossa, se neste mistério anunciamos a sua morte, este sacramento deve efetuar também em nós a sua morte, se é verdade que os sacramentos efetuam também em nós aquilo que simbolicamente designam (RAHNER, 1965a, 70).

Aquele que participa do sacramento da eucaristia e nele anuncia a morte de Cristo deve anunciar essa morte na sua vida e experimentá-la em si mesmo na realidade de sua vida. Pela participação na eucaristia, "a presença da morte na vida adquire um sentido para o cristão, que vive sacramentalmente na cotidiana antecipação da entrega completa, prefigurada por seu Mestre como o ato salvífico por excelência" (RUIZ DE LA PEÑA, 1971, 373). Na eucaristia, Cristo faz de sua vida uma entrega e uma oferta ao Pai. A vida de Cristo se torna uma refeição e uma atualização do mistério de sua morte. Assim, o cristão que participa da eucaristia se torna um ser eucarístico no sentido de que ratifica e atualiza em sua vida o mistério da morte de Cristo; ele experimenta em sua vida a atualização do mistério pascal de Cristo. A experiência do mergulho na morte e ressurreição no batismo é presentificada no mistério da celebração eucarística. "Nós condividimos sua morte, porque cada dia celebramos e recebemos o sacramento da sua morte" (RAHNER, 1965a, 71).

Se pelo batismo e pela eucaristia o cristão participa espiritualmente da morte de Cristo, com o sacramento da unção dos enfermos há uma participação no mistério da morte de Cristo mediante a experiência da dor e do sofrimento corporal. A doença física é um prenúncio da morte. O enfermo, por meio de sua doença, é chamado a participar do mistério do sofrimento e da morte de Cristo. O doente se configura a Cristo mediante a dor, o sofrimento e a doença. No sentido bíblico, a doença não é somente um fato puramente biológico, mas também manifestação da potência do pecado. A doença física tem origem espiritual como manifestação do pecado, o qual é ruptura na relação e na comunhão com Deus. A doença é sinal de que o ser humano é perpassado pela potência da morte. Ela expõe a fragilidade, a finitude e a caducidade do corpo. A unção com o óleo tem o escopo de revitalizar e reabilitar o corpo frágil e caduco. Busca-se restaurar a saúde física e espiritual. A vida do cristão, que é atravessada pela onipresença da morte, no momento do sofrimento físico, é ungida pelo óleo da restauração. A unção do corpo débil tem o intento de tirá-lo da posição horizontal e colocá-lo na posição vertical e ereta. A recuperação da saúde é, misticamente, uma experiência de ressurreição. O sacramento da unção dos enfermos consiste na "consagração da enfermidade mortal como sinal eficaz da saúde do homem inteiro que concerne ao homem ressuscitado" (RUIZ DE LA PEÑA, 2002, 267). A unção dos enfermos é o "sacramento da situação de morte" e da "consagração sacramental da morte" (RAHNER, 1965a, 72). O doente, revigorado pelo sacramento da unção dos enfermos, faz da sua doença e da sua morte ocasião de comunhão com Cristo. A unção dos enfermos é a consagração do final da vida à morte de Cristo. A graça de Cristo, experimentada no batismo e na eucaristia, é provada no momento da debilidade física.

Os três sacramentos relacionam o morrer cristão com a morte de Cristo. A experiência mística da morte perpassa todo o percurso da vida do cristão: no início da vida (batismo), na vida adulta (eucaristia) e no fim da vida (unção dos enfermos). Assim, o princípio, o centro e o fim da vida cristã são marcados pela presença desses três sacramentos. Dessa forma, a assimilação espiritual da morte de Cristo é processo que perpassa toda a vida cristã.

A morte como juízo e graça

A morte é simultaneamente ocasião de juízo e de graça. Na morte, o crente faz a experiência do juízo divino e da graça de Cristo. No momento da morte, o crente defronta com seu ser pecador e com a experiência da graça redentora de Cristo. Esses momentos aparentemente contraditórios ocorrem no evento único da morte.

No campo bíblico, a morte entra no mundo como fruto do pecado; está intimamente relacionada com a culpa. Assim como o pecado de Adão se estendeu para todo o gênero humano, também a morte disseminou seu reinado para os seres humanos. Pela mediação de Adão, o ser humano se torna culpado e mortal. A revelação da condição mortal do ser humano demonstra sua exposição ao pecado. Transgredindo a ordem de Deus no jardim de Éden e rompendo a comunhão com ele (Gn 3,4), Adão espalhou o pecado e a morte no mundo.

A morte como juízo está ligada ao ser pecador do ser humano. Trata-se do juízo de Deus diante das culpas e da condição pecaminosa do ser humano. "A morte é juízo de Deus contra o homem tornado pecador. Na morte do homem, Deus revela que não tem vida senão em comunhão com ele; que sem ele o homem não pode viver, mas somente morrer. Assim, a morte não é um simples processo biológico" (SCHMAUS, 1970, 37). Na morte, o ser humano experimenta seu contraste com Deus, que é vida. O ser humano experimenta o que acontece com ele pelo fato de romper com a proteção do amor divino, tornando-se um ser abandonado à própria ruína. A morte é sinônimo de uma desordem que afeta a raiz da existência humana. É a manifestação da inimizade do ser humano com Deus. É expressão de um evento contrário à natureza do ser humano, o qual é chamado à graça. Nesse sentido, a morte é um fenômeno não natural, anômalo e anormal. Trata-se de algo que não deveria existir, porque contradiz o plano criativo de Deus. O ser humano foi criado para viver imerso na graça e na comunhão com Deus e, portanto, não estaria exposto à morte, que é ruptura na relação com Deus. O ser humano não foi criado por Deus para morrer, mas para viver eternamente. "A consciência humana declara que a morte, na ordem da vida desejada por Deus, é um corpo estranho, e inimiga do homem" (SCHMAUS, 1970, 38). A culpa do pecado distancia e priva o ser humano de uma vida de comunhão com Deus. A morte é a confirmação de uma vida privada de Deus e mergulhada no pecado. "A morte é um perder-se, porque é um perder a relação com a vida e com a sua fonte" (BOF, 1977, 601). A perda da relação com Deus, por meio do pecado, faz com que o ser humano se torne um ser ordenado para a morte e que vai na direção da meta da sua aniquilação.

A morte é um "não" que Deus pronuncia sobre o pecador. Essa resposta negativa de Deus manifesta o profundo sentido da morte, seu caráter de juízo, e revela a consciência da culpa que recebe sua inequívoca confirmação. A morte é "uma imposição de Deus", não fundada sobre algo originário nem sobre um ordenamento divino, "mas algo que nasce da desordem. É a 'reação' da cólera divina à rebelião humana" (BRUNNER, 1973, 144). A morte não é vista simplesmente como um fato que pertence à condição natural da criatura ou um elemento que a distingue de seu criador, mas expressão objetiva da ira e do julgamento de Deus. O terror diante da morte é sinal de uma consciência culpável que teme ser julgada. Visto a partir do ser humano, o destino de morte imposto à condição humana se fundamenta na sua culpa. Porém, vista a partir de Deus, a sentença de morte que pesa contra o ser humano se chama ira. A ira de Deus é manifestação de sua reação diante das ações do ser humano como pessoa responsável. No momento da morte, o ser humano experimenta o peso da mão de Deus diante de seus pecados. É no cenário da relação homem-Deus que se deve entender a morte como limitação imposta pela ira de Deus ao ser humano pecador. Porque o ser humano é pecador e culpado, sua vida foi corrompida e entregue à morte. O pecado expôs o ser humano ao poder e à aniquilação da morte, logo Deus tem razão contra o pecador, que, por sua vez, é culpado diante dele.

A morte é a manifestação real e perfeita do juízo de Deus. Em seu aspecto judicial, a morte é um mal e um evento negativo. A morte possui todos os sinais do juízo de Deus, de modo que nossa vida é necessariamente uma vida marcada e exposta a esse juízo. Não é possível ver, no modo como a morte se apresenta, algo que pertença à natureza querida e criada por Deus, quer dizer, à natureza boa do homem. Ela é, ao contrário, um fenômeno negativo para nós, um mal, mais exatamente: um mal dispensado por Deus como sinal de seu juízo. Não é simplesmente um fenômeno inerente ao destino humano, mas uma resposta negativa de Deus à culpa humana. É justamente por causa dessa condição culpável que o ser humano se encontra sob o juízo divino. A morte pertence à desordem, ao caos e ao mundo que Deus não criou. Como sinal do juízo de Deus, ela deve ser temida. Porque a morte é sinal do juízo de Deus sobre o pecado do homem, deve ser temida no mais alto grau. Não existe nenhum ser humano que não tenha tido medo da morte (BARTH, 1961, 282-337).

A morte não é somente ocasião de juízo, mas também de graça divina — a última palavra sobre a morte não é dada pelo juízo, mas pela graça divina. Isso pode ser verificado na morte de Jesus, que transformou a morte de sinal de pecado, de castigo e de juízo em momento de páscoa e de graça divina. A morte de Jesus foi uma experiência de liberdade, de entrega. Na morte, Jesus se entrega nas mãos de Deus Pai. O Espírito Santo "capacita o homem a realizar em Cristo e com Cristo toda sua vida e especialmente sua morte. Dessa maneira, o dinamismo daquele movimento de entrega a Deus Pai que Cristo pôs em marcha na cruz pode atualizar-se em cada homem com toda sua intensidade" (SCHMAUS, 1981, 202). A partir da morte de Jesus, a morte do cristão não pode ser vista simplesmente como sinal do juízo condenatório, mas também como manifestação de graça e de redenção. À luz da fé pode-se perceber sob o não da ira divina um profundo e oculto sim. A vida doada por Deus não é aniquilada com a morte, mas restituída pela graça da redenção. A aparente derrota divina na morte é, na verdade, uma vitória. Se Adão não tivesse pecado, introduzindo a morte no mundo, a conclusão de existência seria uma consumação na graça de Deus.

O cristão pode fazer da morte uma ocasião de experiência da graça divina. Uma morte aceita e assumida como própria é uma experiência de graça diante de Deus. "Se levarmos em conta a verdadeira natureza da graça, veremos que a morte é uma situação excepcional para a livre realização da graça" (RAHNER, 1978, 589). No sentido cristão, diante da ideia de ruptura, de decomposição, de negação e de juízo oculta-se uma experiência da morte como oferta agradável a Deus. Aquele que experimentou o morrer com Cristo durante toda a vida cristã faz da morte um momento de graça e gratidão a Deus pela oferta do dom da vida. A morte é uma experiência de entrega, de oferta e de desprendimento. "O autoabandono, que se realiza de modo radical na morte, constitui precisamente um aspecto da atuação da graça em termos de fé, esperança e caridade" (RAHNER, 1978, 591). A morte do mártir é exemplo de uma experiência da morte como momento de graça. O mártir, que experimentou a graça de Deus durante sua vida terrena, a vivencia de forma radical no momento da morte. A morte é a última oportunidade na qual o ser humano experimenta a graça de Deus. Se o ser humano contou com a ação da graça durante todo o curso de vida presente, ela não lhe será ausente no momento da morte. Toda morte livremente aceita e ativamente assumida é uma experiência de graça. A ação da graça divina no momento da morte está relacionada com a certeza da salvação. Aquele que morre na graça é alimentado pela alegre certeza da salvação. Na morte, o crente é abraçado e acolhido por Deus. A morte é o momento em que a miséria humana tem um encontro de graça com a misericórdia divina. "A morte constitui um encontro entre o homem e Deus. Deus se comporta aí como aquele que chama inexoravelmente o homem. O homem é aquele que há de obedecer ao chamado. E de nenhum modo pode subtrair-se a ele" (SCHMAUS, 1981, 202). O ser humano mortal, encontrando-se com o Deus imortal, na morte, deseja participar de sua imortalidade.

O martírio como modelo de morte cristã

A palavra "martírio" vem do grego *marturia* ou *marturion*, que significa "testemunho". No sentido cristão, o martírio designa mais precisamente o fato de morrer para dar testemunho de Cristo. Os romanos usavam a tortura como forma de colher os depoimentos das testemunhas: por seu sofrimento e por sua morte, a testemunha manifesta a verdade do testemunho dado em nome de Cristo e do evangelho. O mártir é, sobretudo, testemunha da verdade do mundo futuro e definitivo. Isso pode ser verificado na narrativa da paixão, em que Jesus passa da cruz ao mundo definitivo, levando consigo o bom ladrão (Lc 23,43). Também na morte do primeiro mártir cristão, Estevão, que ao morrer contempla "o céu aberto e o Filho do Homem, de pé, à direita de Deus" (At 7,56); na visão do Apocalipse em que João, exilado em Patmos "por causa do testemunho de Jesus" (Ap 1,9), contempla o céu aberto e uma multidão de mártires com palmas nas mãos, prestando adoração a Deus e ao Cordeiro (Ap 7,9-17). Essa concepção do martírio existia também no judaísmo, com a morte dos sete irmãos macabeus durante a perseguição de Antíoco Epífanes (2Mc 7) (LOUTH, 2004, 1099).

Na tradição cristã, particularmente nos três primeiros séculos, período de intensa perseguição cristã por parte do Império Romano, a forma mais habitual de compreender a morte refere-se ao martírio. Essa perseguição passou, primeiramente, por uma fase local e esporádica, nos séculos I e II, e depois por um período generalizado, no século III. Muitos eram perseguidos simplesmente pelo fato de serem cristãos e se recusarem a oferecer sacrifícios aos deuses pagãos do politeísmo romano. Diante das perseguições, alguns recuavam na fé (apostasia) e outros aceitavam o martírio em nome da fé em Cristo. Ser cristão era um risco. Torna-se mártir aquele que, resoluto na fé, aceita ser morto pelas potências inimigas de Cristo, tornando-se um belo testemunho da fé em Jesus Cristo. Os cristãos da antiguidade desenvolveram a ideia de que a morte instaura uma forma de comunhão com Cristo. Aquele que morre com Cristo é digno de um prêmio glorioso. A morte como forma de comunhão existencial com Cristo está presente nos escritos laudatórios dos mártires e em algumas práticas, como a veneração do aniversário de morte e o recurso à intercessão. Como união vital com Cristo, a morte se apresenta como algo desejável e consiste num modo de se tornar um discípulo pleno do Senhor (ALVIAR, 2007, 298-299).

Para Inácio de Antioquia (35-108), o martírio é o único modo de ser um verdadeiro discípulo e de chegar a Jesus Cristo. Deseja que sua morte seja um morrer com Cristo como forma de estabelecer um vínculo pessoal com aquele que morreu e ressuscitou por nós. Inácio, em sua condição presente e peregrina da existência, se considerava um escravo. Porém, por meio do martírio, ele será libertado da condição de escravo por Cristo para participar com ele da ressurreição. Inácio está disposto a sofrer todos os tormentos para se unir a Cristo por meio da morte. O martírio conduz a um triunfo e a uma vitória com Cristo. Pelo martírio, o crente participa do mistério pascal de Jesus Cristo (ALVIAR, 2007, 299). Para Inácio, a morte não consiste no fim trágico que destrói a vida, mas, ao contrário, é vista misticamente como o nascimento e o início da verdadeira vida. Em sua visão, é melhor morrer com Cristo do que reinar sobre os confins da terra. Enquanto para muitos homens a morte consiste num evento trágico e triste da vida, para ele trata-se de um acontecimento vivamente desejado e cobiçado. Para o mártir, o morrer não está vinculado a um caráter fúnebre, nem a morte é vista como via de entrada num estado de repouso ou de sono, mas exprime um estado de tensão voltado para a pessoa amada e desejada de Cristo, que é concebido como o lugar e o espaço vital que constitui a meta desejada de toda a sua existência. Morrer com Cristo significa morrer para viver em Jesus Cristo. Inácio concebe seu morrer, seu martírio iminente, como um verdadeiro parto, ou seja, um nascimento para a vida verdadeira, que é Cristo. As dores que antecedem a morte são semelhantes às dores do parto, que são um preâmbulo para o surgimento da vida. Para o mártir, a morte é vida que destrói a própria morte. A eucaristia é vista como um fármaco e antídoto contra a morte (BERGAMELLI, 1995, 278-287).

A dimensão relacional e cristológica do morrer também está presente em Policarpo (69-155), bispo de Esmirna. Para Policarpo, os mártires estão no lugar que lhes é devido junto com o Senhor, com o qual também padeceram. O mártir, aquele que morre em nome de Cristo, deve ser corajoso na provação, orgulhoso diante do carrasco, fiel na provocação do interrogatório, ter sobriedade de ânimo e dignidade no sofrimento mais atroz.

> O mártir então se constitui naquela experiência de condenação à morte de pena capital, seja como aquele que testemunha sua fé até o sacrifício cruento da sua pessoa, seja como aquele que renova no mundo o sacrifício de Cristo e se propõe por sua vez como testemunho: sua *martyria* o conduz à morte, e sua morte se torna *martyria* para os outros irmãos em Cristo (BURINI, 1995, 264).

Os mártires não fornecem ao cristianismo somente uma confissão de fé, mas a verdadeira e própria justificação teológica da morte e uma oração de louvor e agradecimento ao Deus vivente que lhes concede a coroa do martírio, tornando-os participantes da mesma condenação à morte que padeceu o Filho unigênito. Segundo Policarpo, bendito seja o Senhor Jesus Cristo, que o julgou digno, na qualidade de pecador, de ter a mesma sorte que ele padeceu. Todo mártir sabe que quem padece pela glória de Cristo estabelece uma perene comunhão com o Deus vivente. A ânsia por essa comunhão faz com que o mártir deseje a morte, que, na verdade, é ingresso na vida. Para o mártir, a morte significa seu *dies natalis*, ou seja, o dia do seu nascimento para outra vida. O mártir é uma testemunha que condivide a paixão e a morte de Cristo. O mártir não somente morre, mas testemunha com sua morte; é chamado à morte por causa de sua profissão de fé em Cristo, e sua morte confirma a sua fé nele. Policarpo agradece a Deus porque o julgou digno de fazer parte do número dos mártires que participam do cálice de Cristo em vista da ressurreição para a vida eterna da alma e do corpo na incorruptibilidade do Espírito Santo. O bispo de Esmirna condivide com o Cristo a condição de vítima sacrifical de forma que sua condenação à morte consiste no ato de reviver e experimentar a condenação à morte de Cristo. Para o mártir, a morte é uma verdadeira ação de graças, um ato eucarístico e de glorificação a Deus (BURINI, 1995, 264-270).

As dimensões cristológicas e pascais do martírio também estão presentes em outros autores. Segundo Cipriano (210-258), a esperança cristã está no lenho da cruz de Cristo. O cristão conhece o mistério de sua salvação: redimido pelo lenho para a vida eterna e por meio do lenho será ornado com a coroa do martírio. Para Justino (100-165), os crentes estão dispostos a sofrer porque sabem que serão definitivamente ressuscitados com Cristo. Os crentes sofrem todos os tormentos e se alegram em morrer, pois sabem que Deus os ressuscitará por meio de Jesus Cristo e os tornará incorruptíveis e imortais. Segundo Tertuliano (160-220), o martírio produz uma identificação especial com Cristo. O mártir deseja morrer para estar com Cristo. Ele vive heroicamente um caminho de conformação com Cristo para depois de sua morte receber um prêmio eterno. Para a fé cristã, essa identificação com Cristo converte os mártires em válidos intercessores diante de Deus. As orações e as práticas litúrgicas em torno dos mártires e de outros santos de declarada santidade revelam que há pessoas santas que foram incorporadas a Cristo e que velam por aqueles que vivem na terra (ALVIAR, 2007, 300).

Após a morte, os corpos dos mártires eram conservados preciosamente como relíquias — seus corpos eram desmembrados, formando relíquias às quais se associava um poder milagroso —, e sobres seus túmulos construíam-se altares, nos quais essas relíquias eram colocadas para serem veneradas. Festejava-se o aniversário de seu martírio como um nascimento celestial, celebrando a eucaristia sobre seu altar. A figura do mártir estava correlacionada à do santo, de modo que o mártir era o crente que realizou de forma concreta sua vocação à santidade. Todo crente é chamado à santidade, porém no martírio esse chamado é materializado e concretizado. O mártir é o arquétipo de santidade. A intercessão ao mártir-santo era procurada pelos fiéis em favor de suas necessidades e projetos. Havia um incentivo à devoção e ao culto dos mártires-santos (LOUTH, 2004, 1100-1101).

Assim como Jesus foi ao encontro da morte de forma livre e decidida, também o mártir não se esquiva de padecer uma morte como fruto de sua liberdade, coragem e aceitação na fé em Cristo. No "martírio, a liberdade de toda uma vida se condensa e se reafirma no ardente momento final" (RUIZ DE LA PEÑA, 1971, 255). O mártir padece a morte nos mesmos moldes que a morte sofrida por Cristo: fruto da liberdade e da entrega. É uma morte padecida em e com Cristo; é padecida por amor à fé ou à moral cristã. Aquele que crê não deve ir ao encontro da morte como na direção de um fim finito da existência, mas de um fim que conduz à eternidade da comunhão com Cristo. À luz da fé cristã, a morte não é uma realização do vazio, nem um salto no escuro, nem o definitivo desembocar da vida na absurdidade, mas é realização, plenitude e ocasião de comunhão da existência. Para o crente, com a morte o ser humano é acolhido nas mãos do Deus vivente. A morte é uma realização da existência na graça de Cristo.

O martírio não é fruto de motivações políticas ou sociais, mas religiosas e humanas. O mártir morre em nome e por causa da fé. Aquele que experimentou uma comunhão com Cristo durante a vida terrena faz da morte uma radicalização dessa comunhão. O mártir conforma o seu viver e o seu morrer à vida e à morte de Cristo. Assim como Cristo não retém nem tira a sua vida, mas a oferece, também o mártir faz de sua vida uma oferta voluntária, agradável e graciosa a Deus. O mártir não tem desprezo pela vida, mas a considera um dom e um valor supremo a ponto de oferecê-la a Deus como prova de sua fé. Semelhante a Cristo, o mártir padece uma morte violenta, escandalosa e cruel, fruto da brutalidade dos opressores. No subsolo da violência exterior presente na morte do mártir oculta-se, internamente, um supremo ato de entrega e de disposição da vida. O mártir não teme a morte nem se angustia diante dela, mas a encara e a assume de forma decidida. Ele é batizado e aspergido com o próprio sangue. Aquele que foi brutalmente morto pelos homens é salvo em Cristo. A morte martirial é um acontecimento salvífico, pois o crente, testemunhando sua fé, oferece sua vida como prova de crença que é acolhida e resgatada por Deus.

Morrer por aquilo que se ama é um testemunho. Comprometendo-se até a morte por sua fé, aquele que assim faz está dando aos seres humanos um testemunho eficaz da importância e da retidão dessa fé. Morrer pela fé não é morrer por um conjunto de ideias e de expressões teóricas. É entregar-se totalmente em nome de um valor personalizado, é dar a vida por alguém e não por algo. É manifestar um amor tão grande que supera a própria vida. É amor pessoal a Deus, inseparável do amor aos irmãos. No martírio, a fé de que se dá testemunho opera energicamente como fé em Deus e como compromisso vital com ele. Assim, o martírio é uma entrega a Deus. Dá-se testemunho não de uma ideologia, mas de uma religião entendida como vida e aprofundada em um encontro pessoal com Deus que se explicita em forma de amor aos seres humanos. O significado do martírio não se encontra somente no fato de que morrer *in odium fidei* indica de forma convincente uma realidade ultraterrena, mas sim no fato de que o martírio marca definitivamente a vida do ser humano em configuração com a vida de Cristo. O mártir tem uma comunidade de destino com a pessoa de Cristo, na qual se realiza, junto com Cristo, a entrega ao Pai. A morte do mártir participa do caráter sacrificial da morte de Cristo e de sua virtude redentora. Por isso, a Igreja, desde tempos remotos, celebra a morte do mártir não só como louvor por aquele que deu sua vida por Deus, mas também e, ao mesmo tempo, como penhor de reconhecimento da importância desse martírio para toda a comunhão dos santos (A PRÁXIS..., 1980, 9-11).

O martírio, como a visibilidade da graça feita sensível no acontecer histórico, goza de caráter quase sacramental. A força justificante do martírio é, em certo sentido, de natureza sacramental. Ele é a experiência da visibilidade e da sensibilidade da graça que Deus concede aos crentes; experimenta-se a concretude da graça de Deus. O martírio não é propriamente um sacramento, mas está associado ao batismo. A experiência mística do morrer com Cristo no batismo é realizada e materializada na experiência do martírio. É a radicalização e concretização da experiência do morrer com Cristo. Trata-se de uma expressão da participação e da comunhão na morte de Cristo. Nesse sentido, o martírio tem um caráter sacramental, como experiência de comunhão e sinal da graça de Cristo. "Onde a morte do mártir é celebrada no sangue, a graça de Deus é verdadeiramente vitoriosa também no fundo da realidade. Poder-se-ia quase dizer: o martírio é o único supersacramento no qual não se encontra dificuldade por parte de quem o recebe" (RAHNER, 1965a, 93-94). No martírio, a existência cristã alcança seu rosto irreformável como graça vitoriosa de Deus. O martírio revela o rosto sacrificial da morte, como sacrifício oferecido a Deus e aos outros. Se na liturgia da Igreja celebra-se misticamente o sacrifício da entrega e da oferta de Cristo por meio de sua morte, no martírio ocorre algo semelhante: a entrega sacrificial da vida do crente.

A morte martirial é uma expansão da amizade mística com Cristo. Aquele que foi íntimo de Cristo e experimentou sua amizade durante a vida a experimenta de modo profundo e radical no momento da morte. O martírio é, também, expressão de uma vida santa e vivida na graça. É consumação da santidade. Aquele que celebrou e experimentou a santidade durante a vida a experimenta de modo concreto e palpável na morte. Os mártires cristãos geralmente são santos, no sentido formal, porque experimentaram a santidade durante a vida terrena, e na morte martirial são ornados com a coroa da santificação e da canonização.

O martírio cristão não é uma questão bizantina que pertence exclusivamente à Igreja primitiva, mas é uma realidade também na Igreja atual. Ainda hoje, muitos cristãos são mortos em nome de Jesus Cristo, principalmente nos países muçulmanos, nos países comunistas e nos ditatoriais. O martírio é uma possibilidade mais pujante para o cristão em países marcados pela intolerância religiosa, pela ausência de liberdade religiosa e civil e pelo desrespeito à pessoa humana. O martírio sempre será uma possibilidade para o cristão, independentemente do país em que resida, pois abraçar a causa de Cristo significa expor a vida a um permanente risco de morte em nome do evangelho.

O martírio é uma realidade presente também na América Latina, parte do continente americano marcada por desigualdade social e econômica, pobreza, colonização, exploração e marginalidade. Se as primeiras perseguições ocorreram porque o cristianismo era visto como ameaça ao culto do Império Romano, na América Latina o martírio se origina de um confronto da fé cristã ante o uso absolutista e autoritário do poder político, da exploração econômica dos pobres e das vítimas produzidas pelo capitalismo selvagem. O martírio dos católicos na América Latina tornou-se também denúncia da intransigência hegemônica do Norte e das vítimas que o capitalismo pós-industrial reclama na América Latina, aparentemente em nome do anticomunismo, mas na realidade em nome da acumulação de riqueza não compartilhada. O martírio na América Latina está constituído não tanto pela denúncia, mas pela esperança para os pobres que os mártires anunciam em sua resistência contra o capital transformado em ídolo, ao proclamar como dom o horizonte do Reino de Deus e o valor da luta pelas aproximações históricas desse Reino (PICO, 1983, 52). O martírio na América Latina escandaliza o poder e os setores eclesiásticos agarrados a ele, porque os mártires provêm de uma Igreja que emigrou de seu lar entre os poderosos para as massas empobrecidas.

Na América Latina, o Cristo perseguido e crucificado se faz presente nos crucificados pelo uso verticalizado do poder político e econômico. Os crucificados de hoje questionam a sociedade e sua articulação de poder. As "sementes do Verbo" estão presentes na luta revolucionária justa, na compatibilidade entre resistência e seguimento de Cristo e na pregação eclesial contra a violência institucionalizada. Muitos bispos, padres e leigos começaram a ser perseguidos em toda a América Latina como agitadores e subversivos, por apoiar os movimentos revolucionários dos pobres e marginalizados que defendiam o direito à dignidade, liberdade e igualdade. A Igreja latino-americana, quando se compromete com a vida dos pobres, tem de seguir o mesmo destino dos pobres que são desaparecidos, torturados e capturados. Na perseguição e morte de cada oprimido e marginalizado atualiza-se e presentifica-se a crucifixão de Cristo e a veneração ao Deus crucificado. Os mártires cristãos mantêm em sua luta e em seu fracasso aparentemente irresgatável o consolo de que seu amor solidário com os oprimidos está garantido pelo compromisso da paternidade de Deus com a esperança histórica dos pobres. A Igreja latino-americana deve continuar recordando não só a memória de seus mártires e de todas as suas vítimas que caíram lutando pela justiça ou que foram arrasadas nessa luta, mas também a memória de Jesus, crucificado pelos injustos e ressuscitado pelo Pai, reivindicador de seu sangue e de toda injustiça (PICO, 1983, 53-56).

A morte no contexto da renovação escatológica

Neste tópico se refletirá sobre o tema da morte em sua evolução teológica na passagem renovadora da visão clássica dos temas escatológicos para a escatologia como disciplina transversal da teologia. Esse tema passou por um amadurecimento teológico: de trampolim para a reflexão escatológica a um argumento de relevância antropológica.

O primado da perspectiva cristológica e coletiva da escatologia do Novo Testamento se mantém no período patrístico. A teologia patrística assim como o Novo Testamento não apresenta uma visão escatológica sistematizada, mas reflete sobre temas escatológicos, entre os quais: a visão imediata de Deus, por parte da alma, logo após a morte; a alma, imortal e incorruptível, se submete a um processo de purificação depois da morte até a realização da ressurreição; a ressurreição de Cristo como fundamento da ressurreição dos mortos, que se dará por ocasião da parusia; a parusia se dará junto com o juízo e ocorrerá a recompensa para cada pessoa segundo suas boas obras; o corpo é um elemento constitutivo da ressurreição; a salvação não tem como sujeito somente a alma, mas também o corpo; a salvação se realizará só quando todo o corpo de Cristo estiver completo; discussões em torno da natureza e da identidade do corpo glorioso; o inferno como destino dos condenados (DALEY, 1994; LADARIA, 2003, 346-372).

O primeiro tratado de escatologia, que surgiu no final do período patrístico (séc. VII), é o *Prognosticum futuri saeculi* (Antevisão do mundo que há de vir), do bispo espanhol Juliano de Toledo. Essa obra consiste num primeiro ensaio de sistematização dos temas escatológicos. A estruturação, o nexo interno e o conteúdo dos temas abordados pela obra exerceram uma influência determinante na escatologia até os inícios do século XX. O primeiro capítulo trata da morte humana (escatologia individual); o segundo, da condição das almas dos defuntos antes da ressurreição (escatologia intermediária); e o terceiro, da ressurreição dos corpos (escatologia final).

Os aspectos nucleares da abordagem patrística dos temas escatológicos (dimensão coletiva da salvação, fundamento bíblico e referência cristológica) perdem força no período medieval. Haverá uma privatização e individualização da escatologia. Ocorrerá uma sistematização da escatologia do indivíduo. Na primeira fase do período medieval, os temas escatológicos são abordados separadamente e em relação com outros tratados teológicos, como a criação, os sacramentos, a graça. Anselmo de Laon (1050-1117) trata do inferno junto com o pecado dos anjos e a ressurreição em relação com os efeitos dos sacramentos (NITROLA, 2001, 28-29). Hugo de São Vitor (1096-1141), na obra *Os sacramentos da fé cristã* (*De sacramentis christianae fidei*), medita sobre a teologia da história da salvação, tratando dos temas fundamentais do itinerário histórico-salvífico do ser humano. Os temas escatológicos faziam parte desse itinerário e eram colocados no final da obra. Esses temas eram: a morte do ser humano (o destino da alma depois de sua separação do corpo), o fim do mundo (parusia e as condições do corpo ressuscitado) e mundo futuro (juízo, as penas do inferno, morte eterna e vida eterna). Pedro Lombardo (1100-1160) também trata dos temas escatológicos no final de sua obra *Sentenças* (*Sententiarum libri quattuor*), porém sem seguir o percurso histórico-salvífico de Hugo de São Vitor. Pedro Lombardo abordou os seguintes temas escatológicos: a ressurreição, a vinda de Cristo, o julgamento dos vivos e dos mortos, o destino pós-mortal da alma, os sufrágios pelos defuntos, o fogo do purgatório e sua relação com os pecados cometidos na vida terrena, a condenação e a salvação (ANCONA, 2013, 164-167).

A segunda metade do período medieval, considerada a fase áurea, particularmente o século XIII, opera um notável aprofundamento especulativo e sistemático sobre os temas escatológicos. Na visão de Boaventura (1221-1274), o juízo consistiria no resumo da escatologia. A verdadeira visão escatológica de Tomás de Aquino (1225-1274) não se encontra na parte suplementar de sua obra clássica, a *Suma teológica*, mas no *Comentário sobre as sentenças*, obra de sua juventude. Tomás de Aquino compartilha das preocupações escatológicas de sua época: o fim pessoal dos mortos, o fim do mundo e a ressurreição, o juízo universal e a visão beatífica (LADARIA, 2003, 377-384).

A partir do século XVIII surgiu a teologia dos novíssimos, que tratava das realidades últimas e futuras — que consistiam numa série de eventos que ocorrem no final da existência terrena e no início da existência definitiva. A teologia dos novíssimos era dividida em duas partes: *De novissimis hominis* (morte, purgatório, inferno, céu etc.) e *De novissimis mundi* (ressurreição dos mortos, juízo universal, parusia etc.). Essa configuração teológica dos novíssimos perdurou até o começo do século XX. Os inícios de uma renovação na estrutura, na metodologia e, de certo modo, no conteúdo, em relação à abordagem da escatologia, começaram com o teólogo alemão M. Schmaus, que tratava primeiro da escatologia coletiva e depois da individual, e com a recuperação da dimensão cristológica da escatologia. Schmaus inverte a abordagem metodológica, tratando primeiro da escatologia coletiva e recupera a centralidade de Cristo na reflexão escatológica, em sintonia com a visão bíblica (MOIOLI, 1994, 199-210).

A teologia dos novíssimos concebia as realidades últimas da fé em sentido cronológico, isto é, como eventos que ocorrem no fim. Nesse sentido, é possível compreender a tendência de colocar os novíssimos no final dos tratados de teologia, como conclusão da teologia sistemática. Os novíssimos compreendiam o conteúdo das realidades últimas de um modo coisificante e espaçotemporal como "uma série de eventos que podem ser analisados separadamente do resto do discurso teológico" (NITROLA, 2001, 32). Trata-se de uma visão coisificante do futuro escatológico, que era visto como uma realidade já dada, conhecida por antecipação. Nesse sentido, o futuro escatológico não é entendido como promessa nem como esperança, mas como realidade preconcebida sem relação com o presente terreno. No interior da teologia dos novíssimos, a ênfase se concentrava nos *novissima hominis*, de forma que os *novissima mundi* constituíam um complemento ou amplificação dos primeiros. Ou seja, o objeto primeiro de preocupação dos novíssimos era o ser humano e depois o mundo.

Nessa perspectiva, a morte, como tema dos *novissima hominis*, era vista de modo rápido e superficial, como antessala e etapa preliminar para iniciar a reflexão sobre o pós-morte. A morte como evento antropológico era ignorada, visto que a preocupação estava centrada nas consequências eternas de sua realização. O tema da morte era visto de modo rápido e como preâmbulo de acesso reflexivo sobre temas da vida pós-mortal. A morte era negligenciada em sua eficácia antropológica e teológica. Rahner (1965b, 70) constata que há uma "deficiência ou ausência total de verdadeiros estudos dogmáticos sobre a teologia da morte". A investigação de uma bibliografia no campo da teologia dogmática constatará a deficiência e a ausência de verdadeiras pesquisas sobre a teologia da morte. Na teologia clássica e dos novíssimos, esse tema era visto primeiramente em perspectiva escatológica e não antropológica. A morte não era vista em si mesma como realidade existencial, mas como lugar de passagem obrigatória para uma reflexão sobre o destino eterno do ser humano. Havia um primado do pós-morte sobre a morte. Esse primado foi determinado pela metodologia intencional e explícita iniciada com Juliano de Toledo na obra *Prognosticum futuri saeculi*.

A teologia dos novíssimos estava baseada em uma visão antropológica dualista, que compreendia a morte como uma cisão entre a alma e o corpo, cujas consequências foram absorvidas pela escatologia. O dualismo antropológico provocou um dualismo escatológico. A escatologia "assimila em si o mesmo dualismo que não é eliminável das asserções antropológicas sobre o indivíduo" (RAHNER, 1965c, 431). Esse dualismo antropológico se alarga para uma compreensão dualista da relação homem-mundo, gerando as duas visões escatológicas: individual (*novissima hominis*) e coletiva (*novissima mundi*). Essa dupla visão produziu dois juízos: individual, que ocorre depois da morte, e universal, que sucederá no final dos tempos. É possível detectar ainda outras consequências que constituem uma extensão do dualismo antropológico, como o dualismo céu-terra, vida eterna-vida terrena, eternidade-tempo.

No século XX, a teologia dos novíssimos foi submetida a uma reflexão crítica e passou por uma renovação escatológica. As origens teológicas dessa renovação se situam, em primeiro lugar, no campo protestante, por meio de estudos exegéticos sobre o Novo Testamento. A figura de Jesus e a do reino de Deus são interpretadas de modos teologicamente diferentes. Para a escatologia consequente de J. Weiss (1863-1914) e A. Schweitzer (1875-1965), Jesus é um profeta escatológico, que absorveu em sua pregação a visão apocalíptica do judaísmo do seu tempo, que anunciava o reino de Deus como uma realidade iminente e futura. A escatologia realizada, cujo principal representante é o exegeta inglês C. H. Dodd (1884-1973), apresenta uma compreensão do reino de Deus anunciado por Jesus com uma impostação diferente, porém complementar, em relação à visão da escatologia consequente. A escatologia realizada interpreta cristologicamente o reino de Deus como uma realidade já presente e consumada na pessoa e na atividade de Jesus. Há uma mudança de impostação: o reino de Deus não seria uma realidade futura, mas já presente. Diante das visões do futurismo da escatologia consequente e do presentismo da escatologia realizada, a escatologia de mediação, defendida pelo exegeta protestante O. Cullmann (1902-1999), propõe uma síntese dialética: o reino de Deus seria uma realidade já presente, mas ainda não consumada (NITROLA, 2001, 41-52).

O movimento de renovação escatológica migra do campo bíblico para o teológico-dogmático. Os representantes protestantes da teologia dialética, K. Barth (1886-1968) e R. Bultmann (1884-1976), elaboram uma escatologia transcendental que não compreende propriamente o escatológico como uma tensão entre o presente e o futuro ou entre o já e o ainda não, mas como tempo e eternidade. Para esses autores, o escatológico se manifesta em cada instante da vida do ser humano. O instante temporal tem caráter decisional. Diante do anúncio do kerigma, cada ser humano se encontra diante do eterno, tendo de decidir. O "aqui e agora" tem uma dimensão escatológica. Por isso, viver é estar sempre diante de uma situação escatológica. A existência cristã é uma existência escatológica (BARTH, 2006; BULTMANN, 1989).

O movimento de renovação escatológico propõe um nexo interno entre escatologia e história. A importância teológica particularmente escatológica da história emerge com o teólogo protestante alemão W. Pannenberg (1928-2014), para quem a teologia da revelação teria seu ponto de partida nos dados históricos. Pannenberg (1969, 161-195) propõe uma relação entre cristologia e escatologia, passando pela via da história. A posição de Pannenberg, que consiste numa articulação entre escatologia e história, está na contramão da visão a-histórica de Barth e Bultmann. Enquanto Pannenberg considera a história no seu conjunto, Barth e Bultmann consideravam a história a partir da existência individual de cada sujeito (história pessoal). Contrariamente a Barth e Bultmann, para Pannenberg a escatologia trata da consumação da história. A ressurreição de Cristo é o evento que antecipa o fim da história na sua totalidade. A ressurreição de Cristo aponta para uma escatologia proléptica.

Depois de passar pelo campo protestante, a onda da renovação escatológica chegou ao campo católico. A teologia católica anterior ao Concílio Vaticano II (1962-1965) estava imbuída do desejo de um retorno às fontes bíblicas e patrísticas. Esse retorno teria de passar necessariamente pelo centro do mistério cristão, que é Cristo. Os primeiros teólogos católicos a propor um nexo entre escatologia e cristologia foram os franceses Y. Congar (1904-1995) e J. Daniélou (1905-1974). Criticando a visão fisicista e coisista da escatologia clássica, Congar sustenta a necessidade de um retorno às fontes (*ressourcement*) bíblicas e patrísticas e de uma relação integrada entre a reflexão teológica e o mistério de Cristo (CONGAR, 1949, 463-464; CONGAR, 1951, 279-336). Daniélou (1954, 269-286) também tratou da relação entre escatologia e cristologia, num contexto reflexivo sobre o Concílio de Calcedônia (451).

O tratado *De novissimis* tinha uma visão geográfica das realidades últimas. A vida definitiva era vista como um prolongamento da vida terrena. Projetava-se para o além a mesma forma de conceber, de modo espaçotemporal, as realidades do aquém. Assim, os eventos últimos (inferno, purgatório, juízo etc.) eram vistos de modo topográfico, como lugares e eventos sucessivos. Havia uma visão fixista e descritiva do além. A vida definitiva era vista sem conexão com a vida presente. A vida temporal era considerada um período de provação e não uma fase antecipadora da vida definitiva. Essa visão do tratado clássico *De novissimis* precisava passar por uma hermenêutica teológica, purificando-a de sua percepção literal, geográfica, fixista e descritiva. Esse empreendimento foi feito por dois teólogos católicos: H. U. von Balthasar (1905-1988) e K. Rahner (1904-1984). Depois de defender uma descosmologização das coisas últimas, Balthasar (1967, 42-62) propõe uma interpretação pautada numa concentração teológica, mais propriamente cristológica, dessas realidades. Nesse horizonte, no lugar das "coisas" e dos "estados", Deus se torna o "fim último" da criatura (BALTHASAR, 1967, 43). Deus é o *éschaton* para as suas criaturas. Depois desta vida terrena, as criaturas serão acolhidas por Deus, o seu destino último. "Deus é o 'fim último' da sua criatura. É o céu para quem o ganha, o inferno para quem o perde, o juízo para quem é examinado por ele, o purgatório para quem é purificado por ele. É aquele para o qual morre tudo aquilo que é mortal e que ressuscita para ele e nele." (BALTHASAR, 1967, 44). Na visão de Balthasar, a concentração teológica das realidades últimas desemboca numa concentração cristológica. Se Deus é o fim último da criatura, sua revelação em Cristo transforma esse seu Filho no compêndio dos fins últimos. Nessa concentração está a chave para a renovação do tratado e dos eventos escatológicos.

Se os "fins últimos" serão concebidos em termos cristológicos e, mais profundamente, em termos trinitários, compreenderemos mais claramente também o juízo, o purgatório, o inferno e o *sheol*. Então, a escatologia será suficientemente descosmologizada (que não significa desmitologizada), não conterá mais os restos não elaborados de uma filosofia religiosa infracristã e se tornará, no seu objeto, parte integrante da obediência pessoal da fé em Jesus Cristo (BALTHASAR, 1967, 62).

Cristo, como *éschaton*, se torna a determinação definitiva do homem e do universo. A ressurreição de Cristo e a escatologia são reconduzidas ao centro da teologia dogmática (BALTHASAR, 1967, 48-49).

Rahner é outro autor que ofereceu uma contribuição relevante para a hermenêutica das afirmações escatológicas; ele propõe uma interpretação antropológica — passando pela via cristológica — das asserções escatológicas. A necessidade de uma nova hermenêutica diria respeito tanto ao conteúdo quanto à estrutura da escatologia:

> A mudança na visão do mundo da idade antiga àquela moderna comporta indubitavelmente problemas para as asserções escatológicas. Tal função, porém, não pode ser adequadamente absorvida, limitando-se a refletir, no curso da exposição das afirmações nem escatológicas nem dogmáticas, sobre o modo de conciliar com as condições e com as opiniões que o homem de hoje tem a respeito do mundo e do futuro. É necessária uma mediação, seja no campo teológico seja no campo do conhecimento profano (RAHNER, 1965, 401-402).

Por fim, o movimento de renovação escatológica estabelece uma relação entre escatologia e práxis. Entre teoria e práxis não há relação externa. A teoria eclode de uma práxis. A prática clama não só por uma elaboração teórica, mas também por uma realização e consumação num futuro absoluto. Nesse sentido, as linhas teológicas que têm uma impostação prática (teologia da esperança, da política e da libertação) também trazem em seu bojo um horizonte escatológico. A eclosão dessas linhas teológicas proporcionou uma concreta impostação na dimensão escatológica da fé cristã, em termos de esperança (MOLTMANN, 1971; METZ, 1969; LIBÂNIO; BINGEMER, 1985).

> Os teólogos da prática defendem uma ideia de escatologia modulada substancialmente no registro da função social. De um lado, a escatologia cristã possui a força e a responsabilidade de ser a voz crítica em relação à sociedade humana. Ela exprime permanentemente a própria reserva crítica, ou

a própria denúncia, em relação à pretensão da sociedade de se emancipar unicamente com base nas realizações humanas e mundanas; entre as promessas escatológicas e as realizações sociais há uma distância criada, em geral, por sistemas sociais repressivos e injustos. De outra parte, a escatologia cristã possui um poder construtivo. Ela provoca e obriga a sociedade a construir o presente histórico na lógica das promessas escatológicas. A prática teológica, neste sentido, é caracterizada pela qualificação prático-política da esperança cristã (ANCONA, 2013, 220-221).

Diante desse movimento de renovação da metodologia e do conteúdo da teologia dos novíssimos, a escatologia deixa de ser um apêndice e um tratado que reflete sobre os acontecimentos últimos para se tornar uma dimensão estruturante da fé cristã. A escatologia já não é simplesmente a disciplina que encerra a teologia dogmática, mas a dimensão que perpassa toda a fé cristã. Passa de um discurso setorial para um discurso interdisciplinar na teologia, estabelecendo uma relação com disciplinas teológicas: a trindade, a cristologia, a antropologia, a mariologia, a eclesiologia, a sacramentologia e outras. O cristianismo é escatologia do princípio ao fim.

Nesse contexto renovador, o tema da morte passou por uma evolução de compreensão: a morte se tornou primeiramente um evento antropológico, pessoal, existencial e, depois, escatológico. O tema da morte, de direito e de fato, pertence à antropologia. O ser humano não é um objeto passivo que sofre a morte, mas um sujeito ativo que a assume como elemento integrante de sua existência. Não é um paciente que padece a morte como um fato externo, mas sujeito ativo que assume a morte como um evento pessoal e próprio. O tema da morte já não é visto simplesmente como um preâmbulo do discurso escatológico, mas conquistou autonomia, porque tem dinâmica própria. A morte é vista em si mesma como evento humano que abrange a pessoa toda e não somente seu corpo. A morte já não é vista como desconstrução ontológica do sujeito em sua constituição anímico-corpórea, mas como o fim da imagem de Deus, detentora de um valor humanamente absoluto; já não é vista simplesmente como fim de um tempo de provação nem como evento que ocorre no último instante temporal da existência, mas como "uma determinação indeterminada" (JANKÉLÉVITCH, 1966, 221). A existência humana é constitutivamente mortal. A morte é um elemento que faz parte da "realidade íntima do conjunto da vida, de modo que durante toda a vida se vai morrendo lentamente" (RAHNER, 1965b, 109, nota 13). A morte é a realização de uma possibilidade sempre presente e atuante no interior da existência desde sua concepção. Essa impostação e a relevância antropológica da morte passaram em primeiro lugar pela filosofia contemporânea e posteriormente chegaram à teologia. Na realidade, a filosofia exerceu um influxo determinante no discurso teológico sobre a morte (OLIVEIRA, 2013, 17-25). O influxo filosófico, principalmente devido às contribuições de M. Heidegger, provocou uma humanização da morte na reflexão teológica. No âmbito teológico-dogmático, o tema da morte conquistou audiência na teologia protestante e católica. Em razão da autonomia adquirida, no plano teológico-dogmático, a morte foi argumento de publicação de vários escritos (THIELICKE, 1946; VOLK, 1957; TROISFONTAINES, 1960; RAHNER, 1965a; JANKÉLÉVITCH, 1966; BORDONI, 1969; PIEPER, 1970; RUIZ DE LA PEÑA, 1971; BOFF, 1973; JÜNGEL, 1980; BOROS, 1979; ZUCAL, 1982; BRANCATO, 2005). A morte se tornou tema de investigação teológica.

A morte como possibilidade de condenação

A consideração antropológica da morte como momento de conclusão e definição da condição peregrinante do ser humano comporta a possibilidade de uma rejeição, da parte humana, à oferta gratuita de salvação que Deus faz em Cristo. As decisões livres tomadas contra Deus, durante o curso da condição terrestre da existência, no momento da morte se tornam definitivas. O momento da morte consiste no resumo de uma existência feita de refutações. Nesse sentido, o ser humano experimenta a "segunda morte" ou a "morte escatológica" entendida como "morte-danação". Contudo, essa compreensão da morte não pode ser vista como uma simples alternativa simétrica à concepção da morte como *kairos* salvífico de graça. Ou seja, salvação e perdição, vida eterna e morte eterna antropologicamente não podem ser colocadas no mesmo plano nem vistas como possibilidades iguais. O desejo de Deus é que todos os seres humanos se salvem. Em Cristo, a morte se tornou momento de salvação. Não obstante, se alguém se recusa a ser salvo, refutando livre e peremptoriamente a graça divina, Deus tem de necessariamente respeitar a decisão do ser humano como consequência de tê-lo criado livre. Desse modo, a possibilidade da condenação é real e não pode ser ignorada. "Depende de uma decisão da pessoa humana que aceita a graça salvadora de Deus por meio de Jesus Cristo ou se fecha a ela e, ao se fechar, rejeita esse dom, o que significa romper sua relação com Deus e com as coisas que se referem a ele" (BOFF, 2009, 399). A possibilidade da condenação, ainda que não consista no centro da mensagem cristã de amor e esperança, não deve ser subestimada. Uma dificuldade acerca da afirmação da morte eterna está na compreensão de Deus como amor revelado em Cristo e da sua justiça entendida como obra de salvação.

A existência da danação eterna não parece negar e deformar essa fisionomia essencial da imagem cristã de Deus? Como é possível conciliar a danação eterna e o amor misericordioso? Da outra parte, anular a realidade da danação não põe o homem em um estado de cômoda e desenvolta desatenção diante das urgências abertas pela revelação, em Cristo, do mistério escatológico deste amor? (BORDONI; CIOLA, 2000, 222).

Considerando a dimensão antropológica da condenação, como é possível compreender que uma decisão tomada e conservada no curso da existência humana contra Deus e os outros pode ter uma consequência eterna? Uma decisão humana e histórica pode ter um caráter definitivo? Não seria absolutizar a liberdade humana?

A condenação como morte eterna tem seu fundamento na Escritura e na tradição cristã. Em relação à Escritura, o ponto de partida refere-se, já no Antigo Testamento, à revelação do rosto amoroso e misericordioso de Deus para o ser humano (Jr 31,3) e de um modo efusivo, no Novo Testamento, em Jesus Cristo. Em Daniel 12,2, fala-se claramente sobre a morte eterna como o "horror eterno", que acometerá os ímpios; enquanto o livro da Sabedoria (3,10; 5,14-23; 19,20) a trata indiretamente. No Novo Testamento, o chamado de Cristo à conversão e à fé pode ser refutado por alguém que já obstaculiza seu acesso à vida eterna, estando sujeito à cólera e ao juízo de Deus (Jo 3,36; 12,48). A rejeição à proposta de Cristo pelo fechamento ao amor e à misericórdia de Deus faz com que o ser humano incorra no pecado imperdoável contra o Espírito Santo (Mc 3,28-29; Mt 12,32; Lc 12,10). Esse pecado é imperdoável não da parte de Deus, que perdoa sempre e espera o retorno do pecador, mas da parte do pecador que se fecha em si mesmo, recusando qualquer possibilidade de abertura e relação com Deus. Esse pecado faz com que o ser humano permaneça em uma situação estável e permanente de pecado. Por isso, é um pecado que "conduz à morte" (1Jo 5,16). A possibilidade de tal situação deve fazer com que o crente reflita sobre suas responsabilidades e tome consciência da própria fragilidade que o poderia conduzir para fora da luz da mediação salvífica de Cristo. Aquele que não crê e não segue Cristo renega-se a si mesmo e perderá a própria vida (Mc 8,34-36). Essa perdição, denominada "segunda morte" (Ap 20,6), nos sinóticos está ligada à imagem do fogo: "geena de fogo" (Mt 18,9), "fogo inextinguível" (Mc 9,43.48) e "fogo eterno preparado para o diabo e para os seus anjos" (Mt 25,41). Na tradição bíblica, o fogo tem um significado ambivalente: pode simbolizar a glória da graça e do amor de Deus (Ex 19,16-18) e também ser manifestação de sua ira (Nm 11,1; Sl 77,21). A imagem bíblica da árvore que não produz bom fruto e será jogada no fogo (Mt 7,19) pode ser vista como uma existência sem sentido, frustrada e vazia da presença de Deus. O distanciamento de Deus, da parte do ser humano, tem como consequência um naufrágio em uma existência obscurecida pelo desamor, em que o ser humano se autocondena à perdição e se autoconsome na angústia de seu fechamento.

A tese da condenação está presente também na tradição da Igreja; encontra-se implicitamente na *Tradicio Apostolica* de Hipólito de Roma (170-236), quando se diz que Cristo virá para julgar os vivos e os mortos (DENZINGER, 2007, 20). Essa afirmação pressupõe a possibilidade da condenação eterna. A *Fides Damasi* (século V) declara que no último dia o ser humano receberá ou a vida eterna como recompensa pelas boas ações, ou a pena do suplício eterno pelos pecados (DENZINGER, 2007, 39). A tese da condenação aparece também no símbolo *Quicumque* para o qual aqueles que fizeram o mal vão para o fogo eterno (DENZINGER, 2007, 42). O Concílio Lateranense IV (1215), na definição de fé contra os albigenses e cátaros, declara que aqueles que fizeram obras más experimentarão a "pena eterna com o diabo" (DENZINGER, 2007, 284). A Constituição *Benedictus Deus* (1336) afirma que "as almas dos que morreram em pecado mortal atual logo depois de sua morte descem ao inferno, onde são atormentadas com suplícios infernais" (DENZINGER, 2007, 324). O Concílio Vaticano II (1962-1965), na Constituição *Lumen Gentium* (n. 48), afirma que aqueles que "tiverem praticado o mal irão para a ressurreição da condenação" (DENZINGER, 2007, 963). Os dados da tradição cristã, ainda que utilizando imagens diferentes, afirmam a existência da condenação e seu caráter de eternidade. Apesar de seu caráter de definitividade, a existência da danação não é obra de Deus, mas seu fundamento é antropológico. A danação não é expressão de uma ação de Deus que manifestaria seu juízo vingativo de condenação ou de punição intransigente que aplacaria sua ira, mas é fruto do agir do ser humano e, mais precisamente, daquela refutação de crer no amor de um Deus Pai, e, dessa forma, se traduz concretamente em uma refutação de Cristo. Dizendo claramente, a danação é criação do ser humano. A danação e a sua definitividade dependem do ser humano. Desse modo, o artigo de fé sobre o inferno eterno tem fundamento antropológico. O inferno não é criação de Deus. Essa tese segundo a qual a condenação eterna tem fundamento antropológico e não teológico é compartilhada por vários teólogos (BORDONI; CIOLA, 2000, 224; BOFF, 1973,

87; RUIZ DE LA PEÑA, 1975, 280; MOIOLI, 1994, 159; KEHL, 2003, 294; LIBÂNIO; BINGEMER, 1985, 260-261; ANCONA, 2013, 292-293).

    O inferno eterno é uma possibilidade real, cuja fundamentação está na falibilidade da liberdade humana. O pano de fundo do problema da condenação é a relação entre a graça e a liberdade humana. "A possibilidade da recusa de Deus, como recusa de Cristo e obstáculo radical à ação do Espírito, com efeito, é real, porque inscrita na dinâmica da relação entre o dom da graça e a liberdade acolhedora" (ANCONA, 2013, 292). O ser humano cuja biografia está marcada por contínuas negações e recusas da graça pode confirmar, mediante um ato de rejeição radical e sumamente livre, sua vontade de querer permanecer absolutamente distante de Deus, dos outros e do mundo, experimentando, na morte, uma situação de condenação. O ser humano é livre para recusar de forma consciente e responsável a oferta gratuita da graça, experimentando antecipadamente, na sua condição terrena, o isolamento, a irrelacionalidade e o inferno existencial. "No refuto do crer e do abrir-se da parte do homem à oferta suprema do amor da cruz ocorre, podemos dizer, a experiência antecipada da danação do homem" (BORDONI; CIOLA, 2000, 190). Na verdade, em consequência da recusa da graça salvífica e em razão do confinamento em seu ostracismo, o ser humano experimenta primeiramente uma morte existencial e depois, por conseguinte, a morte escatológica. "Recusando Deus no seu presente histórico e na última oferta que o próprio Deus lhe faz no momento da morte, o homem fracassa definitivamente na sua liberdade e fixa para a eternidade a sua condição escatológica de perdido" (ANCONA, 2013, 293). A liberdade humana, sujeita à falibilidade, está exposta ao risco permanente do pecado e da danação. Essa liberdade, quando diz "não" ao convite da graça, incorrendo na sua falibilidade e no seu erro, na verdade, do ponto de vista bíblico, está traindo o criador que criou o ser humano livre para dialogar com ele. A negação do diálogo com Deus é uma rejeição da primeira função para a qual o ser humano foi criado: ser um tu e um interlocutor na relação com Deus. Assim, negando Deus, o ser humano nega a si mesmo. O comportamento negativo da liberdade, na rejeição obstinada da fé e da crença, não significa necessariamente uma decisão que deve ser expressa por meio de uma opção explícita e teologicamente refletida. No âmbito cotidiano, a rejeição à graça divina não se dá de forma militante, ativa, teórica, mas passiva e indiferente.

    A condenação eterna depende da orientação moral e religiosa que o ser humano assume e amadurece no curso de sua existência, a partir da qual toma suas decisões livres. O instante da morte consiste num momento de síntese da totalidade de sua existência, definindo de uma vez por todas o rosto de sua existência mortal, dando-lhe um toque final que a torna irreformável. A refutação da liberdade humana à graça, amadurecida ao longo da existência e ratificada na morte, é uma rejeição da salvação como dom. O inferno é a consumação definitiva da rejeição a Deus que já hoje o ser humano realiza livremente na sua condição de pecado grave: uma existência contra e sem Deus. O vazio existencial deixado pela negação de Deus não pode ser preenchido pelo apego às realidades terrenas. Na realidade, a refutação a Deus pode conduzir o ser humano a uma absolutização da matéria. Dessa forma, o ser humano desembocaria na idolatria, ou seja, na absolutização daquilo que é relativo. A rejeição a Deus faz com que o ser humano perca sua identidade e seu referencial transcendente, o qual é produtor de sentido para a sua existência. O ser humano se confina na sua imanência e em uma crise de sentido existencial e, assim, experimenta um sofrimento incomensurável pelo fato de estar enclausurado na escuridão gerada por ele mesmo e também por refutar o centro de atração absoluta de todo o dinamismo humano, que é Deus. Negando Deus, "o homem, criatura passageira e contingente, pode criar para si algo de absoluto e definitivo" (BOFF, 1973, 87). A negação de Deus e a autoabsolutização fazem com que o ser humano viva "até o fim a própria existência como irremediável contradição. É como experimentar uma fratura no interior de si mesmo e viver de modo totalmente inútil" (BORDONI; CIOLA, 2000, 226).

O ser humano pode experimentar a rejeição letal de Deus de dois modos: optando por viver recluso em si mesmo em uma absurda autoadoração idolátrica, negando o Absoluto Transcendente; ou refutando a própria abertura aos irmãos, nos quais Cristo se faz presente (Mt 25,31). A negação da comunhão com Deus conduz a uma negação da relação do ser humano consigo mesmo, com outros e com a criação. O encarceramento do ser humano em si mesmo é uma contradição com seu ser pessoal como aberto à comunhão e à relação com os outros. A condenação é a irrelacionalização e o total falimento da relação do ser humano com seu mundo e sua comunidade humana; é um radical isolamento e um absoluto fechamento existencial, como se o ser humano bastasse a si mesmo. "Se a salvação é essencialmente comunhão, a danação é a redução do homem à total 'incomunicabilidade', seu total fechamento em si mesmo, no mais absoluto egoísmo" (BORDONI; CIOLA, 2000, 226). Nesse caso, a morte se torna a consumação de uma existência egocêntrica, obstinada na pretensão da autossuficiência diante de Deus, dos outros e do mundo. A danação, vivida como morte existencial, antecipa o que sucederá na morte escatológica. A possibilidade real da condenação, como rejeição ao amor divino, não invalida a imagem do Deus amoroso e misericordioso que sempre espera a conversão do pecador. A danação é a consequência de uma recusa radical de viver o amor na comunhão com as criaturas e o criador. Sobre o risco de um permanente fechamento existencial gerador de perdição, pode-se indagar: é possível alguém livremente refutar de forma consciente e refletida todo tipo de relação, confinando-se em si mesmo e se autocondenando à perdição? Uma pessoa que, decididamente, assume essa posição não estaria influenciada por um contexto sociocultural marcado pelo individualismo, pela secularização e pela apatia em relação a Deus e aos outros? Ou seja, na verdade, essa pessoa não seria mais vítima e objeto do que propriamente sujeito da condenação?

O estado de isolamento existencial, caracterizado por uma postura antissocial e irrelacional no que se refere a Deus, aos outros e à criação, faz com que o ser humano se encarcere em si mesmo, tornando-se escravo e ditador de si próprio. Essa situação existencial afeta o ser humano em sua dimensão físico-corpórea e na sua relação com o mundo. A rejeição da relação com o mundo conduz o ser humano a um alheamento cósmico. Desse modo, ele nega sua vocação bíblica (Gn 1,26) de ser um jardineiro, zelador e administrador da criação. A relação do ser humano com a realidade mundana é invertida e transformada em forma de prisão opressiva. O ser humano que em vão procura se constituir como o centro absoluto do mundo, manipulando a criação, padece a consequência de uma situação em que o mundo se torna um ambiente inabitável, uma gaiola que aprisiona a sua existência, escravizando-a. O mundo, de pátria comum de todos os seres viventes (*oikoumene*: casa habitada), se torna um cárcere para o ser humano. Assim, a existência se torna um drama, um peso e um sofrimento. A tradição teológica denominou esse estado enfermo da existência, que também afeta a dimensão físico-corpórea do ser humano em consequência de suas refutações e aniquilação, de *poena sensus*, que pode ainda ser chamado de "pena cósmica". Essa pena significa a perversão da estrutura do ser humano como estrutura cósmica, ser-no-mundo. O mundo como espaço de relações, de receptividade e de exercício da criatividade humana pode se tornar, por decisão do ser humano, um cárcere e um lugar de sofrimento.

A ressurreição como resposta divina à morte humana

No âmbito da fé cristã, o ser humano e Deus são duas realidades mutuamente referidas. Por meio da categoria bíblica "imagem de Deus", é possível perceber que entre o ser humano e Deus existe uma relação de dialogia, reciprocidade, correspondência e mutualidade. A criação do ser humano é uma forma de Deus se revelar. É pela mediação divina que o ser humano se autocompreende; ele é um tu para Deus, e Deus é um tu para o ser humano. A personalidade do ser humano se funda na sua relação com Deus. Na relação interpessoal com Deus, o ser humano é um sujeito, um interlocutor e um ser responsável (no sentido de que dá uma resposta a Deus). É a partir dessa relação fundante com Deus que o ser humano se abre para uma relação com o outro (sociabilidade) e o mundo (mundanidade). Diante dessa exposição, é necessário interrogar: como a morte afeta o ser humano, Deus e a relação entre eles? A morte é a crise radical do ser humano: diante dela permanece suspensa a índole única, irrepetível e insubstituível do eu humano, sua inata propensão a se considerar valor absoluto. A tragicidade da morte revela o grau de significação do sujeito que a padece. A morte é uma catástrofe, porque o ser humano, como ser criado por Deus, possui um valor infinito e um fundamento divino que o tornam superior aos demais seres presentes no mundo. Desse modo, toda oferta de salvação humana deve ser confrontada com a morte. Nenhuma oferta de salvação e nenhum programa de futuro serão convincentes se não acertam as contas com a condição mortal do ser humano. Para a salvação ter credibilidade, como promessa direcionada ao ser humano, deve constituir uma solução para o problema da morte. Caso essa promessa de salvação não se constitua de um antídoto contra a morte do ser humano, torna-se uma oferta abstrata e decepcionante. Do contrário, caberia perguntar qual é o sujeito digno de salvação: a história, o mundo, a humanidade, porém não o ser humano concreto em sua singularidade? Uma oferta soteriológica que demonstra uma primazia do universal sobre o particular termina em uma hipótese fictícia, pois nega a salvação ao ser humano singular[35]. Se tudo se salva em abstrato, então nada nem ninguém se salva em concreto. Ou seja, se o sujeito da promessa soteriológica é, em primeiro lugar, a história, a natureza ou o mundo, logo o ser humano é

---

35. Essa é uma consequência da defesa de um primado ontológico da humanidade (Feuerbach), da natureza (Engels), da espécie (Marx) e do social (Bloch e Garaudy) sobre o sujeito concreto. Para Bloch e Garaudy, a resposta à questão do futuro, da esperança e do sentido último consiste na participação em uma hiperconsciência comunitária. No horizonte de ambos os marxistas, o individual deve seguir o social. Não deveria ser o contrário? O social, o mundano e o cósmico não deveriam seguir o destino do indivíduo? É possível uma resposta à esperança (em termos cristãos, à salvação), passando à margem de uma abertura para o transcendente?

rejeitado em sua singularidade, validade absoluta, mortalidade e, por consequência, em sua salvação. A salvação aponta para o universal como consequência de ser direcionada para o ser humano em sua singularidade. A história, o mundo e a sociedade participam da salvação oferecida ao ser humano. Se a morte não afeta o sujeito concreto como pessoa e possuidora de um fundamento divino, então desmente sua pretensão absoluta e corrobora drasticamente sua finitude.

Se a morte é a crise radical do ser humano, justamente por isso tem de ser também crise da relação homem-Deus; mais ainda, crise do próprio Deus. A morte do ser humano interpela a identidade de Deus. Diante da situação-limite da morte é necessário perguntar quem é Deus. Como Deus se comporta diante da morte da criatura modelada por suas mãos? Se a morte tem a última palavra sobre a vida, Deus será concebido de uma forma; se a morte é passagem para uma realidade nova, Deus será concebido de outra forma. Em termos bíblicos, Deus se revelou como amor constante e fidelidade inabalável. Todo amor autêntico comporta uma promessa de perenidade. Um amor verdadeiro é marcado pelo selo do definitivo. O amor de Deus deve vencer e triunfar sobre toda a realidade, incluindo a morte. Ou Deus é amor ou Deus não é Deus, e a morte o vence e tem a última palavra sobre a vida. No horizonte da relação interpessoal homem-Deus, a vida é revestida de densidade, ilimitação e definitividade. A interrogação sobre a morte se situa neste contexto dialogal: Deus seria fiel ao ser humano se permitisse à morte romper para sempre o diálogo com ele? Se Deus assiste de modo indiferente à morte do ser humano, com o qual estabeleceu uma relação de diálogo, reciprocidade e amor, então a morte triunfa sobre ele, porque seu amor, sua fidelidade e sua onipotência são questionados. Nesse cenário,

> a causa da morte do homem, como a de Jesus, parece perdida em sua morte, desqualificação global da própria identidade e de todas as suas pretensões; sob esse aspecto, a morte do homem se erige como interpelação à identidade de Deus. A resposta a tal interpelação vai ser a ressurreição; ela ratifica tanto a identidade de Deus (Deus é amor) como a humana (o homem é pessoa = valor absoluto) (RUIZ DE LA PEÑA, 1978, 204).

A ressurreição é a resposta de Deus à morte do ser humano. Ou seja, Deus não assiste passivamente ao naufrágio do ser humano na morte, mas o arranca das mãos da morte, restituindo-lhe a vida. Mediante essa ação ressuscitadora, Deus revela sua identidade de amor e fidelidade. Há uma correlação entre Deus e a ressurreição dos mortos. A ressurreição dos mortos é uma transcrição da palavra "Deus" (BARTH, 1984, 129). Ou seja, dizer "Deus" significa evocar sua ação ressuscitadora. A ressurreição dos mortos é uma perífrase da palavra Deus. Ressurreição "é o amor que é-mais-forte que a morte" (RATZINGER, 1970, 264). É o triunfo do amor e da fidelidade de Deus sobre a morte. A ressurreição também confirma a identidade do ser humano. Quando o ser humano se entrega e se dispõe de si, se encontra e conquista sua identidade. A morte, como total despojamento do ser e do ter, não significa a alienação absoluta, mas a posse absoluta da identidade perseguida durante a existência temporal. A entrega da existência não significa uma concessão a fundo perdido, um mergulho no nada, mas uma entrega a Deus, o tu pessoal com quem o ser humano nutre uma comunhão, que a tutela e a restitui ao ser humano. O cristão confia sua vida a alguém digno de confiança; por isso pode confiar-lhe até a sua morte. Como um amor autêntico está fundamentado em uma promessa de definitividade, o amor criador de Deus cumpre essa promessa recriando a vida que lhe tinha sido confiada. Aqui se encontra o conteúdo da ideia de ressurreição. Como o ser humano é uma criatura eleita livremente por Deus, a morte decreta seu fim temporal, porém não extingue em definitivo sua vida. Se, pois, cada ser humano é um fato irrevogável, gravado para sempre na memória vivificante de seu criador, se tem para ele um futuro apesar e além da morte, esse futuro tem de ter por nome ressurreição.

Segundo Pohier (1975, 855), "a fé cristã na ressurreição não tem nada a ver com aquilo que Deus é, com aquilo que Jesus Cristo é, nem com o fato de Deus ter ressuscitado Jesus Cristo". A tese de Pohier é falsa tanto do ponto de vista histórico quanto especulativo. A falsidade histórica se baseia no fato que a ideia de ressurreição surgiu no contexto bíblico, porém não a partir de preocupações antropológicas, mas como extrapolação da ideia de Deus, e se consolidou por meio da páscoa de Jesus, que a modelou cristologicamente. A falsidade especulativa consiste no fato de confundir o conceito bíblico de ressurreição com a "pulsão psicológica de sobrevivência ou com o instinto biológico de conservação, quando o certo é que o antropológico teve uma função secundária no processo discursivo que conduz à ressurreição" (RUIZ DE LA PEÑA, 2002, 169). Na perspectiva de Pohier, a resposta ao problema da morte consiste no conceito de imortalidade e não de ressurreição. Ou seja, é uma resposta que possui um viés antropológico e não teológico. Mas o que a fé promete e espera é a ressurreição, não a imortalidade. E isso pela simples razão de que imortalidade se refere a algo negativo (não morte) que ignora ou desdenha a morte. Na realidade, essa desconsideração é uma consequência do desprezo da visão do ser humano como totalidade encarnada (corpo animado e alma corporalizada). Na verdade, no subsolo do discurso da ideia de imortalidade está a concepção de que o ser humano é um espírito acidentalmente conectado a um corpo que não pertence à verdade de sua constituição. Nesse sentido, a morte é vista como a ocasião por excelência na qual o espírito se divorcia do corpo e segue uma existência desencarnada. Desse modo, a ideia de imortalidade seria uma resposta à compulsão psicológica ou biológica de negar a morte. A fé na ressurreição, pelo contrário, tem um conteúdo positivo no sentido de que não nega nem reprime a morte, mas a aceita e a assume como lugar de passagem para acessar a vida nova. Mas poderia ser de outro modo, se é na crua realidade de uma morte humana (como a de Jesus de Nazaré) que começou a aflorar a salvação? A fé cristã não neutraliza a morte como fim biológico, mas espera que ela não seja a última palavra nem prevaleça sobre o poder e amor infinito de Deus.

Segundo a fé na ressurreição, é a totalidade da existência encarnada que precipita na morte e ressuscita. Há uma ruptura e uma continuidade entre as existências encarnada e ressuscitada. Essa ruptura é provocada pela morte, e a continuidade se refere à restituição, de forma transfigurada, do sujeito da existência encarnada. Dessa forma, o sujeito da existência ressuscitada é o mesmo da existência mortal, porém transformado. Ou seja, o sujeito da existência ressuscitada tem a mesma identidade da existência encarnada, mas transformada por um salto qualitativo. "Todo o homem será, por sua vez, o mesmo e distinto (isto é, transformado)" (RUIZ DE LA PEÑA, 1975, 221). Sob essa tese há uma dialética de identidade e diversidade pessoal: é a mesma pessoa, porém diversa porque está revestida de novas condições. Aqui, o diverso consiste na conquista da última e irrevogável identidade. Essa identidade pessoal vai sendo modelada em suas dimensões constitutivas (corporal, social, mundana) e alcança uma definitividade na ressurreição. Em relação à identidade pessoal, tem de manter a estrutura somática de uma e outra forma de existência, não como aspecto parcial do ser humano, mas como momento constitutivo dessa identidade. Essa estrutura somática é uma espécie de núcleo identitário do sujeito que permanece e constitui um denominador comum de ambas as existências. Nesse sentido, a ressurreição não consiste nem na recuperação do cadáver nem na revitalização de uma parte do ser humano. Ressurreição não é uma reconstituição do corpo, em seu aspecto material, físico e biológico, mas da totalidade pessoal, em sua composição somático-anímica. A existência ressuscitada não pode ser compreendida como extensão da existência espaçotemporal. Caso contrário, a escatologia seria concebida de forma temporal, espacial e geográfica. Ressurreição é a definitividade e a plenificação da vida humana.

Essa reflexão sobre a identidade entre as existências histórica e definitiva possibilita uma recuperação da tese da imortalidade da alma. À luz da fé cristã, essa tese

> [...] somente pode se sustentar como função da ressurreição, isto é, como certificação de um nexo ôntico entre as duas formas de existência — histórica e escatológica — que impeça a ideia de ressurreição de se confundir com a de uma *creatio ex nihilo*, na qual já não seria possível reconhecer o homem ressuscitado como o mesmo que viveu e morreu no tempo (RUIZ DE LA PEÑA, 1980, 102)[36].

A ação ressuscitadora de Deus não é uma atividade exercida sobre o vazio absoluto da criatura, nem sobre a nulidade total de seu ser, mas que se apoia na alteridade reivindicada pela relação dialógica interpessoal Deus-homem. Do ponto de vista bíblico, a ressurreição não consiste em uma ação divina que ocorre no vazio da anulação ôntica da criatura, mas em uma nova e plena forma de ser o mesmo sujeito da existência temporal.

Alguns teólogos protestantes do século XX defendem a tese da "morte total" (*Ganztod*), segundo a qual a morte consiste na aniquilação absoluta do ser humano, de modo que não resta nenhum vestígio de sua personalidade (ALTHAUS, 1956, 83; BRUNNER, 1973, 143; THIELICKE, 1984, 166; BARTH, 1961, 283; CULLMANN, 1986, 31; JÜNGEL, 1980, 80; PANNENBERG, 1993, 174)[37]. O ser humano se precipita inteiramente, em corpo e alma, e de forma radical, na morte. Nesse sentido, não é que a alma padece a morte, a seu modo, e sobrevive por sua imortalidade, mas significa a anulação total do ser humano em corpo e alma (*omnis moriar*). A seriedade da morte deve afetar o ser humano todo e não somente seu corpo. A tese da morte total, situada no contexto luterano, significa que o pecado corrompeu a natureza humana totalmente, assim não há salvação sem um prévio cancelamento do corrompido, que seguiria uma ação soteriológica que seria como ação criativa *ex nihilo*. "Sendo a morte castigo

---

36. Da mesma forma que existe uma continuidade ôntica no plano individual das formas de existência terrena e definitiva, isso também ocorre no cósmico: uma continuidade entre o mundo presente e o futuro. O mundo futuro será o mundo presente, porém transformado.

37. No período patrístico, Taciano, século II, defendia a tese do *tnetopsiquismo*, afirmando que o ser humano morria totalmente, em corpo e alma. A ressurreição seria uma nova criação, a partir do nada do ser humano morto.

do pecado e o homem todo pecador, é o homem todo que é afetado pela morte, sem que se entenda que a alma na qual se encontra a raiz do pecado seja livre da morte" (COMISSÃO INTERNACIONAL DE TEOLOGIA, 1994, 30). Nesse contexto, a ressurreição consistiria numa ação de Deus no vazio que restaria da aniquilação total do ser humano na morte; seria uma recriação do ser humano do nada. No subsolo da tese da morte total está uma insatisfação com a teologia clássica, que defende a permanência da alma numa condição de separada do corpo depois da morte. Desse modo, uma forma de se despedir da doutrina da alma separada do corpo depois da morte é defender que na morte o ser humano é totalmente aniquilado em corpo e alma.

A tese da morte total problematiza a escatologia intermediária: se a morte é anulação total do ser humano, o que dizer da doutrina do purgatório? Como ressuscitará um ser humano que se extinguiu totalmente sem deixar nenhum vestígio? A ressurreição seria uma recriação do ser humano a partir do nada? Caso fosse uma ressurreição do nada, essa tese não seria incompatível com a visão da irrepetibilidade e singularidade da pessoa, considerando que Deus criaria pela segunda vez a mesma criatura? Na visão de Ruiz de la Peña, a ressurreição não é uma recriação do nada, visto que

> [...] há "algo" no homem que, apesar de sua morte [...] não resulta absorvido pelo nada e se impõe à atenção de Deus e se registra em sua memória. Que, enfim, a partir desse "algo" — chame-se como desejar — que certamente por si só já não é o homem, é como Deus restaura a vida do sujeito mortal em sua cabal identidade, realizando assim uma ressurreição, e não uma criação do nada (RUIZ DE LA PEÑA, 1980, 102).

Esse "algo" que subsiste depois da morte a Igreja o denomina de "alma":

> A Igreja afirma a sobrevivência e a subsistência, depois da morte, de um elemento espiritual, o qual é dotado de consciência e de vontade, de tal modo que o "eu humano" subsista, ainda que neste intervalo falte o complemento de seu corpo. Para designar um tal elemento, a Igreja usa a palavra "alma", consagrada pelo uso da S. Escritura e da Tradição (DENZINGER, 2007, 1100).

O "algo" sobrevivente que permanece fixado na memória de Deus se refere à alma imortal, que não é aniquilada de modo absoluto pela morte. A morte é o fim do ser humano inteiro, mas não nos moldes defendidos pela tese da morte total, porque o princípio espiritual do ser humano sobrevive à morte. Entendida nesse contexto, a tese da imortalidade da alma é, pura e simplesmente, a condição de possibilidade da ideia de ressurreição. Segundo a Comissão Internacional de Teologia (1994, 35), "na tradição cristã o estado de sobrevivência da alma depois da morte não é definitivo nem ontologicamente supremo, mas 'intermediário' e transitório, e ordenado, no final, à ressurreição". Nesse contexto da orientação da alma separada à ressurreição, a ação ressuscitadora de Deus não ocorre no vazio aniquilador da morte total, mas por meio de um dos coprincípios do ser do sujeito singular, cuja persistência torna possível a ressurreição do mesmo e idêntico eu pessoal. O conceito de alma é imprescindível para compreender a fé na ressurreição.

> Se Deus destinou o ser humano, mortal por sua natureza, a viver sempre na forma de ressurreição, e não morrer para permanecer morto, deve equipá-lo com uma urdidura ontológica tal que esse destino ressureicionista fosse possível. Aqui tem um dos motivos pelos quais a antropologia teológica estima irrenunciável o conceito de alma (RUIZ DE LA PEÑA, 2002, 272).

No horizonte bíblico, a fé na ressurreição inicialmente tem uma índole teocêntrica. A crença na ressurreição nasceu no âmbito do discurso sobre Deus. A ressurreição surge como explanação da ideia bíblica de Deus: Deus não é "Deus de mortos, mas sim de vivos" (Mc 12,27). O teocentrismo da fé na ressurreição evolui para um cristocentrismo, mediante uma contribuição do apóstolo Paulo. O principal texto da teologia paulina sobre a centralidade cristológica da ressurreição é 1 Coríntios 15. No horizonte paulino, a ressurreição de Cristo é o fundamento da ressurreição dos mortos; e não a ressurreição dos mortos o fundamento da ressurreição de Cristo. Ou seja, porque Cristo ressuscitou, os mortos ressuscitam, e não porque os mortos ressuscitam, Cristo ressuscitou. A ressurreição de Cristo é a condição de possibilidade da ressurreição dos mortos. Cristo constitui as "primícias" da ressurreição; "depois aqueles que pertencem a Cristo" (1Cor 15,23). Em 1 Coríntios 6, Paulo trata de outra dimensão da ressurreição, seu aspecto corporativo: ressuscitamos como membros do corpo de Cristo ressuscitado. "Deus, que ressuscitou o Senhor, ressuscitará também a nós pelo seu poder. Não sabeis que vossos corpos são membros de Cristo?" (1Cor 6,14-15). Ambos os versículos podem ser compreendidos da seguinte forma: Deus nos ressuscita porque ressuscitou Cristo. A ação ressuscitadora de Deus não se manifesta somente em Cristo, como sujeito singular, mas se estende aos membros que compõem o corpo de Cristo. Primeiramente ressuscita Cristo, a cabeça, depois os cristãos, membros de seu corpo. Em Cristo, Deus corressuscita seus membros (Ef 2,6). O caráter corporativo da ressurreição dos cristãos (dimensão eclesiológica) consiste na consumação e na plenitude da ressurreição de Cristo. O verdadeiro sujeito da ressurreição é o corpo de Cristo ao qual os cristãos pertencem organicamente como membros. Pode-se dizer, inclusive, que Cristo ressuscitado não está completo até que os seus não ressuscitem.

Se o amor divino é o fundamento da ressurreição, assim, Cristo, como aquele que morreu por amor de todos, consiste no fundamento e na oferta da ressurreição para todos os que aceitam seu amor e aderem a ele. A ressurreição ocorre por uma iniciativa pessoal de Cristo, de modo que "sua ação salvífica tem uma incidência direta de ordem causal na ressurreição dos cristãos, ao exercer desde os princípios uma solidariedade dele para conosco que se converte, correlativamente, em uma solidariedade de nossa parte para com ele" (RUIZ DE LA PEÑA, 1975, 218-219). Cristo constitui a causa eficiente e exemplar da ressurreição.

Essa reflexão sobre o caráter cristocêntrico da ressurreição pode ser resumida em três proposições:

> ressuscitamos: a) porque Cristo ressuscitou (Cristo, causa eficiente da ressurreição); b) à imagem de Cristo ressuscitado (Cristo, causa exemplar da ressurreição); c) como membros do corpo ressuscitado de Cristo (Cristo, cabeça da Igreja, seu corpo, e sujeito complexo da ressurreição) (RUIZ DE LA PEÑA, 2002, 170).

Esta última proposição se refere à dimensão escatológica da ressurreição; consiste em uma conexão entre ressurreição e parusia. A dimensão escatológica da ressurreição não significa uma conclusão da história como um evento que decretasse seu ponto final, no sentido cronológico e quantitativo, mas, porque nossa sorte está ligada, por natureza, à da comunidade eclesial, a ressurreição só pode acontecer quando o corpo de Cristo está completo, na cabeça e nos membros.

A ressurreição, como evento cristológico, significa cristificação, uma conformação com Cristo de toda a comunidade eclesial transfigurada pela parusia. Do ponto de vista antropológico, a ressurreição não é um evento puramente individual, mas também eclesial e mundano. Nesse contexto, ela não é simplesmente a restituição da totalidade antropológica do ser humano que sucumbiu na morte, mas também a restituição de outras dimensões constitutivas do seu ser, como sua sociabilidade e mundanidade.

A salvação que se promete e se confere com a ressurreição não é individualista, não é uma salvação do naufrágio solitário, mas a reconstituição da unidade originária de toda a família humana. A consumação do indivíduo é possível somente no horizonte da consumação da sociedade e do mundo. A ressurreição não é um evento individual, porque o ser humano, como pessoa, não é uma ilha e não possui uma orientação isolacionista, mas é um ser que coexiste e coabita, isto é, está vocacionalmente ordenado para uma relação com os outros e com o mundo. Desse modo, a consumação da pessoa não pode acontecer à margem dessa sociabilidade e mundanidade definidoras da própria personalidade. A sociedade e o mundo participam do destino do ser humano.

A dialética da identidade e da diversidade usada na compreensão das formas de existência histórica e escatológica do ser humano pode ser aplicada também em relação ao mundo: dar-se-á uma identidade fundamental do mundo sobre a qual se opera uma transformação. Na nova criação, o mundo será o mesmo, porém transformado. A humanidade ressuscitada, a nova humanidade, participará da criação transformada, a nova criação. Somente o amor de Deus é capaz de instaurar o reino do definitivo, recriando o ser humano (ressurreição) e transformando o mundo (nova criação). A partir da compreensão desse cenário, à luz da fé cristã, a história não é um processo cíclico e sem sentido, mas linear e orientado para a consumação. Assim, a escatologia consiste na resposta ao problema do sentido da história, tanto em sua globalidade como na realização concreta de que faz parte toda existência singular. Em termos escatológicos, o processo histórico é justificado e esclarecido em seu sentido. A escatologia trata do fim da realidade criada, entendendo a palavra fim não somente nem principalmente no sentido de término, mas antes de tudo no de finalidade. A parusia, como consumação da história, a justifica, terminando-a e revelando sua finalidade. Assim, a parusia constitui o *dies natalis* de uma realidade globalmente transfigurada.

A fé na ressurreição tem também conteúdo político. A ideia de ressurreição está intimamente ligada com a ideia de reivindicação do justo injustamente condenado, de reabilitação da causa supostamente perdida. A ressurreição é uma oferta de reivindicação de justiça feita originariamente aos perseguidos e caluniados, não aos instalados e triunfadores. A vida dos marginalizados e escravizados no curso da história é recuperada e potencializada pela ressurreição. Nesse sentido, a ressurreição se apresenta como o desenlace da promessa utópica de justiça para todos, de liberdade para todos e de todas as alienações.

A ideia de ressurreição, no sentido de fazer "justiça para todos", não significa realizar cerimônias póstumas e oferecer coroa de flores àquele que morreu injustamente, mas consiste em reabilitá-lo e recuperá-lo para a vida. Deve-se fazer justiça àquele que morreu injustamente, restituindo-lhe uma vida definitiva. A condição necessária para que haja justiça para todos é que a morte seja vencida por todos. Uma vida tolhida injustamente comporta uma reivindicação de vida eterna. Ou há vitória sobre a morte ou não há vitória sobre a injustiça. Se não há vitória sobre a morte e a injustiça, então o carrasco prevalece sobre a vítima, e a última palavra sobre a vida humana consiste em uma desventurosa aniquilação que nivela o destino de todos (do escravo, do senhor etc.) de modo indiscriminado. "A injustiça perpetrada contra Jesus (arquétipo de todas as injustiças do poder estabelecido contra aqueles que não se lhe submetem) é um clamor que exige justiça; e, se a injustiça culmina na morte, somente a ultrapassará cancelando com seu reverso, a vida" (RUIZ DE LA PEÑA, 1978, 205). Oferecer justiça somente para uma parte da humanidade (aos triunfadores, aos vencedores e aos bem-aventurados da história) é a canonização da injustiça, a resignação diante de sua fatal parcialidade. Uma justiça parcial é uma injustiça total. Se a ressurreição não indica uma oferta de justiça para todos (também para os escravizados e crucificados no curso da história), então é uma promessa ilusória e irreal. Ou há justiça para todos, ou não há justiça, nem há por que tê-la. A ressurreição é a instauração de uma fraternidade, de modo que não existam opressores nem oprimidos. Crer na ressurreição é crer que o carrasco não vai triunfar sobre a vítima, porém nem a vítima vai triunfar sobre o carrasco, pois há somente um único triunfador, Cristo, que morreu perdoando seus carrascos para que não haja opressores nem oprimidos, para que todos sejam e se sintam irmãos de todos.

A ideia de ressurreição como liberdade para todos e de todas as alienações significa que somente haverá liberdade autêntica ali onde o ser humano é libertado do temor e da escravidão da morte. A supressão de todas as alienações será uma promessa ilusória enquanto subsistir a alienação mais drástica, brutal e pavorosa, que é a morte. As forças opressoras utilizam como último recurso repressor dos oprimidos a ameaça de morte. Em toda opressão opera uma ameaça de morte, e o processo de libertação inicia quando se crê em uma vitória sobre a morte. Um autêntico processo de libertação tem de incluir, por conseguinte, a certeza de uma vitória sobre a morte. A ressurreição, como libertação da morte, é a garantia de liberdade para todos. Uma liberdade libertadora, ou seja, uma liberdade livre, é uma liberdade diante da e para a morte. Jesus é a expressão modelo dessa liberdade libertadora porque, entregando sua vida, mostrou ser supremamente livre em sua liberdade ante a morte, nutrido de sua esperança na ressurreição.

> O asserto garaudiano de que toda opção revolucionária implica o postulado da ressurreição, isto é, um status que contenha a todos no qual cada vida humana tem sentido, dignidade, liberdade e justiça, é plenamente lógico somente caso se entenda a ressurreição como vitória sobre a morte por parte de cada ser humano em sua singularidade irredutível (RUIZ DE LA PEÑA, 1978, 195).

A ressurreição é uma promessa concreta de vida ante a realidade da morte que nasce de uma exigência de justiça e liberdade e que, longe de eliminar o substrato material e social que constitui o ser humano, o enraíza definitivamente em um mundo e em uma sociedade nova.

A fé na ressurreição é o fundamento da condição de possibilidade de falar de futuro e esperança. A ressurreição, como única alternativa válida diante da morte, é a realidade "sem a qual a existência humana permaneceria despossuída de todo futuro e encapsulada num presente que esgotaria seu sentido nas funções vegetativas" (RUIZ DE LA PEÑA, 1980, 97): "se os mortos não ressuscitam, comamos e bebamos, pois amanhã morreremos" (1Cor 15,32). Parece altamente problemática a ideia de um *télos* sem *theós*. Para a escatologia cristã, a realidade tem um termo cuja dimensão futura já incide e opera no presente da história que está orientada para a sua consumação. O futuro é uma realidade antecipada no presente; o que sucederá no futuro já está acontecendo agora no presente. O futuro escatológico consiste na futuridade do presente. O discurso sobre o futuro está estreitamente ligado ao discurso da esperança. À luz da fé cristã, a ressurreição é o fundamento da esperança de uma consumação pessoal, social e mundana. "A esperança cristã é coesperança; o eu esperante não pode esperar para si sem esperar para todos os outros, com todos os outros" (RUIZ DE LA PEÑA, 1980, 123). O sujeito da esperança é aquele que espera para si com os outros no mundo. O sujeito da esperança é primeiramente o ser humano; por meio dele, a humanidade e, por último, a totalidade cósmica (ENTRALGO, 1984, 589-591). O conteúdo da esperança desses sujeitos é a consumação suprema: "O eu pessoal é divinizado; a humanidade se torna comunhão dos santos; o mundo se torna nova criação" (RUIZ DE LA PEÑA, 1980, 125).

Conclusão

Segundo a Constituição *Gaudim et Spes* (n. 18), "é em face da morte que o enigma da condição humana mais se adensa" (DENZINGER, 2007, 1008). A relevância do tema da morte consiste no fato de se tratar do enigma humano por excelência. A morte é o mistério diante do qual o ser humano não pode se esquivar, visto que viver significa confrontar-se com a morte, confrontar-se diariamente com a morte. Não é possível conjecturar um ser humano que não se confronte com a pergunta sobre a morte. A morte não é um tema periférico, mas central da vida humana. É uma verdade irrefutável que habita o âmago da existência humana. A relevância da morte está na significação do sujeito que a sofre. Porque o ser humano possui valência ontoaxiológica sobre os demais seres viventes, sua morte tem uma significação antropológica.

A morte não tem uma dimensão exclusivamente antropológica, mas também teológica. É preciso dizer que, independentemente do pecado original, o ser humano é um mortal. A morte não tem sua origem num fato de ordem espiritual ou moral, porque entra em cena no mundo junto com a vida. A origem da morte está na origem da vida. Dizer vida significa dizer uma vida que é mortal. Deus cria um ser humano que é mortal. A morte é o confim da criatura e o elemento diferenciador do criador: a criatura é mortal e o criador é imortal. Deus cria o ser humano mortal e lhe oferece uma vida imortal. No campo teológico, a morte não tem a palavra derradeira sobre a vida, mas a penúltima, pois a última é reservada à ressurreição. Deus manifesta sua potência ressuscitadora diante do poder destrutivo da morte. Deus cria o ser humano para viver eternamente com ele. A vida humana não está circunscrita entre o nascer e o morrer, mas transborda seus limites na ressurreição. Deus cria por amor, e o amor tem uma valência eterna. O amor de Deus pela criatura não está restrito ao âmbito terreno da vida mas se amplia ao aspecto transcendente, amando-a eternamente. Porque Deus é amor o ser humano não morre para permanecer morto, mas para ressuscitar.

Referências

A práxis do martírio ontem e hoje. São Paulo: Paulinas, 1980.
AGOSTINHO. *La Genesi: la genesi alla lettera*. Roma: Città Nouva, 1989, v. II.
ALBERTO MAGNO. *Opera Omnia*. Parisiis, 1895, p. II.
ALEXANDRE DE HALES. *Summa Theologica*. Florentiae, 1930, t. III.

ALFARO, Juan. *Esperanza cristiana y liberación del hombre.* Barcelona: Herder, 1972.

_____. Reflexiones sobre la escatología del Vaticano II. In: LATOURELLE, René (ed.). *Vaticano II: balance y perspectivas.* Salamanca: Sígueme, 1989, 789-797.

_____. *De la cuestión del hombre a la cuestión de Dios.* Salamanca: Sígueme, 2002.

ALTHAUS, Paul. *Die letzten dinge.* Gütersloh: Bertelsmann, 1956.

ALVIAR, J. José. *Escatología.* Pamplona: Ed. Universidad de Navarra, 2007.

ANCONA, Giovanni. *La morte: teologia e catechesi.* Cinisello Balsamo: Paoline, 1993.

_____. Preparare l'incontro con il signore nella morte. *Rivista di Liturgia*, v. 93 (2006) 700-714.

_____. *Escatologia cristã.* São Paulo: Loyola, 2013.

ANDRADE, Barbara. *Pecado original o gracia del perdón?* Salamanca: Secretariado Trinitario, 2004.

BALTHASAR, Hans Urs von. *I novissimi nella teologia contemporanea.* Brescia: Queriniana, 1967.

BARTH, Karl. *Dogmatique.* Genève: Labor et Fides. 1961, v. III/2: Le temps final, t. 2, 282-337.

_____. *La resurrezione dei morti.* Casale Monferrato: Marietti, 1984.

_____. *L'Epistola ai Romani.* Milano: Feltrinelli, 2006.

BERGAMELLI, Ferdinando. Morte e vita in Ignazio di Antiochia. *Parola, Spirito e Vita*, v. 32 (1995) 273-288.

BERGANT, Dianne; KARRIS, Robert J. (org.). *Comentário Bíblico.* São Paulo: Loyola, 1999, v. 1.

BOF, Giampiero. Morte. In: PACOMIO, Luciano (coord.). *Dizionario Teologico Interdisciplinare.* Torino: Marietti, 1977, 590-603.

BOFF, Clodovis. *Escatologia: breve tratado teológico-pastoral.* São Paulo: Ave Maria, 2012.

BOFF, Leonardo. *Vida para além da morte.* Petrópolis: Vozes, 1973.

BOFF, Lina. Morte. In: TAMAYO, Juan José (dir.). *Novo dicionário de Teologia.* São Paulo: Paulus, 2009, 396-401.

BON, H. Notes du Dr. Bon. *La Documentation Catholique*, (1931) 1056-1074.

BORDONI, Marcello. La morte espressione della libertà umana e incontro personale con Cristo. In: *Corso Di Studi Cristiani, Destino E Attesa Dell'uomo.* Assisi: Cittadella, 1967, 54-68.

_____. *Dimensioni antropologiche della morte.* Roma: Herder, 1969.

_____. La morte nella teologia contemporanea. *Rivista di Vita Spirituale*, v. 26 (1972) 426-441.

_____. L'escatologia nel Nuovo Testamento e nella teologia attuale. Orizzonti attuali della riflessione teologico-sistematica sulla escatologia. In: ASSOCIAZIONE PROFESSORI DI LITURGIA (ed.). *Escatologia e liturgia. Aspetti escatologici del celebrare cristiano*. Roma: Centro Liturgico Vincenziano, 1988, 71-97.

_____; CIOLA, Nicola. *Gesù nostra speranza: saggio di escatologia in prospettiva trinitaria*. Bologna: Dehoniane, 2000.

BOROS, Ladislaus. *Esistenza redenta*. Brescia: Queriniana, 1965.

_____. *Vivere nella speranza*. Brescia: Queriniana, 1969.

_____. *Nós somos futuro*. São Paulo: Loyola, 1971.

_____. Como hablar hoy del juicio, del purgatorio, del infierno y del cielo. *Misión Abierta*, v. 65 (1972) 513-527.

_____. *Oltre la morte*. Brescia: Queriniana, 1974.

_____. *Mysterium Mortis*: l'uomo nella decisione ultima. Brescia: Queriniana, 1979.

BRANCATO, Francesco. *La questione della morte nella teologia contemporanea*. Firenze: Giunti, 2005.

BRUNNER, Emil. *L'eternità come futuro e tempo presente*. Bologna: Dehoniane, 1973.

BULTMANN, Rudolf. θάνατος. In: KITTEL, Gerhard; FRIEDRICH, Gerhard (ed.). *Grande Lessico del Nuovo Testamento*. Brescia: Claudiana, 1968, v. IV, 159-208.

_____. *Storia ed escatologia*. Brescia: Queriniana, 1989.

BURINI, Clara. "...Questo giorno e questa ora" (Mart. Polyc. 14,2). *Parola, Spirito e Vita*, v. 32 (1995) 259-271.

CHAUCHARD, Paul. *Notre corps ce mystère*. Paris: Beauchesne, 1962.

CHÈVRIER, L. Réflexions sur l'agonie. *La Documentation Catholique*, v. 26 (1931) 1043-1054.

CIMOSA, Mario. La morte nell'Antico Testamento. In: *Dizionario di Spiritualità Biblico-Patristica: morte-risurrezione nella Bibbia*. Roma: Borla, 2006, 21-78.

COMISSÃO INTERNACIONAL DE TEOLOGIA. *A esperança cristã na ressurreição: algumas questões atuais de escatologia*. Petrópolis: Vozes, 1994.

CONGAR, Yves. Bulletin de théologie dogmatique. Fins dernières. *Revue des Sciences philosophiques et théologiques*, v. 33 (1949) 463-464.

_____. Le Purgatoire. In: ROGUET, Aimon Marie (dir.). *Le mystère de la mort et sa célébration*. Paris: Cerf, 1951, 279-336.

CULLMANN, Oscar. *Immortalità dell'anima o risurrezione dei morti?* Brescia: Paideia, 1986.

D'ALÈS, A. La lucidité des morts. *Études Religieuses*, v. 70 (1933) 314-317.

DALEY, Brian E. *Origens da Escatologia Cristã*. São Paulo: Paulus, 1994.

DANIÉLOU, Jean. Christologie et eschatologie. In: GRILLMEIER, Alois; BACHT, Heinrich (ed.). *Das Konzil von Chalkedon*. Würzburg: Echter, 1954, v. 3, 269-286.

DE DOMINICIS, Emilio. *La morte come opzione finale nel pensiero di alcuni "tomisti"*. L'Aquila-Roma: Japadre, 1989.

DÉMARET, Gaston. *Les morts peu rassurantes, motifs d'espérance et de prière*. Montligeon, 1923.

DENZINGER, Heinrich. *Compêndio dos símbolos, definições e declarações de fé e moral*. São Paulo: Paulinas/Loyola, 2007.

DUBARLE, André-Marie. La maladie et la mort d'après l'Ancien Testament. In: *Semaine d'Études Liturgiques, Paris 1-4 Juillet 1974*. Roma: Liturgiche, 1975, 127-139.

DUQUOC, C. La mort dans le Christ: de la rupture à la communion. *Lumière et Vie*, v. 13 (1964) 59-78.

ENTRALGO, Pedro Laín. *La espera y la esperanza*. Madrid: Alianza, 1984.

FLICK, Maurizio; ALSZEGHY, Zoltan. Il peccato originale in prospettiva evoluzionistica. *Gregorianum*, v. 47, n. 2 (1966) 201-225.

FORTE, Bruno. *Teologia della storia*. Cinisello Balsamo: Paoline, 1991.

GABORIAU, Florrent. *Interview sur la mort avec K. Rahner*. Paris: P. Lethielleux, 1967.

GEFFRÉ, Claude. La mort comme nécessité et comme liberté. *Vie Spirituelle*, v. 108, n. 492 (1963) 264-280.

_____. Morte: Teologia bíblica e sistemática. In: LACOSTE, Jean-Yves (dir.). *Dicionário Crítico de Teologia*. São Paulo: Paulinas/Loyola, 2004, 1195-1199.

GLEASON, Robert W. *The world to come*. New York: Sheed & Ward, 1958.

GLORIEUX, Pierre. Endurcissement final et grâces dernières. *Nouvelle Revue Théologique*, v. 59 (1932) 865-892.

_____. [Sem título]. *L'Ami du Clergé*, v. 50 (1933) 818-832.

_____. Fieri est factum esse. *Divus Thomas*, v. 41 (1938) 254-278.

_____. In hora mortis. *Mélanges de Science Religieuse*, v. 6 (1949) 185-216.

GNILKA, Joachim. Acerca de la escatología del Nuevo Testamento. *Scripta Theologica*, v. 33 (2001) 753-772.

GRELOT, Pierre. Réflexions sur le problème du péché originel. *Nouvelle Revue Théologique*, v. 89, n. 4-5 (1967) 337-375, 449-484.

_____. *Reflexões sobre o problema do pecado original*. São Paulo: Paulinas, 1969.

_____. Muerte. In: LÉON-DUFOUR, Xavier. *Vocabulario de Teología Biblica*. Barcelona: Herder, 1982, 560-568.

GRESHAKE, Gisbert. Ricerche per una teologia del morire. *Concilium*, v. 10 (1974) 687-706.

_____. *Breve trattato sui novissimi*. Brescia: Queriniana, 1978.

_____. *Vita — più forte della morte*. Brescia: Queriniana, 2009.

HÉRIS, C. V. Endurcissement final et grâces dernières de Pierre Glorieux (recensão do artigo). *Bulletin Thomiste*, v. 5 (1933) 918-922.

HOFFMANN, P. Morte nella bibbia. In: FRIES, Heinrich (org.). *Dizionario Teologico*. Brescia: Queriniana, 1967, v. 2, 402-413.

HUGUENY, Étienne. Le scandale édifiant d'une exposition missionnaire. *Revue Thomiste*, v. 38 (1933) 533-567.
IOHANNES DAMASCENUS. *De Fide Orthodoxa*. Roma, 1998.
IRINEU DE LIÃO. *Contra as heresias*. São Paulo: Paulus, 1995.
JANKÉLÉVITCH, Vladimir. *La mort*. Paris: Flammarion, 1966.
JÜNGEL, Eberhard. *Morte*. São Leopoldo: Sinodal, 1980.
KEHL, Medard. *Escatología*. Salamanca: Sígueme, 2003.
KOLAKOVSKI, Leszek. *El hombre sin alternativa*. Madrid: Alianza, 1970.
KÜNG, Hans. *¿Vida eterna?* Madrid: Trotta, 2011.
KUSS, Otto. *La lettera ai romani*. Brescia: Morcelliana, 1962.
LADARIA, Luis F. Fim do homem e fim dos tempos. In: SESBOÜÉ, Bernard (dir.). *O homem e sua salvação*. São Paulo: Loyola, 2003, v. 2, 345-397.
_____. *Teología del pecado original y de la gracia*. Madrid: BAC, 2004.
LAURENGE, M. Esquisse d'une étude sur le sort des enfants morts sans baptême. *L'Année Théologique Augustinienne*, v. 12 (1952) 145-183.
LAVOCAT, René. Réflexions d'un paléontologiste sur l'état originel de l'humanité et le péché originel. *Nouvelle Revue Théologique*, v. 89, n. 6 (1967) 582-600.
LIBÂNIO, João Batista; BINGEMER, Maria Clara. *Escatologia cristã*. Petrópolis: Vozes, 1985.
LOMBARDI, Riccardo. *La salvezza di chi non ha fede*. Roma: La Civiltà Cattolica, 1943, v. II.
LOUTH, Andrew. Martírio. In: LACOSTE, Jean-Yves (dir.). *Dicionário Crítico de Teologia*. São Paulo: Paulinas/Loyola, 2004, 1099-1102.
LUYTEN, Norbert A. Conception de la mort et conception de l'homme. La conception de la mort chez K. Rahner et L. Boros. *Nova et Vetera*, v. 56 (1981) 195-213.
MACKENZIE, John L. Morte. In: _____. *Dicionário Bíblico*. São Paulo: Paulinas, 1984, 632-634.
MALEVEZ, L. La mort du Christ et la mort du chrétien. In: BOUËSSE, Humbert; LATOUR, Jean-Jacques (ed.). *Problèmes actuels de christologie*. Paris: Desclée, 1965, 317-365.
MANCUSO, Vito. *L'anima e il suo destino*. Milano: Cortina, 2007.
MARTELET, Gustave. *Libre réponse à un scandale: la faute originelle, la souffrance et la mort*. Paris: Cerf, 1986.
MARTIN-ACHARD, Robert. *Da morte à ressurreição segundo o Antigo Testamento*. Santo André, SP: Academia cristã, 2015.
MERSCH, Émile. *La théologie du corps mystique*. Paris: Desclée de Brouwer, 1946, v. I.
METZ, Johann Baptist. *Teologia do mundo*. Lisboa: Moraes, 1969.
MICHEL, Albert. [Sem título]. *L'Ami du Clergé*, v. 40 (1923) 724-728.
_____. [Sem título]. *L'Ami du Clergé*, v. 49 (1932) 130-140.

_____. [Sem título]. *L'Ami du Clergé*, v. 50 (1933) 753-763.
_____. *Les Mystères de l'au-delà*. Paris: P. Téqui, 1953.
MOIOLI, Giovanni. *O "Escatologico" cristiano*. Milano: Glossa, 1994.
MOLTMANN, Jürgen. *Teologia della speranza*. Brescia: Queriniana, 1971.
_____. *La venida de Dios*. Salamanca: Sígueme, 2004.
NITROLA, Antonio. *Trattato di escatologia*. Cinisello Balsamo: San Paolo, 2001, v. 1.
NOCKE, Franz-Josef. *Escatologia*. Brescia: Queriniana, 2006.
O'CONNELL, Matthew J. The mystery of death: a recent contribution. *Theological Studies*, v. 27 (1966) 434-442.
OLIVEIRA, Renato Alves. A morte como tema antropológico e teológico. *Revista Eclesiástica Brasileira*, v. 73, n. 289 (2013) 5-37.
PANNENBERG, Wolfhart. Tesi dogmatiche sulla dottrina della rivelazione. In: _____. et al. *Rivelazione come storia*. Bologna: Dehoniane, 1969, 161-195.
_____. *Antropologia en perspectiva teologica*. Salamanca: Sígueme, 1993.
PICO, Juan Hernández. O martírio hoje na América latina: escândalo, loucura e força de Deus. *Concilium*, v. 183, n. 3 (1983) 51-58.
PIEPER, Josef. *Muerte e inmortalidad*. Barcelona: Herder, 1970.
POHIER, Jacques-Marie. Un caso di fede post-freudiana nella risurrezione? *Concilium*, v. 11 (1975) 852-873.
POZO, Cándido. La muerte en la tradición católica. *Studia Missionalia*, v. 31 (1982) 79-101.
_____. *Teología del más allá*. Madrid: BAC, 2008.
RAD, Gerhard von. *Teologia do Antigo Testamento*. São Paulo: ASTE/Targumim, 2006.
RAHNER, Karl. *Sulla teologia della morte*. Brescia: Morcelliana, 1965a.
_____. Saggio di uno schema di dogmatica. In: _____. *Saggi teologici*. Roma: Paoline, 1965b, 51-111.
_____. Principi teologici dell'ermeneutica di asserzioni escatologiche. In: _____. *Saggi sui sacramenti e sulla escatologia*. Roma: Paoline, 1965c, 399-440.
_____. Il morire cristiano. In: FEINER, Johannes; LÖHRER, Magnus (dir.). *Mysterium Salutis*. Brescia: Queriniana, 1978, v. V/1, 557-594.
_____. *Curso fundamental da fé*. São Paulo: Paulus, 1989.
RATZINGER, Joseph. *Introducción al cristianismo*. Salamanca: Sígueme, 1970.
_____. *Escatología*. Barcelona: Herder, 2008.
RONDET, Henri. Les peines de l'enfer. *Nouvelle Revue Théologique*, v. 72 (1940) 397-427.
RUIZ DE LA PEÑA, Juan Luis. *El hombre y su muerte*. Burgos: Aldecoa, 1971.
_____. *La otra dimension*. Madrid: Eapsa, 1975.
_____. *Muerte y marxismo humanista*. Salamanca: Sígueme, 1978.
_____. *El ultimo sentido*. Madrid: Marova, 1980.

_____. *Imagen de Dios*. Santander: Sal Terrae, 1988.

_____. *El don de Dios*. Santander: Sal Terrae, 1991.

_____. Muerte. In: VILLA, Mariano Moreno (dir.). *Diccionario de Pensamiento Contemporáneo*. Madrid: San Paolo, 1997a, 802-807.

_____. La muerte, fracaso y plenitud. *Selecciones de Teología*, v. 36 (1997b) 289-296.

_____. *La pascua de la creación*. Madrid: BAC, 2002.

SAGÜÉS, José F. De Morte. In: PATRES SOCIETATIS IESU FACULTATUM THEOLOGICARUM IN HISPANIA PROFESSORES. *Sacrae Theologiae Summa*. Madrid: La Editorial Católica, 1962, v. IV, 833-848.

SAYÉS, José Antonio. *Antropología del hombre caido: el pecado original*. Madrid: BAC, 1991.

SCHAFF, Adam. *Filosofia del hombre: Marx o Sartre?* México: Grijalbo, 1965.

_____. *Il marxismo e la persona umana*. Milano: Feltrinelli, 1977.

SCHELTENS, G. La mort comme option finale. *Études Franciscaines*, v. 15 (1965) 23-35.

SCHMAUS, Michael. *Dogmatica Cattolica*. Torino: Marietti, 1964, v. IV/2.

_____. *I novissimi di ogni uomo*. Alba: Paoline, 1970.

_____. *A fé da Igreja*. Petrópolis: Vozes, 1981, v. 6.

SCHOONENBERG, Piet. *L'homme et le péché*. Tours: Mame, 1967.

_____. L'uomo nel peccato. In: FEINER, Johannes; LÖHRER, Magnus (dir.). *Mysterium Salutis*. Brescia: Queriniana, 1970, v. II/2, 589-719.

SEIBEL, Wolfgang. L'uomo come immagine soprannaturale di Dio e lo stato originale dell'uomo. In: FEINER, Johannes; LÖHRER, Magnus (dir.). *Mysterium Salutis*. Brescia: Queriniana, 1970, v. II/2, 537-588.

SMULDERS, Pierre. *La visión de Teilhard de Chardin*. Paris: Desclée de Brouwer, 1965.

SÖLLE, Dorothee. *Mística de la muerte*. Bilbao: Desclée Brouwer, 2009.

SUSIN, Luiz Carlos. *O tempo e a eternidade*. Petrópolis: Vozes, 2018.

THIELICKE, Helmut. *Tod und Leben*. Tübingen: Mohr, 1946.

_____. *Vivir con la muerte*. Barcelona: Herder, 1984.

TILLICH, Paul. *Teologia Sistemática*. São Paulo/São Leopoldo: Paulinas/Sinodal, 1987.

TOMÁS DE AQUINO. *Compendio de Teologia*. Madrid: Rialp, 1980.

_____. *Le questioni disputate: la verità*. Bologna: Studio Domenicano, 1992, v. 1-2.

_____. *Le questioni disputate: la verità*. Bologna: Studio Domenicano, 1993, v. 3.

_____. *La Somma contro i Gentili*. Bologna: Studio Domenicano, 2001a, v. 3.

_____. *Le questioni disputate: la anima umana*. Bologna: Studio Domenicano, 2001b, v. 4.

_____. *Le questioni disputate: Il male*. Bologna: Studio Domenicano, 2003a, v. 7.

_____. *Le questioni disputate: la potenza divina*. Bologna: Studio Domenicano, 2003b, v. 8.

_____. *Le questioni disputate: questioni su argomenti vari*. Bologna: Studio Domenicano, 2003c, v. 10.

_____. *Suma Teológica*. São Paulo: Loyola, 2001-2006, v. 1-9.

TROISFONTAINES, Roger. La mort, épreuve de l'amour, condition de la liberté. In: CENTRE D'ÉTUDES LAENNEC. *La mort*. Paris: P. Lethielleux, 1948, 27-51.

_____. *"Je ne meurs pas..."*. Paris: Éditions Universitaires, 1960.

VALÉTY, J. Dernier péché du croyant. Essai théologique sur l'impénitence finale. *Revue des Sciences Religieuses*, v. 8, n. 1 (1928) 50-68.

VERMES, Geza. *Ressurreição: história e mito*. Rio de Janeiro: Record, 2013.

VIGNOLO, Roberto. La morte di Gesù nel vangelo di Giovanni. *Parola, Spirito e Vita*, v. 32 (1995) 121-141.

VOLK, Hermann. *Das christliche Verständnis des Todes*. Münster: Regensberg, 1957.

_____. Morte nella teologia. In: FRIES, Heinrich (org.). *Dizionario Teologico*. Brescia: Queriniana, 1967, v. II, 414-425.

VORGRIMLER, Herbert. *El cristiano ante la muerte*. Barcelona: Herder, 1981.

WESTERMANN, Claus. *Os fundamentos da teologia do Antigo Testamento*. São André, SP: Academia cristã, 2011.

WOLFF, Hans Walter. *Antropologia do Antigo Testamento*. São Paulo: Loyola, 1975.

ZUBIRI, Xavier. *El hombre y Dios*. Madrid: Alianza, 1984.

ZUCAL, Silvano. *Teologia della norte in Karl Rahner*. Bologna: EDB, 1982.

ZUCCARO, Cataldo. *Il morire umano: un invito alla teología morale*. Brescia: Queriniana, 2002.

CAPÍTULO 4
Aspectos pastorais da morte

Introdução

A morte é o denominador comum de todas as pessoas. Todos caminham igualmente para o encontro com a morte. É a certeza universal que se abate sobre toda a carne. Se durante a vida, entre as pessoas, há diferenças sociais, culturais, políticas, religiosas e econômicas, essas diferenças volatizam no momento da morte, pois todos os humanos são iguais diante dela: é o ponto de nivelamento existencial entre todos os humanos. E o ser humano é mortal o tempo todo de sua vida. A morte pulsa dentro da vida humana desde o nascimento, por isso a morte é uma certeza que pode se efetivar durante qualquer período da existência. Não é uma verdade que acomete somente quem está doente ou idoso, mas pode acontecer em qualquer momento da vida. Mortal é o ser humano, e não somente pessoa doente ou idosa. A morte é uma sombra que acompanha o campo existencial da vida. É fim de todos os viventes.

Se a morte é uma certeza inegociável, que não pode ser camuflada ou negada existencialmente, então é preciso humanizá-la. Em princípio, ninguém deveria morrer de forma anônima e impessoal. Não se pode morrer como um alguém ou ninguém. Todo ser humano tem o direito a uma morte digna e humanizada. A morte do ser humano é qualitativamente e dignamente superior à morte de um animal. É um fim de valor absoluto e o epílogo de uma existência irrepetível. É um microcosmo que se conclui e uma singularidade que se esvai.

Do ponto de vista pastoral, a morte será abordada dentro de um processo de humanização do morrer. Antigamente morria-se em casa, atualmente morre-se no hospital. Antes, a morte era um fato social e doméstico, hoje é um fato solitário e individual. Porém o morrer no hospital, longe da família e dos amigos, pode ser um evento carregado de humanidade. Será abordada uma catequese sobre a morte, no sentido de que a morte é uma certeza que deve ser acolhida e aceita. Uma catequese sobre a morte é uma catequese sobre a aceitação e interiorização da morte.

A morte será vista, também, no horizonte da esperança cristã. À luz da fé cristã, a morte não é um mergulho na escuridão absoluta do nada, mas um momento de travessia em vista da vida definitiva na comunhão com Deus. A morte é vista sob o prisma da luminosidade da ressurreição e da união com Deus.

Por último, serão abordados o auxílio e o suporte humano e espiritual que deve ser prestado por uma pastoral da esperança que trabalha com as pessoas enlutadas. Trata-se da missão de escutar e de acolher a dor e o sofrimento do outro num momento de perda e de fragilidade emocional e espiritual.

Humanizando o morrer

Num contexto cultural em que a morte está subjugada a ocultamento e desumanização, é necessário preparar o moribundo para morrer com dignidade, com humanidade e no horizonte da esperança cristã, no caso da morte de um cristão. É preciso "elaborar um percurso educativo na fé no qual inserir a morte como uma das grandes interrogações humanas merecedora de atenção, que reivindica critérios de solução na perspectiva da esperança traçada pelo evento pascal de Jesus Cristo" (ANCONA, 2006, 710).

O moribundo, condenado a uma situação de solidão e isolamento em seu leito hospitalar, necessita de atenção e acolhimento, que podem ser oferecidos mediante um acompanhamento humano e cristão. O enfermo não pode ser abandonado no curso da última fase de sua vida, em que começa a vivenciar a angústia de sua morte. "O moribundo tem necessidade de uma pessoa que se solidarize com sua dificuldade de morrer e com o crescente isolamento devido a sua enfermidade" (SPORKEN, 1978, 106). Esse acompanhante (presbítero, diácono, pastor, leigo ou agente sanitário) deve ser uma presença qualificada, que tenha modéstia e prudência no falar, no ouvir e no agir, que inspire e transmita confiança e segurança ao moribundo; deve ser alguém interiormente preparado para compreender, acolher e respeitar o enfermo em seu contexto existencial: dramas, dúvidas e rejeições.

> O moribundo tem necessidade de ser ajudado a viver bem e a se preparar para a experiência decisiva e última da sua existência, sobretudo nas estruturas sanitárias, em que o perigo de isolamento é real, ele precisa de alguém que lhe seja uma companhia, que saiba estar ao seu lado, que saiba entender e escutar as profundidades de suas emoções e sentimentos, que o aceite na totalidade de sua condição (ANCONA, 2006, 711).

A presença do acompanhante deve-se pautar por prudência, serenidade e humanidade que se expresse por meio da fala, da escuta e dos gestos. O acompanhante deve transmitir ao enfermo segurança e confiança mediante uma presença discreta e silenciosa, mas eloquente. Essa presença não significa algo passivo, indiferente ou um estar somente fisicamente presente, mas deve ser ativa e atenta aos gestos, expressões e manifestações do enfermo. "Um simples gesto pode expressar, tanto para o moribundo como para quem o auxilia, algo que já não pode ser expresso com palavras" (SPORKEN, 1978, 111). O acompanhante deve ser um sinal da presença silenciosa de Deus que não abandona o ser humano em um momento de dor e de sofrimento.

> A presença do Senhor pode se tornar evidente quando nós estamos simplesmente ao lado do enfermo, o visitamos, não o deixamos na sua solidão e o acompanhamos em uma atitude compreensiva. Se procuramos estar presentes junto com o enfermo e ser sensíveis à sua sorte, nós encontraremos as respostas que nos permitirão compreendê-lo verdadeiramente. Mesmo quando o moribundo parece não ter mais consciência, podemos ainda fazer pequenos gestos, como segurar sua mão, enxugar sua fronte, molhar seus lábios, dar testemunho de uma proximidade humana da qual ele tem necessidade. Graças a uma tal assistência, o moribundo pode pressentir, ou mesmo experimentar, a misteriosa presença de Deus ao seu lado e confiar na fé o mistério da morte (DÉCLARATION DE LA CONFÉRENCE ÉPISCOPALE ALLEMANDE, 1979, 478).

A psiquiatra Kübler-Ross, em suas pesquisas com pacientes terminais, relata o comportamento silencioso de uma filha que abandonou o trabalho e a vida cotidiana para cuidar da mãe internada em um hospital com uma doença em fase terminal: "A filha sentava lá em silêncio, não dizia uma palavra à mãe, não fazia um gesto verbal ou não verbal de atenção e afeto; não lhe oferecia outra coisa além de sua muda presença" (KÜBLER-ROSS, 1984, 182). Se o acompanhante é uma presença de fé e de esperança, o ato de morrer se torna humanizado. A família tem função importante no processo de humanização da morte. "Os familiares constituem um núcleo afetivo indispensável para o enfermo. A atmosfera familiar exorciza aquele senso de estranhamento e de solidão que acompanha o doente terminal" (ANCONA, 1993, 98). O processo de humanização da morte exige também uma humanização das condições estruturais (hospital, equipe médico-sanitária) em que o ser humano morre e uma presença humanizante que o auxilie a morrer dignamente. Nesse contexto humanizante, é necessária uma

> presença propriamente médico-sanitária que, sem iludir o enfermo, o faz sentir vivo, pessoa entre pessoas, porque destinatário, como todo ser necessitado, de atenção e de cuidado. Essa presença atenta e cuidadosa infunde confiança e esperança no enfermo e o reconcilia com a morte (PONTIFICIO CONSIGLIO DELLA PASTORALE PER GLI OPERATORI SANITARI, 1994, n. 117).

A assistência médica, psicológica e espiritual dedicada ao moribundo não consiste somente em "dizer, fazer, curar, assistir, mas precisamente 'condividir, acompanhar em um caminho doloroso' quem vive uma particular situação de necessidade. Essa condivisão, na prática, significa dedicar tempo ao outro, dialogando, sobretudo escutando" (PETRINI, 1997, 757). Quando o moribundo sente proximidade e confiança na pessoa que o acompanha em seu sofrimento, de modo discreto e silencioso, certamente encontra um contexto propício para estabelecer um diálogo. Uma vez que o moribundo se sente seguro com o acompanhante, é capaz de construir uma relação mediante conversas autenticamente pessoais. Ele deve sentir no acompanhante alguém que lhe é próximo e está disposto a continuar a seu lado. "O enfermo necessita da presença de alguém ao seu lado, que o entende e o escuta na profundidade das emoções e dos sentimentos, que o aceita na totalidade da sua condição" (ANCONA, 1993, 101). O acompanhante, como testemunha da privacidade do enfermo, é um interlocutor privilegiado da exteriorização de seus medos, dores, angústias, desejos, lágrimas e esperanças. É importante que o acompanhante tenha a paciência suficiente para esperar que o moribundo se sinta em condições de formular seus dramas existenciais. É preciso ser capaz de ler e interpretar situações e necessidades, corporais e espirituais do moribundo, que frequentemente não são expressas de modo explícito; assim também o acompanhante deve ser capaz de valorizar toda a dimensão humana e religiosa do moribundo e dos eventuais parentes que estão ao seu lado, para a elaboração de um caminho existencial autêntico.

O quadro emocional e psicológico de um enfermo grave, que se encontra propriamente diante da morte, passa por momentos oscilantes, de modo que, quando ele desejar exprimir suas angústias de uma maneira profunda, não deve ser impedido. Segundo Kübler-Ross (1984, 50-155), um enfermo com uma doença que comporta alto risco de morte passa pelas seguintes fases de reações emocionais: refutação, isolamento, raiva, negociação, depressão e aceitação. "Seria um erro psicológico e pastoral impedir o seu [do enfermo] desabafo. Ele deve ser acolhido como ocasião para ajudá-lo a redimensionar as próprias tensões afrontando-as com realismo e coragem cristã" (DAVANZO, 1988, 209). O acompanhante deve ser uma pessoa revestida de prudência e de paciência para não violar a privacidade do moribundo. É prudente esperar que a iniciativa do diálogo parta do enfermo. O diálogo do acompanhante com o moribundo pressupõe uma "atitude de respeito à interioridade do outro, escutar realmente o que se diz e o que não se diz expressamente, o desejo de compreender o pano de fundo emocional daquilo que é dito e qual o seu autêntico valor" (SPORKEN, 1978, 107). É necessário ter temperança e equilíbrio para respeitar o tempo e o momento do enfermo. Em seu diálogo com ele, o acompanhante não pode ter uma postura dogmática e legalista, mas humana. O enfermo deve ser acolhido, e não julgado. O acompanhante deve ser um instrumento por meio do qual o enfermo se encontra consigo mesmo, aceita seu estado existencial e acolhe sua condição mortal. Para exercer esse auxílio humano, emocional e espiritual, é exigida do acompanhante uma serenidade de ânimo no confronto com a própria morte, uma serenidade que ignora medos e angústias, mas que não induza a comportamentos automáticos. Se isso não acontece, "o operador pastoral pode facilmente se esconder atrás da máscara do ritualismo, da linguagem sacra, da atividade exasperada, dos lugares-comuns [...] A superação do medo ajuda a libertar da máscara, estabelecendo uma relação calorosa com o doente grave ou enfermo" (BRUSCO, 1991, 23-24).

O acompanhante deve ajudar o moribundo, caso este tenha ainda sua faculdade mental lúcida, a ser protagonista de sua condição existencial por meio da aceitação do sofrimento e da morte. Trata-se de realizar "uma assistência que deve ajudar a pessoa do moribundo, na medida do possível, a permanecer constantemente sujeito da sua situação de vida" (PETRINI, 1997, 755). Nesse sentido, o moribundo deve compreender sua enfermidade não como um elemento externo e estranho, mas como algo constitutivo de sua existência. "Na enfermidade o homem é de um modo particular próximo a si mesmo" (RAHNER, 1968, 341). É uma oportunidade que o ser humano tem de se encontrar, se aceitar e se acolher em sua condição existencial. Nesse contexto, o acompanhante deve ser visto como um companheiro de viagem disposto a fazer um percurso junto com o moribundo, auxiliando-o nesse processo de autoencontro. Para fazer esse percurso, o acompanhante deve se revestir de um sentimento de com-paixão, que não significa simplesmente estar do lado de alguém que sofre, mas encarnar e assumir seu sofrimento como próprio, fazendo-se comunhão com ele. Assim, o acompanhante não deve ser alguém que faça uma análise racional sobre o estado existencial do enfermo, oferecendo-lhe respostas para seu sofrimento, sua angústia e sua dúvida, mas é uma presença com-passiva. "Um paciente é curado somente com a efetiva 'compaixão' do cuidador" (BALTHASAR, 1977, 82). O acompanhante pode oferecer uma relevante contribuição, por sua presença humanizante, para que o enfermo acolha de modo sereno e viva a própria morte. É necessário "ajudar o cristão a compreender plenamente, como homem e crente, o seu morrer; a assumir uma postura correta em relação à própria morte" (GREINACHER; MÜLLER, 1974, 601). Essa postura significa acolher a morte como uma verdade irrefutável e inegável que pertence ao projeto existencial de cada pessoa.

    Dentro de uma atmosfera de diálogo, serenidade, tranquilidade e respeito com o moribundo, é possível afrontar o delicadíssimo problema de dizer a verdade sobre seu estado de saúde, sua enfermidade. O contexto cultural atual tende a privar o enfermo do conhecimento sobre seu verdadeiro estado de saúde. Mas essa privação, que significa o ocultamento do verdadeiro diagnóstico do moribundo, não contribui para aumentar seu isolamento, sua solidão e sua angústia? É justo que os médicos e os familiares saibam a verdade sobre a enfermidade do moribundo e ele seja privado de sabê-la? O enfermo tem o direito de saber o real diagnóstico sobre seu estado de saúde? Dizer-lhe a verdade sobre sua enfermidade não poderia provocar reações como angústia, depressão, desespero e negação de sua enfermidade? Uma pessoa enferma, para aceitar, acolher e viver sua morte, a princípio, deve saber o motivo que a conduz à morte. Caso contrário, a negação da enfermidade a leva a uma rejeição da morte. Mas é preciso analisar cada caso de modo particular, porque dizer para o enfermo a verdade sobre seu diagnóstico não pode significar impor-lhe e dizer-lhe a verdade a todo custo, quase como uma espécie de sentença que incide sobre ele. É preciso ter prudência e respeitar sua interioridade, seu estado psicológico e seu contexto existencial. Enfim, a pessoa tem o direito de saber o diagnóstico de sua enfermidade.

Se todo ser humano tem direito a uma morte que seja preparada, vivida e humanizada, o cristão tem direito a uma morte que contenha esses aspectos humanos e também àqueles próprios da fé cristã: espirituais e sacramentais. Nesse sentido, caso o acompanhante seja um presbítero, e o moribundo seja um cristão, essa relação adquire um aspecto celebrativo. Depois de um percurso de acompanhamento entre o padre e o enfermo "a administração dos sacramentos alcançará uma eficácia ótima, servindo como coroação, confirmação e santificação daquilo que já é uma realidade como cura e salvação humana" (SPORKEN, 1978, 114). A administração dos sacramentos é um auxílio que constitui parte integrante do acolhimento do sofrimento, da morte, e da ajuda do morrer. A administração dos sacramentos, principalmente da reconciliação, da eucaristia e da unção dos enfermos, conquista um efeito qualitativo para o moribundo. A eficácia teológica dos sacramentos visa restabelecer o enfermo física e espiritualmente. Assim, uma preparação espiritual, por parte do moribundo, torna qualitativa a recepção dos sacramentos e visibiliza de forma mais fecunda a ação da graça de Deus. Os sacramentos, como manifestações da presença ativa de Deus, auxiliam, sustentam e fortalecem o moribundo na sua relação com a dor, o sofrimento e a morte. No caso do sacramento da reconciliação, é o momento em que a miséria do moribundo, manifestada em sua fragilidade física, sua dor e seu sofrimento, se encontra com a misericórdia divina. Por meio desse sacramento, o moribundo, caso tenha lucidez suficiente, pode fazer uma recapitulação de sua história e de sua biografia, tendo a oportunidade de se reconciliar consigo mesmo, com os outros e com Deus. Ele deve se sentir acolhido na misericórdia divina e perdoado no amor. Uma vez reerguido pela misericórdia divina, o moribundo está espiritual e interiormente preparado para se nutrir da eucaristia.

> A eucaristia é o alimento que dá ao crente a força de percorrer a última etapa de sua vida. Jesus está ali presente na sua paixão, fazendo-se solidário com o paciente que, na angústia do sofrimento e da morte que vem, participa não somente do sofrimento e agonia de Jesus, mas também de sua ressurreição (DÉCLARATION DE LA CONFÉRENCE ÉPISCOPALE ALLEMANDE, 1979, 480).

Depois de ser reconciliado e nutrido, o moribundo é sustentado em sua esperança. Dentro de um contexto de acompanhamento humano-espiritual, o sacramento da unção dos enfermos não será visto como uma sentença de morte para o moribundo nem um último socorro para seu conforto religioso e salvação, mas consistirá em um auxílio fortificante da graça divina em vista da restauração de sua saúde, de suas forças, no acolhimento do sofrimento e na aceitação da morte. A unção dos enfermos tem o propósito de auxiliar o moribundo a viver de forma cristã suas enfermidades, a sustentá-lo nas dificuldades, nas preocupações e nas angústias que a enfermidade comporta, e ajudar na cura.

A administração dos sacramentos, separada de um contexto de acompanhamento humano-espiritual, quando o moribundo está em ponto de morte ou perdeu a consciência, dá margem para uma concepção sacramental miraculosa, utilitarista e confortante. Assim, a aparição imprevista do padre somente no último instante torna muito difícil, e às vezes impossível, o exercício de seu ministério. A presença do padre deve significar, para o moribundo e sua família, sinal de esperança, e não declaração de morte. Dessa forma, é com um acompanhamento humano e espiritual que o moribundo se prepara para morrer em Cristo. Um percurso espiritual que se iniciou no batismo e passou por outros sacramentos se concluirá com uma realização definitiva, mediante a passagem de uma condição de existência terrena a uma definitiva, ressuscitada em Deus. Desse modo, preparando-se para morrer, o cristão se prepara para viver.

Uma catequese sobre a morte

Um último aspecto pastoral da morte se refere a uma catequese sobre a morte, que pode ser realizada em missa funeral, de sétimo dia, no dia de finados e nos velórios. Esse aspecto pastoral está relacionado com aqueles que ainda vivem: os familiares e amigos do defunto. Essa dimensão catequética alude a uma aceitação da morte do outro, uma reflexão sobre a própria condição mortal e uma visão da morte no horizonte da esperança cristã. As missas de funeral, de sétimo dia e do dia de finados e os velórios são espaços celebrativos em que "a morte ritual ajuda a assumir a morte real" (SPINSANTI, 1985, 674). A celebração litúrgica da morte do outro recorda, atualiza e contribui para a aceitação-acolhimento e vivência de minha condição mortal. Uma reflexão sobre a morte, em um contexto litúrgico, não significa transmitir palavras genéricas de conforto nem fazer discursos eloquentes e emotivos aos familiares e amigos do defunto, mas ajudá-los na elaboração e na interiorização do luto como forma de assumir a própria condição mortal. O acolhimento da própria condição mortal passa pela aceitação da morte do outro.

O evento da morte de um irmão já é uma catequese. O primeiro ponto dessa catequese é aceitar a pensar na morte e habituar-se a pensá-la em termos de ressurreição, ligando-a instintivamente à morte-ressurreição de Cristo e ao seu mistério pascal. A catequese não é somente uma questão de ensinar e de saber, mas sobretudo de aprender a fazer, de aprender a viver. A catequese mais eficaz sobre a morte cristã não é aquela que nos faz "entendê-la", mas aquela que nos prepara para vivê-la (SOTTOCORNOLA, 1972, 226).

Quando a Igreja utiliza seu espaço celebrativo para fazer uma catequese sobre a morte, torna-se uma instância crítica do movimento cultural que a nega. "A comunidade dos crentes não pode se alinhar passivamente àqueles que censuram o capítulo do morrer, visto que o anúncio pascal a torna portadora de uma visão realmente nova e promotora de esperança" (BROVELLI, 1984, 474). Nesse sentido catequético, uma educação e uma vivência cristãs da morte significam aceitá-la mediante uma conformação e uma participação na paixão e na morte de Cristo. É acolher a morte na perspectiva da esperança cristã, ou seja, como lugar de passagem para uma participação na vida definitiva em Deus. Dessa forma, para o cristão, "pensar na morte, não obstante seus aspectos desconcertantes de temor e ânsia que comporta por instinto natural, será para ele um pensamento familiar, que na visão da ressurreição coloca em evidência seu significado positivo de passagem para a plenitude da vida" (BORDONI, 1980, 841).

Os rituais celebrativos que envolvem a morte não devem ter como finalidade fazer uma exposição elogiosa sobre as virtudes e as qualidades do defunto com o objetivo de causar comoção nas pessoas, mas despertá-las para acolher e refletir sobre sua condição mortal. Os rituais não visam canonizar aquele que morreu, mas fazer com que os vivos assumam sua condição mortal e percebam que a morte é uma realidade latente na existência humana. Refletir sobre a morte não é necessariamente meditar o instante do decesso físico, mas a exposição da vida à condição mortal. A morte é o destino universal de toda carne humana, por isso é necessário percebê-la não como acidente que atinge de modo imprevisto a vida, mas como realidade que pertence à constituição da vida. É relevante perceber que a morte não deve ser vista como uma "realidade presente unicamente no fim da vida, mas como realidade essencialmente presente na vida mesma como uma presença extremamente decisiva e crítica" (ANCONA, 1993, 90). A morte é uma certeza que pulsa dentro da vida. No centro da vida está a morte. O ritual da morte do outro atualiza e presentifica para o vivente que sua vida também caminha para ser abraçada pela morte. A vida está orientada para a morte. A vida e a morte entram em cena juntas. Entretanto, é preciso refutar duas posturas extremas sobre a morte: a negação e o pensamento nela o tempo todo. Meditar sobre a morte não significa ter uma postura obsessiva a respeito dela, mas tê-la como companheira na travessia da vida.

Uma catequese sobre a morte não visa ensinar a pensá-la de forma obsessiva, mas despertar nos vivos que a certeza da morte deve fazê-los experimentar a vida com intensidade. A morte não deve ser vista simplesmente como ruptura e como dissolução da existência, mas como certeza que faz viver a vida com mais sabor e afeto. A certeza da morte deve levar a desfrutar da vida com intensidade; é necessário se concentrar no momento presente e vivê-lo; o que existe é o momento presente, o agora da existência, que deve ser vivido e celebrado com força e vigor. A constatação de que posso morrer a qualquer momento deve me fazer viver a intensidade das relações, dos amores, das amizades e dos afetos. A certeza da morte deve me fazer gozar a vida e não simplesmente passar por ela. A morte me fazer viver a vida com mais qualidade e densidade.

Uma catequese sobre a morte não deve ver a vida como peso e nem como período de provação, mas com leveza. A certeza da morte deve me fazer relativizar a busca obstinada pelo acúmulo de bens materiais, o desejo de reconhecimento alheio, a aspiração ao sucesso e a dedicação excessiva ao trabalho. O reconhecimento de que a morte me é sempre próxima deve me ensinar a amar mais meus amigos e familiares. A constatação da finitude da vida e dos relacionamentos deve me fazer amar com intensidade as pessoas e o mundo. O ser humano será imortalizado nesta vida pelo amor que viveu e celebrou na companhia dos outros. O ser humano será salvo pelo amor mais vivido do que falado.

A morte no horizonte da esperança cristã

No horizonte da fé cristã, a morte não significa o "apagar das luzes" nem o "sair de cena" em definitivo. A morte não tem a última e definitiva palavra sobre a vida. Não é um ponto-final, mas uma vírgula, visto que o cristão acredita numa vida que continua depois da morte. Praticamente todas as religiões acreditam numa continuidade da vida depois da morte. De certo modo, as religiões surgiram para resolver o problema da morte. "Todas as religiões, como bem sabem as ciências das religiões, surgiram a partir do culto dos mortos. Estão relacionadas com os mortos e dão forma a essa decisiva experiência-limite" (SÖLLE, 2009, 85). Toda religião tem uma oferta de vida pós-mortal. A diferença reside na doutrina e no modo de conceber a existência pós-mortal. Os dois modelos majoritários de oferta de vida pós-mortal são reencarnação (hinduísmo, budismo etc.) e ressurreição (judaísmo, cristianismo e islamismo).

No campo da fé cristã, historicamente as descrições da vida pós-mortal, presentes nas artes e na literatura, sempre inspiraram medo e pavor. Elas apresentavam as pessoas diante de um tribunal sendo julgadas por Deus; demonstravam a situação daqueles que estavam no inferno e como eram atormentados pelo diabo, com o seu tridente; descreviam a condição daqueles que se encontravam no purgatório e como eram auxiliados pelos sufrágios dos vivos. As descrições mórbidas e com requinte de detalhes sobre os acontecimentos da vida pós-mortal fizeram com a morte fosse vista com muito temor. Mais do que temer a morte, havia o temor do que vinha depois da morte. Assim, as descrições pavorosas sobre a vida pós-mortal fizeram com que a morte fosse temida como via de acesso a uma situação de culpa, julgamento e acerto de contas perante Deus. Diante dessa situação, muitas pessoas participavam da Igreja muito mais por medo do que viria depois da morte do que propriamente por convicção de fé. O medo dos acontecimentos derradeiros da fé cristã fez com que a adesão religiosa fosse muito mais por uma questão social e cultural.

A linguagem da escatologia cristã historicamente também não contribuiu para uma aceitação da morte como via de acesso a uma vida definitiva na comunhão com Deus. A linguagem dos novíssimos, disciplina da teologia que tratava dos eventos últimos da fé cristã (morte, juízo, céu, inferno, purgatório etc.), era descritiva, como se fosse uma reportagem da vida pós-mortal. Tratava-se de uma descrição geográfica e fisicista dos acontecimentos últimos da fé cristã. Os acontecimentos eram vistos como eventos que se sucediam um após o outro dentro de uma cronologia e uma linearidade. A vida pós-mortal era descrita como um prolongamento da vida histórica e espaçotemporal. Era uma visão extremante cosmológica, estática e compactada.

A partir do século XX, os eventos últimos da fé cristã já não são vistos como lugares nem como acontecimentos físicos, mas como estados e situações. Trata-se de uma linguagem mais dinâmica e existencial. Nesse contexto, por exemplo, o céu é visto como estado de comunhão com Deus, o inferno como ausência de comunhão, o purgatório como condição purificante dos pecados cometidos na vida terrena em vista da comunhão intensa com Deus. A escatologia não é vista como um capítulo que encerra a teologia dogmática, mas como uma dimensão estruturante de toda a teologia e da fé cristã. O cristianismo é escatologia do princípio ao fim. A fé cristã é uma fé escatológica. E a escatologia, mais do que um tratado que reflete os acontecimentos conclusivos da fé cristã, consiste numa teologia da esperança que tem como sujeitos o cristão, a humanidade, a Igreja e o mundo. A escatologia é produtora de sentido para a história individual e global.

Nesse contexto, a morte é vista no horizonte da fé cristã. O cristão deve contemplar na morte um momento de travessia para o acesso a uma comunhão definitiva com Deus. A fé cristã crê numa única vida vivida em duas etapas: a primeira etapa é a espaçotemporal; a segunda, a definitiva. A morte encerra a vida histórica e dá início à vida definitiva. A comunhão com Deus experimentada na vida histórica é intensificada na vida definitiva. O cristão não pode temer a morte, mas deve vê-la no horizonte esperançoso da ressurreição, que é o estado de comunhão com Deus em que a vida é purificada de suas negatividades e de seus limites (pecado, morte, dor, sofrimento). A visão cristã concebe a vida como uma viagem e a morte como o ponto de passagem para o acesso à vida que já não comporta a morte. A crença numa vida pós-mortal, que consiste num estado de acolhida e comunhão com Deus, não tem como intento neutralizar a tragicidade da morte, mas aceitá-la e acolhê-la como ponto de travessia para a comunhão plena com Deus. À luz da fé cristã, a passagem pela morte não consiste num precipitar no abismo do nada, mas no acesso à vida realizada. Assim, a esperança cristã não busca atenuar a situação de separação, drama e angústia que envolve a morte, mas procura encará-la como um evento-limite da existência que instaura consumação e realização da vida.

Para uma pastoral da esperança

A morte que coloca a pessoa em situação de luto é a morte de uma pessoa querida e próxima. A morte de uma pessoa desconhecida não instaura uma situação de luto. O luto é a elaboração da dor e do sofrimento afetivo e psicológico em razão da perda de uma pessoa querida. Pessoas que têm dificuldade de lidar com perdas (fim de um relacionamento afetivo, término de uma amizade, mudança de endereço residencial, perdas afetivas, financeiras e outras) provavelmente terão muita dificuldade de elaborar a perda de uma pessoa próxima. A morte é a radicalização da perda. Diante da morte do outro, tem-se a experiência de uma privação, de uma ausência e de uma mutilação afetiva. A perda de uma pessoa amada instaura na pessoa e na família uma situação de vazio afetivo e existencial e uma experiência de dor emocional.

A perda humana, provocada pela morte, coloca a pessoa ou família em situação de luto, que é uma experiência de elaboração e de purificação emocional e existencial em razão da perda de alguém querido. Dependendo do tipo de morte (por acidente, suicídio, homicídio etc.), o luto sobrévem de maneira inesperada e abrupta sem que a pessoa esteja preparada para enfrentá-lo. Geralmente ninguém se prepara para vivenciar o luto, porque se pensa que as pessoas queridas sejam imortais. A vivência do luto de mortes inesperadas e de morte de criança e de jovem é uma experiência de muita dor e sofrimento afetivo. Quando a pessoa querida está com uma doença muito grave ou em fase terminal, o luto já começa a ser vivenciado ainda com a pessoa viva. Cada pessoa experimenta o luto de forma individual. Não há uma regra comum à qual se devem submeter todas as pessoas enlutadas. A intensidade e o tempo de duração do luto dependem do vínculo afetivo com aquele que faleceu. Pessoas que têm um vínculo menos intenso vivem um luto mais abreviado e, possivelmente, menos dolorido afetivamente; pessoas que têm uma relação mais afetiva experimentam um luto mais prolongado e dolorido. "Diante de uma perda significativa em nossa vida, sentir dor, tristeza profunda, desânimo, fraqueza física, revolta, raiva é absolutamente normal para os que ficam. E quanto maior a perda, maiores são esses sentimentos" (D'ASSUMPÇÃO, 2010, 224). Há pessoas que passam a vida inteira enlutadas, porque não conseguem digerir a perda de alguém; tornam-se vítimas e reféns do luto e ficam sempre lamentado a perda da pessoa. Já aquelas pessoas que descobrem que há vida depois do luto não se deixam abater e enfrentam os percalços provocados pelo luto para superá-los.

Geralmente, pessoas enlutadas têm um comportamento antissocial. Procuram se isolar e viver sua dor reclusas em casa. A vida de uma pessoa enlutada alterna dias bons e ruins, em razão da saudade daquele que partiu. O pranto se abate sem respeitar situações e ocasiões. O enlutado evita participar de momentos festivos e entretenimentos. Vive sob o medo de não ter controle emocional diante de situações que recordam a pessoa falecida e temem subitamente começar a chorar. Para a pessoa enlutada, datas especiais que remetem à pessoa falecida (aniversário do falecido) ou momentos em que a família se reúne (dia das mães, dos pais, Natal, Páscoa) são cancelados ou vividos com muita dor. Ocasiões como missas de sétimo dia e aniversário de morte são celebradas com muita saudade e dor. Inicialmente, pessoas enlutadas têm apego aos objetos e hábitos do falecido.

Somente depois de algum tempo a família começa a dispor dos objetos, das roupas e do quarto do falecido, principalmente no caso da morte de um filho. Depois de algum tempo em que o luto já está elaborado, em algumas ocasiões, a família decide mudar de residência e empreender novos rumos na vida; a pessoa enlutada começa a retomar a vida social e suas atividades diárias. "Isso não significa que estamos nos esquecendo da pessoa querida que partiu; significa que a saudade dolorosa de uma grande perda transformou-se numa saudade gostosa, que nos faz recordar — sem dor ou sofrimento — aquela pessoa que se foi" (D'ASSUMPÇÃO, 2010, 229).

A pastoral da esperança, constituída por cristãos e cristãs preparados para o enfrentamento da morte, de situações de perdas e de trabalho com o luto, visita pessoas enlutadas para prestar-lhes um auxílio humano e espiritual. Em muitas ocasiões, pessoas enlutadas não conseguem sozinhas lidar com a situação de perda e de luto, precisando de um auxílio. A pastoral da esperança, no caso de Igreja Católica, presta um auxílio humano e espiritual no momento em que a pessoa enlutada vive uma experiência de privação e de perda. Há, também, grupos de apoio e suporte ao luto, que prestam auxílio emocional e psicológico (D'ASSUMPÇÃO, 2003). As visitas da pastoral da esperança devem ser breves, comedidas e solidárias. É necessário evitar os clássicos chavões como "seja forte!", "não chore!", "aceite a vontade de Deus!". Essas expressões são irreais, fora de propósito e até mesmo impróprias e inconvenientes para os enlutados.

Em algumas situações, a pessoa enlutada procura se culpar ou culpar alguém pela morte da pessoa querida. Há uma revolta contra Deus, como se ele fosse o responsável pela morte do outro. Nesse cenário, a pastoral da esperança deverá dar um suporte espiritual, mostrando que Deus não é responsável pela morte nem pelo sofrimento de ninguém. O desejo de Deus é que as pessoas desfrutem o máximo de sua vida e de suas relações afetivas. O Deus cristão não é um Deus vingativo, que deseja a morte de alguém por algum pecado cometido ou porque a pessoa não vivia de forma moralmente reta. A morte é uma certeza que irá se realizar por motivos e situações diversas da vida (doença, acidente, tragédia, suicídio, homicídio etc.).

A dor da perda é para ser vivida e expressa, pois somente assim se esgotará. Por isso, chorar pode ser uma das melhores maneiras de exprimir a dor. Assim, a pastoral da esperança deve saber respeitar a dor e os sentimentos do enlutado. Seu auxílio não consiste em oferecer respostas prontas para os dramas dos enlutados, mas em saber escutá-los com paciência, caridade e humanidade. É preciso ter o bom senso de falar o mínimo possível e de escutar o máximo possível. É necessário evitar questionamentos sobre detalhes das circunstâncias da morte, pois isso só serve para machucar a família, renovando lembranças e aguçando sofrimentos. A função da pastoral da esperança não é resolver problemas teológicos nem oferecer certezas sobre a vida pós-mortal, mas manifestar solidariedade no momento de sofrimento. O trabalho da pastoral é ser uma presença ativa, prudente e silenciosa num momento de carência emocional e espiritual. É prestar um gesto de comunhão e solidariedade na dor e no sofrimento; um abraço, um aperto de mão e um consolo afetivo, atitudes mais importantes do que discursos teológicos sobre o que acontecerá com o falecido depois da morte. O enlutado pode querer saber o que acontecerá com o falecido na vida pós-mortal, porém não é missão da pastoral da esperança oferecer soluções escatológicas. Sua missão é prestar auxílio humano e espiritual, mostrando que todos aqueles que morrem, independentemente do motivo ou da circunstância da morte, estão nas mãos e na misericórdia de Deus. Deus, com suas mãos misericordiosas e seus braços infinitos, acolhe todos, sem fazer acepção de pessoas.

Geralmente, numa visita à pessoa ou à família enlutada, o acontecido com o falecido brota espontaneamente, pois à medida que se narra, se alivia a dor que ainda é sentida. "Tais narrativas espontâneas, sem questionamentos intermediários ou interrupções, são benéficas, bem ao contrário daquelas em que o visitante tenta arrancar detalhes dos quais a família não quer se recordar" (D'ASSUMPÇÃO, 2010, 223). A pastoral da esperança deve realizar seu trabalho humano-espiritual sem querer esquadrinhar nem obter informações precisas sobre a situação em que a morte aconteceu. Trata-se de uma visita compassiva e misericordiosa, e não do estabelecimento de um interrogatório. Caso a pessoa enlutada chore, é importante abraçá-la para acolher seu pranto com ternura, mas sem interrompê-la. O silêncio acolhedor e respeitoso vale mais do que palavras, discursos e justificativas.

A pastoral da esperança deve respeitar a crença religiosa da pessoa enlutada, caso não seja católica mas pertença a outra denominação cristã ou religião. A pastoral não visa fazer um trabalho de convencimento ou proselitista, mas de auxílio humano e espiritual à pessoa enlutada. Em uma visita a uma família enlutada, pode acontecer de haver pessoas de outras religiões e, nessa situação, é mister respeitar seu pertencimento religioso. A missão da pastoral da esperança não é aproveitar a ocasião de fragilidade emocional, dor existencial e experiência de perda da pessoa enlutada para convertê-la ao catolicismo ou ao cristianismo. Não é um momento de discutir sobre doutrinas a respeito da vida pós-mortal (reencarnação ou ressurreição), mas de escuta atenciosa e acolhedora à dor do outro. A pastoral deve ter ética religiosa e respeitar o momento do outro.

Conclusão

No campo social e cultural atual, a morte é um fenômeno negado e ocultado. Constata-se uma repressão a pensar, meditar e falar da morte. Mas como negar o que existe de mais verdadeiro e tangível no ser humano? Como constatar que somos mortais e querer viver como se fôssemos imortais? O que está oculto no receio social e cultural de falar e de meditar sobre a morte? O ser humano não pode negar sua verdade mais profunda e sua certeza mais cortante sobre si mesmo. A repulsa de pensar na morte traz em seu bojo um desejo de imortalidade terrena e espaçotemporal. O ser humano deseja viver intensa e ilimitadamente, porém se defronta com a morte, e isso lhe causa inquietação. A morte representa uma grande parede com a qual se defronta quem deseja viver indefinidamente. Significa o fim dos projetos, dos sonhos e das ambições; o término de uma vida que almeja ser desfrutada o máximo possível; a conclusão de uma vida que busca sucesso, reconhecimento, visibilidade social; o epílogo dos relacionamentos amorosos, dos vínculos familiares e da vida social. Junto com a morte, há uma cadeia de perdas e términos. O ser humano tem muita dificuldade de lidar com perdas, por isso tem dificuldade de afrontar a morte, que é a expressão máxima da perda e da privação.

Se a morte é uma certeza inegociável, então é preciso humanizá-la. É preciso deitar e levantar com a certeza de que o ser humano caminha ao encontro da morte. Diante da morte, não há ensaio, pois se trata de um evento individual, privado e irrepetível. A morte não deve ser censurada nem rejeitada, mas acolhida no interior da existência. No caminho da vida está a morte. A morte deve ser aceita e abrigada no âmago da vida. É necessário humanizar a vida e a morte. Uma vida vivida com humanidade desemboca numa morte experimentada com dignidade. A morte de um ser humano nunca deveria ser vista dentro de um quadro de estatísticas de acidentes, tragédias, homicídios, suicídios e outros. Sua morte é o fim de um valor supremo, absoluto e único. Toda morte importa, porque todo ser humano tem um primado ontológico e axiológico sobre os demais seres viventes.

Uma visão pastoral da morte deve se pautar pela humanização da morte, das condições que a envolvem e das pessoas enlutadas. A humanização da morte está diretamente relacionada com a humanização das condições do morrer, principalmente das pessoas que trabalham nos hospitais e daquelas que prestam assistência humana e espiritual para os enfermos. Uma morte padecida com dignidade envolve uma humanização das condições do morrer. Uma visão humana da morte proporciona também uma humanização da dor e do sofrimento daquelas pessoas que perderam alguém querido. É preciso respeitar e acolher a dor do outro em seu processo de elaboração do luto. Um olhar pastoral sobre a morte deve humanizar o luto. Toda pessoa que morre é o amor de alguém, e sua morte merece ser respeitada e seu luto deve ser elaborado. Não existe morte que passa despercebida ou que seja invisível. Toda morte deixa alguém enlutado. A humanização do luto consiste em demonstrar acolhida e receptividade diante da dor alheia. É preciso saber escutar pacientemente o enlutado em sua dor. É importante reconhecer o valor daquele que morreu para aquele que ficou.

Referências

ANCONA, Giovanni. *La morte: teologia e catechesi*. Cinisello Balsamo: Paoline, 1993.

_____. Preparare l'incontro con il signore nella morte. *Rivista di Liturgia*, v. 93 (2006) 700-714.

BALTHASAR, Hans Urs von. Frammenti a proposito della malattia e della salute. *Communio*, v. 35 (1977) 74-86.

BORDONI, Marcello. Problemi ed orientamenti pastorali sul tema umano e cristiano della morte. *Rivista del Clero Italiano*, v. 61 (1980) 835-841.

BROVELLI, F. Esequie. In: SARTORE, Domenico; TRIACCA, Achille M. (ed.). *Nuovo Dizionario di Liturgia*. Roma: Paoline, 1984, 463-476.

BRUSCO, Angelo. Pastorale dei morenti. *Servizio della Parola*, n. 231-232 (1991) 21-26.

D'ASSUMPÇÃO, Evaldo A. *Grupo de suporte ao luto*. São Paulo: Paulinas, 2003.

_____. *Sobre o viver e o morrer*. Petrópolis: Vozes, 2010.

DAVANZO, Guido. Prassi rituale e pastorale del morire cristiano. In: ASSOCIAZIONE PROFESSORI DI LITURGIA (ed.). *Escatologia e liturgia: Aspetti escatologici del celebrare cristiano*. Roma: Centro Liturgico Vincenziano, 1988, 201-215.

DÉCLARATION DE LA CONFÉRENCE ÉPISCOPALE ALLEMANDE. Mort digne de l'homme et mort chrétienne. *La Documentation Catholique*, v. 76 (1979) 471-480.

GREINACHER, N; MÜLLER, A. Il morire come tema di prassi ecclesiale. *Concilium*, v. 10 (1974) 599-602.

KÜBLER-ROSS, Elisabeth. *La morte e il morire*. Assisi: Cittadella, 1984.

PETRINI, M. Morente, accompagnamento. In: CINÀ, G. et al. (org.). *Dizionario di Teologia Pastorale Sanitaria*. Torino: Camilliane, 1997, 755-757.

PONTIFICIO CONSIGLIO DELLA PASTORALE PER GLI OPERATORI SANITARI. *Carta degli operatori sanitari*. Città del Vaticano: Libreria Editrice Vaticana, 1994.

RAHNER, Karl. L'infermita, tempo di prova. In: _____. *Nuovi Saggi*. Roma: Paoline, 1968, v. II, 337-345.

SÖLLE, Dorothee. *Mística de la muerte*. Bilbao: Desclée Brouwer, 2009.

SOTTOCORNOLA, Franco. Appunti pastorali per la catechesi sulla morte. *Rivista di Pastorale Liturgica*, v. 10 (1972) 222-226.

SPINSANTI, Sandro. Morte. In: ROSSI, Leandro; VALSECCHI, Ambrogio (ed.). *Dizionario Enciclopedico di Teologia Morale*. Cinisello Balsamo: Paoline, 1985, 667-675.

SPORKEN, Paul. *Ayudando a morir. Aspectos éticos, asistenciales, pastorales y médicos*. Santander: Sal Terrae, 1978.

Índice remissivo

A

Agostinho: 121-123, 126, 127, 136, 195, 244
Alberto Magno: 111, 244
Alexandre de Hales: 111, 244
Alszeghy: 131, 247
Althaus: 193, 237, 245
Ancona: 26-29, 32, 33, 35-37, 40, 42, 142, 143, 197, 199-201, 220, 226, 230, 245, 254-256, 261, 269
Angelini: 35, 42
Ariès: 19-26, 33, 42

B

Barth: 193, 211, 223, 235, 237, 245
Basave: 75, 87
Basurko: 27, 43
Billot: 139, 157
Bingemer: 225, 230, 248
Bizzotto: 26, 43
Bloch: 51, 53-58, 61, 63, 66, 87-89, 153-155, 233
Boff, Clodovis: 125, 245
Boff, Leonardo: 163, 169, 182, 227, 229, 231, 245
Boff, Lina: 143, 227, 245
Bon: 159, 167, 245
Boros: 112, 131, 161-163, 166, 169, 170, 173-182, 186-188, 193, 227, 246, 248
Bresciani: 30, 43
Brovelli: 261, 269
Brunner: 125, 132, 193, 201, 210, 237, 246
Bultmann: 104, 107, 223, 246

C

Chauchard: 170, 246
Chèvrier: 158-160, 167, 246
Cimosa: 115, 246
Ciola: 114, 132, 144, 183, 187, 196, 199, 202, 205, 228-231, 246
Comissão Internacional de Teologia: 194, 238, 239, 246
Congar: 224, 246

D

D'Alès: 160, 183, 246
Daniélou: 224, 246
Davanzo: 257, 269
Déclaration de la Conférence Épiscopale Allemande: 255, 259, 269
De Dominicis: 190-192, 247
Demaret: 157, 158, 247
De Waelhens: 75, 88
Dubarle: 129, 247
Duquoc: 200, 247

E

Engels: 51-53, 86, 88, 89, 151, 233
Entralgo: 243, 247

F

Fagone: 86, 88
Feuerbach: 46-48, 50-53, 86, 88, 154, 233
Flick: 131, 247
Forte: 192, 247
Francisco Silvestre de Ferrara: 156, 157, 183
Fuchs: 27, 43
Furnari: 85, 88

G

Gaboriau: 113, 247
Gadamer: 35, 43
Garaudy: 51, 53, 56, 58-66, 88, 89, 153, 154, 233
Geffré: 130, 147, 189, 247
Getino: 160
Gevaert: 72, 88
Giardini: 27, 38, 43
Girardi: 52, 88
Gleason: 161, 182, 247
Glorieux: 161-166, 170, 182-186, 247

Gnilka: 109, 118, 247
Gorer: 27, 43
Greinacher: 258, 269
Grelot: 96, 99, 104, 117, 129, 247
Greshake: 130, 187, 188, 247
Guillaumin: 80, 88

H

Hegel: 51, 53, 88
Heidegger: 10, 56, 66-73, 75, 76, 78, 79, 81, 82, 87-89, 130, 151, 174, 186, 187, 193, 227
Hoffmann: 96, 105, 107, 247
Hofmeier: 30-33, 43

I

Iohannes Damascenus: 161, 248

J

Jankélévitch: 184, 226, 227, 248
Janssens: 16-19, 43
Jaspers: 154, 193

K

Kehl: 78, 88, 125, 179, 230, 248
Kolakovski: 154, 248
Kowalski: 26, 43
Kübler-Ross: 255-257, 269
Kuss: 105, 248

L

La Civiltà Cattolica: 88, 248
Landsberg: 79-82, 87, 88, 193
Laurenge: 160, 248
Lavelle: 77, 78, 88, 193
Lessing: 16, 43
Libânio: 225, 230, 248
Lodi: 36, 43

M

Maggiani: 26, 27, 29, 44
Mancuso: 132, 248
Marcel: 79, 82-89, 154, 155, 171, 175, 176, 193
Martelet: 130, 248
Marx: 51-53, 86, 89, 233, 250
Mersch: 111, 124, 130, 163, 166-168, 248
Michel: 157-160, 183, 184, 248, 249
Mollat: 19, 43, 44
Moltmann: 56, 89, 125, 196, 225, 249
Morin: 14, 15, 34, 44
Müller: 258, 269
Mury: 53, 89

N

Nocke: 130, 144, 249

O

O'Connell: 187, 249

P

Padilla: 85, 89
Penzo: 69, 89
Petrini: 256, 257, 270
Pieper: 227, 249
Pohier: 31, 44, 235, 249
Pontificio Consiglio della pastorale per gli operatori sanitari: 256, 270
Pozo: 124, 135, 136, 156, 187, 188, 205, 249

R

Rahner: 78, 89, 111, 112, 125, 130-132, 143-145, 147-150, 178, 179, 181, 193, 207-209, 212, 217, 222, 224-227, 247-249, 251, 258, 270
Ratzinger: 41, 44, 125, 235, 249
Rizzi: 28, 37, 44

S

Sagüés: 112, 250
Sartre: 73-78, 89, 130, 193, 250
Sayés: 124, 250
Schaff: 151, 154, 250
Scheler: 46, 48-50, 87, 89, 130
Schmaus: 124, 131, 136, 137, 140, 143, 144, 147, 163, 178, 179, 182, 194, 197, 199, 207, 208, 210-212, 221, 250
Schoonenberg: 129-131, 250
Scortegagna: 31, 44
Seibel: 129, 250
Simon: 20, 44
Smulders: 129, 130, 250
Sottocornola: 261, 270
Spinsanti: 260, 270
Sporken: 254, 255, 257, 259, 270
Sung: 34, 44

T

Thielicke: 125, 193, 227, 237, 250
Tillich: 129, 250
Tomás de Aquino: 110, 111, 123, 127, 137-139, 156, 161-164, 183, 184, 189-192, 221, 250
Troisfontaines: 84, 85, 89, 129-131, 147, 163, 166, 168-172, 177-179, 227, 247, 251

U

Ugazio: 72, 89
Urabayen: 85, 89

V

Valéty: 158, 251
Versluis: 26, 44
Volk: 112, 124, 179, 227, 251
Vovelle: 26, 44

Edições Loyola

editoração impressão acabamento

Rua 1822 n° 341 – Ipiranga
04216-000 São Paulo, SP
T 55 11 3385 8500/8501, 2063 4275
www.loyola.com.br